早稲田の日本史

［第9版］

佐々木貴倫 編著

 教学社

早稲田の日本史

[改訂版]

はしがき

　本書は，早稲田大学で日本史を課す全学部の問題を分析し，効率的に対策をたてることができるよう編集されたものです。最近10カ年の過去問の中から合格のために必要な50題を精選し，時代別に配列して，最後にテーマ史をまとめました。

　序論では，早大入試の特徴と傾向について分析し，それをふまえた対策を示しています。早大では，学部によって，正誤判定問題が多い，選択式と記述式の併用による出題，前近代史の比率が高いなど，傾向に違いがあります。しかし一方で，各学部を通じて繰り返し出題されているテーマや項目も目立ちます。こうした早稲田好みのテーマや項目は教科書に詳しい説明があるかというと，必ずしもそうとは限りません。そこで本書では，教科書にはそれほど説明がないが，早大ではよく出る項目に力点をおいて，必要な解説をまとめました。

　早大攻略に当たって最も大切なことは，いうまでもなく基本的な事項に関する正確な知識と理解です。つまり，歴史の大きな流れを把握するとともに，個々の事項の内容を整理し，よく理解しておくことです。単に用語を覚えるのではなく，それがどういう内容かを具体的に説明できるようにしておかなければなりません。また，事項をばらばらに暗記するのではなく，関連づけて覚え，整理された知識として使えるようにしておくことも大切です。本書の編集に当たっては特にその点に留意し，本書を通じて合格力が身につくよう配慮しました。

　また，早大では一定の割合で難問が出題されますが，すべて解けなければ合格できないというわけではありません。本書ではすべての小問に難易度を示しています。このうち《易》《標準》は解けなければならない問題であることを示していますので，大問ごとに何問できなければならないか，合格ラインのおおよその目安がわかるようになっています。

　なお，政治経済学部・国際教養学部・社会科学部・人間科学部は，受験科目として日本史を課さなくなりましたが，早大では他学部で同様・類似の問題がよく出題されていること，重要性や出題内容等を考慮して，これらの学部の問題・解説も掲載しています。

　本書を有効に活用され，めでたく合格されることを願ってやみません。

編著者しるす

目　次

（　）内は年度・学部・大問番号を示す。

★は史料問題。

第1章　原始・古代

第2章　中　世

第3章 近 世

第4章 近 代

第5章 現　代

第6章 テーマ史

◇時代区分について
　本書では，原始（旧石器時代～縄文時代），古代（弥生時代～平安時代），中世（院政～戦国時代），近世（織豊政権～江戸時代），近代（開国～昭和戦前期），現代（第二次世界大戦後）と区分しています。

（編集部注）本書に掲載されている入試問題の解答・解説は，出題校が公表したものではありません。

本書の特色と活用法

▶問　題　早稲田大学の日本史を攻略するカギは，**近現代史，正文・誤文選択問題，史料問題**です。それをふまえて，代表的な良問50題を精選しました。各学部を通じて繰り返し出題されているテーマや頻出事項を含む問題を選択しています。

▶解　説　紛らわしい事項，受験生が混乱したり誤解しそうな箇所について，できるだけ整理してポイントを示しています。また，どの問題も，**早稲田大学全体の出題傾向をふまえて解説しています**。必須事項が精選されていると考えて，しっかり理解しておきましょう。

▶難易度　すべての設問に難易度を示しました。本書収載の468問の難易度を示すと，以下のようになります（数字は難易度別の小問数とその割合を示しています）。

	易	標準	やや難	難	計
原始・古代	8	42	4	6	60
中世	9	45	9	2	65
近世	16	75	6	6	103
近代	3	103	7	3	116
現代	3	41	15	5	64
テーマ史	2	55	2	1	60
計	41 (9%)	361 (77%)	43 (9%)	23 (5%)	468

　《易》は失点が許されない問題です。これでミスするようでは，合格はおぼつきません。《標準》は早大志望者であればできなければならない問題です。《易》と《標準》がクリアできれば，一応の合格ラインである7割は確保できます。早大といえども，難問ばかりが出題されるわけではないことがわかるでしょう。

　一方，《難》は多くの受験生ができない問題ですので，解けなくてもそう心配することはありません。本書の解説を読んで，内容を理解しておけば十分です。こうした難問を攻略するために膨大な時間を費やすことは得策ではありません。膨大な時間を費やしたとしてもなかなか得点率はアップしませんし，満点をとらなくても合格できるのですから。

　早大では，教科書にはほとんど記述がないのに，繰り返し出題される用語や事項があります。他の受験生に差をつけるためにも，**こうした問題を1問でも多く解けるようにしておくことが合格を確実にするポイントです。**

早大日本史の研究

早大合格を確実にするために

▶基本事項を確実に

　早稲田大学の日本史は難問が多いといわれているが，実際には教科書を基礎とした
ものが大部分を占めている。まずは**基本事項の徹底的な吸収**に努めたい。

　その際，用語や人名をやみくもに暗記するのではなく，**相互に関連づけて覚え，整
理された知識として使えるようにしておく**ことが大切である。各事項を関連づけて整
理することで大きな流れをつかむことができ，持っている知識をもとに応用問題に対
処する力もつく。

▶近現代史の攻略

　近現代史の比重が高い学部が多い。また，難問も近現代史に集中する傾向がある。

　まず近代史では，**初期議会→日清戦争→桂園時代→大正政変→政党政治→軍部の台
頭**という大きな流れをおさえたうえで，**内閣ごとの重要事項**を整理しておこう（内閣
が倒れた原因も確認しておきたい）。また，**日清戦争・日露戦争・第一次世界大戦**と
いった大きな区分のもとに，政治と社会の動向を整理しておくとよい。外交史は，**朝
鮮の植民地化と大陸侵略**を軸に整理しておこう。

　戦後史は，**五大改革指令に基づく民主化政策**，特に**労働組合結成**や**財閥解体**に注意
しよう。また，**金融緊急措置令・傾斜生産方式・経済安定九原則**の経済復興政策，東
西冷戦を背景とする朝鮮戦争や**サンフランシスコ平和条約**，**55年体制**は早大では頻
出なので，内容やその影響を確実にしておこう。

　現代史も**内閣ごとに主要事項を整理**しておく。さらに現代史では，国内の動きが国
際的な出来事と密接に関連していることから，国際政治や国際経済への理解も欠かせ
ない。

▶正文・誤文選択問題の攻略

　正文・誤文選択問題が多く出題されている。

　「次の1～5の中から正しいもの（または誤っているもの）を1つ選べ」というの
が最も一般的なスタイルだが，「該当するもの（またはしないもの）を2つ選べ」「該
当するものをすべて選べ」「もし該当するものがなければ，カをマークせよ」という
形式のものもみられる。これらは消去法が使えないため，あやふやな理解や知識では
対応できず，**紛らわしい用語を区別しておく**，**事件の因果関係を正確に把握しておく**

などの，確実な学習が求められる。

　なお，選択肢の文章自体に誤りがあるかどうかを問うもののほかに，「設問の要求する時代に合うものを選ぶ」ものもみられるため注意したい。世紀ごとに出来事を整理する，人物（内閣）ごとに業績を整理するといった対策をしておくとよい。

▶史料問題に慣れる

　史料問題の多さも特色の一つである。入試頻出の基本史料と，受験生には馴染みのない初見史料のどちらも出題されている。

　基本史料の場合は，空所補充や下線部で問われる箇所はほぼ決まっているため，史料集にあたって必要な知識を身につけておこう。注や解説を読んで内容を理解するとともに，キーワードをおさえておきたい。

　初見史料の場合は，設問文のヒントや史料中のキーワードから内容を類推し，何に関する史料なのかを特定する必要がある。本書では，どのように考えればよいか解き方のコツを示している。過去問を解きながら解法を身につけてほしい。

▶テーマ史の対策も

　法学部，文化構想学部などを中心にテーマ史の出題も目立つ。日中関係史，日朝関係史など国際関係史は頻出であるから，古代から近現代にいたる交渉の過程をしっかり整理しておこう。沖縄史・北海道史も要注意である。このほか，社会・経済史では，土地・税制，都市，貨幣・金融史，民衆運動など，文化史では宗教史，思想史（特に近世の儒学と明治時代の思想史），美術史なども出題の多いテーマである。

▶数字と地理に強くなる

　数字を問う問題も特徴である。古代の戸令の規定「50戸＝1里」のような基本的なものから「関東大震災の被害総額」のような難しいものまで問われている。教科書の脚注や図版の説明にも目を光らせておきたい。

　地理的知識がカギになる設問もあるため，事件がおこった場所の旧国名と現在の都道府県名をおさえると同時に，その場所の位置を常に地図で確認しておくようにしたい。また，旧国名の属する五畿・七道について，近江国は東山道，伊賀国・伊勢国は東海道，紀伊国は南海道など，盲点になりがちな国を確認しておきたい。

▶漢字は正確に

　多くの学部で用語や人名を記述させる問題が出題されている。基本的な用語は正確な漢字で書けるようにしておきたい。

② 早大日本史／全体概観

　ここでは過去5年分（2019〜2023年度）の出題を分析した。受験する学部の選択や，傾向の似た学部の過去問探しに役立ててほしい。

■出題形式

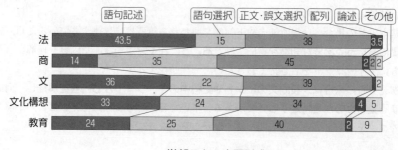

学部ごとの出題形式　　　　（単位は%）

▶記述問題

　すべての学部で出題されている。なかでも，法学部・文学部・文化構想学部・教育学部は記述問題の比重が大きい。日本史の記述問題では漢字を書き間違えると致命的なので，紛らわしい用語はチェックしておこう。

▶正文・誤文選択問題

　正文・誤文選択問題もすべての学部でみられるが，その比重はさまざまである。法・商・文・教育学部でその多さが目立つ。このほか，「もし該当するものがなければ，カをマークせよ」「該当するものを2つ選べ」「該当するものをすべて選べ」といった難度の高い出題形式も複数の学部で採用されている。

▶論述問題

　論述問題は，商学部（20〜80字以内）で近現代史の重要テーマから出題されている。原因・背景，過程・結果・影響を常に意識しながら学習を進めよう。字数が少ない出題では，必要事項を簡潔に表現する力が求められる。また字数の少なさから，教科書の一文を使用することが有効となるので，教科書を積極的に利用した学習も重要である。

●論述問題のテーマ　（商学部：過去10年分）

年度	内　　　　　　容
2023	石油危機以外の物価高騰の要因（30字以内）
2022	バブル経済の説明（30字以内）
2021	エネルギー産業をめぐる当時の状況説明（80字以内）
2020	社会学研究が知識人・学生に与えた影響（30字以内）
2019	GHQの労働改革の歴史的な背景（20字以内）
2018	敗戦後のインフレーションの要因（30字以内）
2017	高度経済成長期の日本的経営がもたらした問題（30字以内）
2016	企業の大量人員削減が日本経済に与えた影響（30字以内）
2015	GHQが戦後の労働政策を展開するにあたり，前提と考えていた戦前の事情（30字以内）
2014	日本の自動車業界が，アメリカへの輸出自主規制のもとで収益を確保するために行った対応（40字以内）

（注）2021年度は使用語句指定あり。

■時代別

　時代については傾向が二分しており，原始から現代までバランスよく出題する学部（文・文化構想・教育）と近現代史を重視する学部（法・商）に大別できる。従来は近代史までの出題がほとんどだった文学部や文化構想学部でも，近年は現代史の出題が増加している。

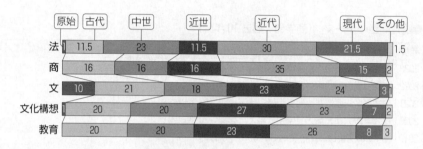

学部ごとの時代別出題数　　　　　（単位は%）

■分野別

　分野については，学部の性格が大きく反映されている。すべての学部で，政治史・社会経済史が大きな割合を占めているが，特に社会経済史重視の商学部と，文化史重視の文学部・文化構想学部という傾向がある。

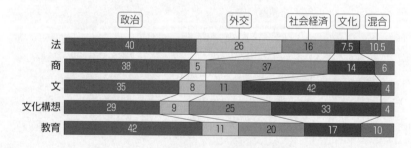

学部ごとの分野別出題数　　　　　（単位は%）

■史料問題の比重

　史料問題が多いのも早大日本史の特徴で，例年，本格的な史料問題が複数出題されている。年度により異なるが，毎年2〜4題が史料問題となっており，空所補充だけでなく読解力を求める出題もある。また，史料問題のなかった文学部でも近年は出題されるようになった。

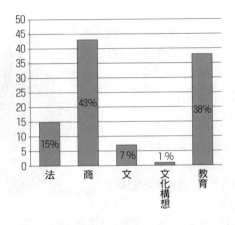

史料問題の比重

③ 学部別／傾向と対策

※グラフは，最新5年分（2019〜2023年度）を集計。

●法学部

▶出題形式

　試験時間60分。大問4題，解答個数40個。記述式と選択式（マーク式）の併用で，約半々の割合で出題されている。選択式では語句選択のほか，正文・誤文選択問題が目立つ。

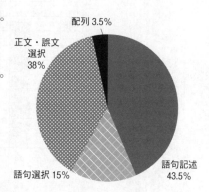

配列 3.5%

正文・誤文選択 38%

語句記述 43.5%

語句選択 15%

▶出題内容

　時代では，〔1〕古代・中世（または古代〜近世），〔2〕近世（または中世），〔3〕近代，〔4〕近現代が基本で，**近現代史重視**の傾向が顕著である。

　政治・外交史を軸に，社会経済史や文化史を関連させた出題となっている。早稲田大学出身の政治家も問われている。なお，主に近代以前を扱う〔1〕〔2〕はテーマ史となることもある。

　史料問題もよく出題されている。頻出史料では意外な箇所の空所補充が求められることがあるため，注意深い学習をしておきたい。近現代史を中心に，**日記・社説・著書から抜粋し，初見史料として出題するスタイル**が定着している。

▶対策

　難度は高いが，まず教科書を欄外の注や図表とその説明も含めて綿密に読んで事項の関連や歴史の流れをおさえ，内容をよく理解しておくこと。記述式の出題もあるため**歴史用語や人名は正確に書ける**ようにしておこう。

　近現代史は，細かく理解するために政治・外交・社会経済の分野ごとに整理ノートをつくるとよい。**戦後史も2000年代まで内閣ごとに重要事項を整理してしっかり学習しておく必要がある。**時事問題にも関心を持ち，できれば「政治・経済」の教科書や参考書を見ておきたい。

　記述式が多いため，解答個数の割に時間の余裕はない。解ける問題から先に処理して，時間を有効に活用することが大切である。

●商学部

▶出題形式

　試験時間は 60 分。大問 6 題で解答個数 60 個程度。問題量が他学部と比べてやや多めなのが特徴である。選択式（マーク式）と記述式の併用で、例年大問 4 題が選択式、1 題が選択式と記述式の併用、1 題は記述式と短文論述（20〜80 字程度）。全体の 40% 以上が正文・誤文選択問題で、「該当するものを 2 つ選べ」という形式があり、難度を高めている。ほかに正誤の組み合わせを選ぶもの、事項の時代順を答える配列問題など多彩な形式で出題される。

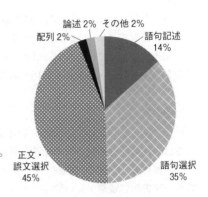

論述 2%　その他 2%
配列 2%
語句記述 14%
語句選択 35%
正文・誤文選択 45%

▶出題内容

　時代では、〔1〕古代、〔2〕中世、〔3〕近世、〔4〕〜〔6〕近現代が基本の組み合わせで、近現代史が重視されている。

　分野では、政治史に外交や社会経済史をからませた問題が多い。中世〜近代初期の一揆や、近現代の金融政策、大戦景気、昭和恐慌など産業・経済・貿易関連の設問が頻出している。年度によっては文化史の比重が高くなることもある。

　史料問題も古代から近現代（〔1〕〜〔4〕）までの出題が定着しており、重要史料から初見史料まで幅広く出題されている。

▶対策

　全体の 8 割までは教科書にある内容であるから、まずは教科書で基本事項を確認しておく。単に用語や人名を暗記するだけでなく、相互の関連や歴史の流れをおさえ、内容をよく理解しておくこと。

　論述問題は、戦後史分野の頻度が高いのが特徴である。従来は 20〜60 字以内が求められており（主に 30 字以内）、2021 年度に 80 字以内、2022・2023 年度には 30 字以内へと変化した。今後も 30 字以内が定着していくと考えられる。字数・条件等の変化はあるが、簡潔に表現できるようにしておこう。

　難問に時間をとられすぎないよう、時間配分が大切である。

●文学部

▶出題形式

　試験時間は 60 分。大問 6 題，解答個数 50 個前後。選択式（マーク式）と記述式の併用。うち記述式が約 40％を占める。「該当するものを 2 つ選べ」という形式の問題もみられる。

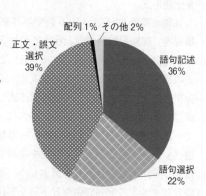

▶出題内容

　時代では，原始から近現代史まで幅広く出題され，特に前近代史までの出題の割合が大きい。教科書レベルの内容が多く，近現代史はテーマ史的な要素が強い傾向にある。

　分野では，政治史をはじめ，外交・社会経済・文化など幅広く出題されるが，なかでも文化史の比重が大きいのが特色といえる。大問〔6〕は必ず文化史が出題され，絵画や彫刻等の写真がよく利用される。原始・古代では，新しい研究動向にもとづく新学説や考古学的発見に即した出題もみられる。2023 年度には新たに史料問題も出題された。

▶対策

　標準的な問題が多く難問は 1 割程度にすぎないため，まずは教科書で基本事項を正確に理解する。ただ用語を暗記するだけでなく，大きな流れを把握しておこう。分野・時代ともに幅広く出題されるため，苦手な分野をつくらないようにしたい。記述式の問題も出ている。漢字は正確に書けるようにしておこう。

　文化史は重点的に学習しておきたい。日ごろから考古学に関するニュースには注意するほか，教科書の脚注や図説等を活用したい。また，「……した人物は誰か」という人物名を答える出題が多いので，人物の業績に注目して一問一答式の問題集等で知識をたくわえる学習が効果的である。戦後史分野の出題が姿を消したが，復活する可能性はゼロではないので，戦後史分野の学習もしっかりしておこう。

　史料問題は，基本・初見史料で構成されている。史料中のキーワードから何に関する史料かを特定できるようにしたい。

●文化構想学部

▶出題形式

　試験時間 60 分。大問 4 題，解答個数 45 個
前後。選択式（マーク式）と記述式の併用で，
比較的記述式の比重が大きい。選択式では，
語句選択問題，正文・誤文選択問題ともに
「該当するものを 2 つ選べ」という形式もみ
られる。

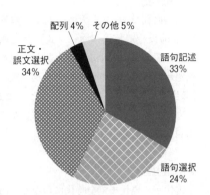

▶出題内容

　全問テーマ史による形式で，原始・古代か
ら現代史（戦後史）まで出題され，一部に会
話形式のリード文が用いられている。文学部同様，前近代史の比率が高い。リード文
全体が史料問題になっている出題は，2018 年度のみとなっている。

　分野では政治史，外交史，社会経済史，文化史がバランスよく出題され，近年は政
治史・社会経済史の出題の割合が増えている。大問の 1 題は必ず文化史関連となって
おり，教育史・宗教史・史学史・思想史などの出題が目立つが，近年は，近世の庶民
文化や近現代の生活文化もよく出題されている。

▶対策

　教科書の内容を理解していれば高得点が期待できる良問が多い。教科書で大きな流
れと事項の関連をつかみ，紛らわしい事項を整理しながら学習を進めるとよい。

　テーマ史の対策には，「民衆運動」「都市」「仏教史」「教育史」など，頻出テーマご
とに古代から現代までのタテの流れをつかんでおきたい。「人間と猫の関係史」など，
特異なテーマの出題もあるが，標準的な出題内容なので，基本知識の吸収・定着につ
とめよう。テーマ史は「慣れる」ことも重要なので，第 6 章の問題で演習をしておき
たい。

　また，文学部と同様に，「……した人物は誰か」といった，人物の業績に注目する
出題が多いため，一問一答式で知識をまとめる学習が効果的である。

●教育学部

▶出題形式

　試験時間は 60 分。大問 5 題で，解答個数 45 個前後。選択式（マーク式）と記述式の併用。語句を選択する問題と語句を記述する問題が同程度出題されている。選択式では，「該当するもの（しないもの）をすべて選べ」という，正答がいくつあるかを示さない形の出題もみられる。

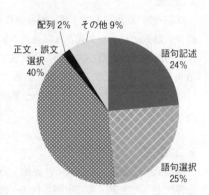

配列 2%　その他 9%
正文・誤文選択 40%
語句記述 24%
語句選択 25%

▶出題内容

　古代から現代まで全時代にわたって出題されるが，出題量が多いのは江戸時代と明治以降の近現代史で，特に近現代史に難問が集中している。現代史（戦後史）は必ず出題されており，1990 年代からの出題もみられる。一方で，縄文・弥生時代の出題もまれにあり，幅広く丁寧な学習が必要である。会話形式のリード文の他に，絵画や地図を用いた出題がみられる。

　分野では，政治史と社会経済史が中心だが，文化史や外交史もバランスよく出題される。政治史では内政や法制関係が多い。社会経済史では，一揆，民衆運動，労働運動などもよく出題されるテーマである。

　史料問題も例年出題されている。入試頻出の史料のほかに初見史料も出題される。

▶対策

　多くは標準レベルの問題であるから，まずは教科書学習を確実にする。その際，事項の前後関係や時代の特色を確認しながら学習しよう。分野・時代とも幅広く出題されるため，苦手分野をつくらないこと。

　難問が出題され，差がつきやすい近現代史は特に時間を確保して学習しておきたい。配列問題もみられるので，常に年表を確認するクセをつけよう。

　記述式が一定の割合で出るため，漢字で正確に書けるようにしておこう。

　史料問題に関しては読解力が求められているので，基本史料の学習でコツをつかみ，その後，他学部の史料問題にもトライして，読解力の充実をはかっていこう。

第1章　原始・古代

1

◇次の文を読んで，問に答えなさい。

　日本列島は周囲を海に囲まれている。人は海を渡って移動し，様々な文物を伝え交流した。後期旧石器時代は氷期のため海面が低下し，北海道はサハリン・沿海州と陸続きとなっていた。しかし北海道と本州の間の津軽海峡，朝鮮半島と九州の間の対馬海峡は存在し，沖縄など琉球諸島も本州と陸続きとはならなかった。関東地方の約3万5千年前の遺跡から伊豆七島神津島産の黒曜石が見つかっており，後期旧石器時代にも何らかの渡海技術があったことが分かっている。

　縄文時代の遺跡では各地で丸木舟が出土しており，各種の漁労活動にも使われた。北海道には生息しないイノシシの骨が北海道の縄文時代貝塚で出土するが，イノシシの子を丸木舟に載せて本州から運びこんだと考えられている。また北海道産石材で製作した磨製石斧が東北地方各地で見つかっていて，海峡を越えての往来がうかがわれる。

　朝鮮半島から海を越えて金属器を伴う水稲農耕技術を持った人々が渡来したことで弥生文化が成立した。九州北部や中国・近畿地方で発見される弥生時代の墓から縄文人より高身長で面長平坦の顔をした人骨が見つかるのは，大陸からの渡来人の証拠とされている。弥生時代には国内で鉄生産ができなかったし，また古墳時代においても朝鮮半島の鉄資源は重要であり，この地域との密接な関係は維持された。

　古墳から出土する銅鏡にも海を越えて大陸からもたらされた鏡が数多くある。様々な先進技術を持つ渡来人はヤマト政権の中で韓鍛冶部や錦織部などに組織化され，各地で活動することになった。

問1　下線aに関する記述として正しいものはどれか。1つ選び，マーク解答用紙の該当する記号をマークしなさい。

　ア　沖縄県では貝塚から旧石器時代の人骨が数多く発見されている。

　イ　沖縄県では港川人，山下町洞人など数か所で旧石器時代の化石人骨が発見されている。

　ウ　沖縄県では旧石器を数多く出土する遺跡が見つかっている。

　エ　後期旧石器時代には，海面低下のため沖縄本島から台湾まで陸続きであった。

　オ　浜北人は沖縄県で最初に発見された化石人骨である。

問2　下線bに関する記述として正しいものはどれか。1つ選び，マーク解答用紙の

該当する記号をマークしなさい。

ア　網を利用した漁法は縄文時代には発達しなかった。

イ　貝塚で釣針が見つかることはないので，銛を使った漁をしていたと考えられる。

ウ　縄文海進があったため，東京湾岸には貝塚が見つかっていない。

エ　弥生時代になると農耕社会へと変化するため，貝塚はまったくなくなってしまう。

オ　貝塚からは漁労活動の道具だけでなく，ニホンシカやイノシシの骨，埋葬された人骨が出土することもある。

問3　下線cに関する記述として誤っているものはどれか。1つ選び，マーク解答用紙の該当する記号をマークしなさい。

ア　腰岳産の黒曜石が，朝鮮半島に運ばれて石器に用いられている。

イ　関東地方で製作された縄文土器が，北海道の遺跡でも多数出土する。

ウ　北海道白滝産の黒曜石で作られた石器が，青森県やサハリンで出土している。

エ　糸魚川産のヒスイが，北海道にも運ばれている。

オ　秋田県で産出したアスファルトが，北海道に運ばれ接着剤として用いられている。

問4　下線dに関連して，朝鮮半島の鈴を起源として日本で独自に発達した，近畿地方を中心に分布する青銅製祭器がある。これは何か。適切な語句を記述解答用紙の解答欄に漢字2字で記入しなさい。

問5　下線eに関連して，百済から倭国にもたらされたものはどれか。1つ選び，マーク解答用紙の該当する記号をマークしなさい。

ア　江田船山古墳出土鉄刀　　　　イ　稲荷山古墳出土辛亥銘鉄剣

ウ　隅田八幡神社人物画像鏡　　　エ　石上神宮所蔵七支刀

オ　岡田山1号墳出土大刀

問6　下線fについて，こうした日本でつくったものでない鏡のことを何と呼ぶか。正しいものを1つ選び，マーク解答用紙の該当する記号をマークしなさい。

ア　伝世鏡　　　　　イ　舶載鏡　　　　　ウ　仿製鏡

エ　破鏡　　　　　　オ　同笵鏡

解説 旧石器〜古墳時代の交易

　交易を中心に旧石器時代から古墳時代の状況について問う出題。原始・古代分野は文学部必須で，本問はかなり手強い内容となっている。教科書・図説の地図などにも注意が必要であることを痛感させる問題。

問1　答：イ　　　　　　　　　　　　　　　　　　　　　　　　　　　　　標準

イー○　港川人は，沖縄県八重瀬町で発見された。山下町洞人は沖縄県那覇市で発見された日本最古の化石人骨である。なお，港川人・山下町洞人はともに新人段階の人骨である。

アー×　貝塚は新石器時代（縄文時代）のゴミ捨て場で，死者や犬を埋葬することもあったが，旧石器時代の人骨が多く発見されたとはいえない。

ウー×　沖縄県でも旧石器時代の遺跡は発見されているが，「旧石器を数多く出土」する例はない。

エー×　旧石器時代の日本列島は，大陸と陸続きになることがあったが，沖縄本島から台湾まで陸続きになることはなかった。多くの教科書に地図が載っているので確認しておこう。

オー×　浜北人は，沖縄県ではなく，静岡県浜松市（旧浜北市）で発見された新人段階の人骨である。

問2　答：オ　　　　　　　　　　　　　　　　　　　　　　　　　　　　　標準

オー○　貝塚は，道具（土器・石器・骨角器）や食料残滓などが捨てられ堆積した遺跡で，人体を埋葬することも多かった。単なるゴミ捨て場ではなく，再生を祈る宗教的な場所であったとする説もある。

アー×　漁労の際に，網の錘に使用された石錘が存在した。錘には土製の土錘もある。

イー×　釣針や銛などの骨角器が漁労で用いられており，貝塚からも発見されている。

ウー×　東京都の大森貝塚や千葉県の加曽利貝塚など，数多くの貝塚が東京湾岸で発見されている。

エー×　弥生時代にも漁労活動は続いていたので，「まったくなくなってしまう」ということはない。

問3　答：イ　　　　　　　　　　　　　　　　　　　　　　　　　　　　　難

イー×　北海道の遺跡で縄文土器が多数出土しているが，この土器は関東地方で製作されたものとは考えにくい。他の選択肢が正文なので，消去法で誤文と判断したい。

アー〇　佐賀県腰岳産の黒曜石は，朝鮮半島に運ばれて石器に用いられた。

ウー〇　北海道白滝産の黒曜石は，国内のほかにサハリンや沿海州などにも運ばれた。

エー〇　新潟県糸魚川産出（姫川流域）のヒスイは，青森県の三内丸山遺跡や北海道南部でも確認されている。ヒスイは硬玉ともいわれ，勾玉などの装身具や呪術品として用いられた。なおヒスイの分布は東日本一円に及んでいる。

オー〇　アスファルトは，鏃などの石器を固定したり，土器を補修する接着剤として利用された。主な産地は，北海道・秋田・山形・新潟で，広範な交易がおこなわれていたという点から，正文と判断したい。

　　全体的に難問だが，教科書・図説等には記載されているので，文学部志望者でなくとも確認しておこう。

黒曜石	サヌカイト	ヒスイ	アスファルト
北海道白滝遺跡 北海道十勝岳 長野県和田峠 神津島（伊豆七島） 大分県姫島 佐賀県腰岳	奈良県二上山 香川県金山	新潟県姫川流域	北海道 秋田県 山形県 新潟県

問4　答：銅鐸 ──────────────────── 易

「近畿地方を中心に分布する青銅製祭器」から銅鐸と即答したい。銅鐸には，稲作に関する絵画が描かれているものもある。

●青銅器の分布及び特徴

近畿	瀬戸内中部	九州北部
銅鐸	平形銅剣	銅矛・銅戈
①銅鐸の起源は朝鮮半島の鈴		
②銅剣・銅矛・銅戈は実用の武器から祭器へ		
③青銅器を個人墓に埋納することはほとんどない		

問5　答：エ ──────────────────── 標準

　369年につくられた石上神宮所蔵七支刀は，百済王世子（太子）が倭王に贈ったものとされている。これにより，4世紀にヤマト政権と百済の交流があったことがわかる。なお石上神宮はヤマト政権で軍事を担当した物部氏の氏神でもある。

　アの江田船山古墳出土鉄刀（熊本県）とイの稲荷山古墳出土辛亥銘鉄剣（埼玉県）にみえる「ワカタケル大王」が雄略天皇をさすことから，雄略天皇の時代，ヤマト政権の勢力範囲が関東地方から九州中部に及んでいたことがわかる。

　ウの隅田八幡神社人物画像鏡（和歌山県）は，中国製の神人画像鏡を模写している。

オの岡田山1号墳出土大刀（島根県）の銘文から，6世紀には氏姓制度・部民制の整備が進んでいたことがわかる。

問6　答：イ やや難

下線部fの「海を越えて大陸からもたらされた」という箇所をヒントにし，外国から来たものを「舶来品」と称するという知識を結びつけて，イの舶載鏡と判断したい。

舶載鏡	仿製鏡	同笵鏡
海外から伝来	日本で製作	同じ鋳型で鋳造

解　答

問1　イ　　問2　オ　　問3　イ　　問4　銅鐸　　問5　エ
問6　イ

2

◇次の文章を読み，問1〜8に答えよ。解答はマーク解答用紙の該当する記号をマークせよ。

　古代の税制について考えてみよう。国家が税をとるのは自明な行為ではなく，様々な歴史的背景によって行われるようになるものであり，さらに徴税のためのシステムができてはじめて可能となる。
　<u>律令は中国の制度を移入したもの</u>であったので，<u>律令国家</u>の下でとられた租・庸・調もまた，中国的な税制であった。しかし，律令国家を建設するにあたって，それまでの社会のあり方を無視して新しい制度を導入できたわけではなかった。
　租は，収穫の3％程度を納める税であるが，これは神への初穂貢納という<u>農耕儀礼</u>に由来し，それを律令的な税制として整備したものである。
　庸は，歳役の代納物であるが，大王の宮に仕えるために地方から徴発された者の食糧などを，地方に残った者が奉仕のかわりに負担したチカラシロの系譜をひいている。
　調は，地方の特産物を中央政府に納めるものであるが，そもそもは<u>新羅</u>において，服属儀礼の際の貢納物を税としたものを調と称しており，その用法を日本に移入したものであると考えられている。そのため調は，服属した地方豪族による天皇への貢納を，律令税制の枠組みに組み込んだものである。平城京の左京三条二坊にあたる場所にあった<u>奈良時代の政権担当者</u>の邸宅跡からは，膨大な量の付札木簡が出土したが，これらをみると，地方ごとに多様な品目を生産していることが分かる。これは，調が地方豪族による貢納物であったことの名残りといえよう。
　さらに庸や調の徴収にあたっては，<u>畿内</u>は畿外に比べて優遇を受けていた。これは，畿内の勢力が畿外を支配する形態をとったヤマト政権の構造がそのまま律令国家にも引き継がれたことを意味している。このように，古代国家は中国的な支配体制をそのまま導入したわけではなく，<u>氏族制など律令制以前からの制度を温存しつつ律令制を受け入れた</u>ということができる。

問1　下線部 a に関連して，律令制における徴税方法とそれを支えたシステムについて述べた文として，誤っているものはどれか，1つ選べ。
　ア　戸籍は6年に1度，計帳は毎年作ることになっていた。
　イ　戸籍は大蔵省によって作成された。
　ウ　春に稲を貸し付け，秋に利息とともに回収する出挙が行われた。
　エ　租は主に郡家などの正倉に納められた。

オ　女性に班給される口分田は男性の3分の2であった。

問2　下線部bに関連して，唐から移入された文物について述べた文として，正しいものはどれか，1つ選べ。
ア　曇徴によって，墨の製法が伝えられた。
イ　円仁や円珍によって，天台宗に密教が取り入れられた。
ウ　王仁によって，『論語』がもたらされた。
エ　欽明朝に，暦博士が渡来した。
オ　裔然によって，釈迦如来像がもたらされた。

問3　下線部cに関する次のⅠ～Ⅳを古い順で並べたとき，正しい組み合わせはどれか，1つ選べ。
　　Ⅰ　養老律令が施行された。
　　Ⅱ　『延喜式』が編纂された。
　　Ⅲ　藤原京から平城京に遷都した。
　　Ⅳ　庚寅年籍が作成された。
ア　Ⅰ→Ⅱ→Ⅲ→Ⅳ　　　　イ　Ⅰ→Ⅳ→Ⅲ→Ⅱ　　　　ウ　Ⅲ→Ⅰ→Ⅱ→Ⅳ
エ　Ⅲ→Ⅱ→Ⅳ→Ⅰ　　　　オ　Ⅳ→Ⅰ→Ⅲ→Ⅱ　　　　カ　Ⅳ→Ⅲ→Ⅰ→Ⅱ

問4　下線部dとして，正しいものはどれか，1つ選べ。
ア　盟神探湯　　　　　　イ　裳着　　　　　　　ウ　加持祈禱
エ　陣定　　　　　　　　オ　新嘗祭

問5　下線部eと日本列島との関係について述べた文として，正しいものはどれか，1つ選べ。
ア　大伴金村は，新羅への「任那四県」割譲がもとで失脚した。
イ　外交使節の来日に際して，能登客院が利用された。
ウ　外交関係の悪化により，遣唐使の航路として北路がとれなくなった。
エ　9世紀以降，日本との交流はなくなった。
オ　白村江の戦いに際して，同盟を結んだ。

問6　下線部fの人物を滅ぼしたのは誰か，1人選べ。もし該当するものがなければ，カをマークせよ。
ア　藤原良房　　　　　　イ　藤原広嗣　　　　　ウ　藤原宇合
エ　橘奈良麻呂　　　　　オ　和気清麻呂

問7　下線部 g にあてはまらない国はどれか，1つ選べ。もし該当するものがなけれ
　　ば，**カ**をマークせよ。

　　ア　大和　　　　　　　**イ**　近江　　　　　　　**ウ**　和泉
　　エ　摂津　　　　　　　**オ**　河内

問8　下線部 h に関して述べた文として，誤っているものはどれか，1つ選べ。
　　ア　筑紫国造磐井の反乱を契機に，屯倉が設置された。
　　イ　豪族に属する部民を部曲，私有地を田荘といった。
　　ウ　地方豪族には君や直などの姓が与えられた。
　　エ　四等官制に基づく郡司の地位が，地方豪族に与えられた。
　　オ　伴造が職掌に応じて王権に奉仕した。

解説　古代の税制

　古代律令制下の租税制度を中心に，古代の政治・外交・文化に関する正確な知識を問う良問。レベルはすべて標準的であり，早大でも基本が大切であることがわかるだろう。

問1　答：イ ────────────────────────── 標準

イー×　民部省が戸籍を管理した。大蔵省は，出納や貨幣鋳造，度量衡の公定，物価の決定を業務とした。

アー○　戸籍は**6年毎に作成され，30年の保存**が義務付けられた（天智天皇による庚午年籍は永久保存）。戸令において，戸籍は**3通作成**され，**2通は太政官**に送り，残りの1通は国衙（諸国に置かれた国司が執務する役所）が保管することが定められている。

エー○　租の一部は春米として中央に送られていることに注意しよう。

オー○　女性に班給される口分田の面積は，良民・賤民ともに男性の**3分の2**であった。口分田の班給面積を下にまとめたので，しっかり把握しておこう。

●口分田の班給面積／1段（反）＝360歩

良　民		賤　民	
男子	女子	男子	女子
720歩（2段）	480歩（1段120歩）	240歩	160歩

問2　答：イ ────────────────────────── 標準

アー×　墨の製法を伝えた曇徴は，高句麗の僧。天文・暦等を伝えた百済の僧の観勒と混同しないように注意しよう。

ウー×　王仁は，『論語』『千字文』を伝えた百済の博士。

エー×　暦博士は，欽明朝に百済から渡来した。

オー×　奝然は，983年に入宋した東大寺の学僧。嵯峨野に清涼寺を建立し，釈迦如来像を安置した。早大では，奝然に関する正誤判定の出題が多いので注意しよう（12年度人間科学部，11年度国際教養学部）。

問3　答：カ ────────────────────────── 標準

　Ⅰ：養老律令施行は757年（孝謙天皇）。Ⅱ：『延喜式』の編纂は927年（醍醐天皇）。Ⅲ：平城京遷都は710年（元明天皇）。Ⅳ：庚寅年籍は，689年から690年にかけて作成（持統天皇）。Ⅳ→Ⅲ→Ⅰ→Ⅱの順となり，正解はカとなる。なお養老律令の制定は718年で，元正天皇の時期にあたる。

問4　答：オ ────────────────────────── 標準

　下線部dの直前の「神への初穂貢納」に着目することで，「農耕儀礼」として該

当するのはオの新嘗祭（にいなめのまつり（しんじょうさい））のみになる。新嘗祭は，秋に収穫した新穀を神にささげる祭（儀式）で，天皇自らも新穀を食した。現在の勤労感謝の日の前身で，天皇即位に伴って行われるものを大嘗祭（だいじょうさい）という。

アの盟神探湯（くかたち）は正邪を判断する方法。イの裳着（もぎ）は平安時代の女子の成年式。ウの加持祈禱（かじきとう）は，密教において秘密の呪法で仏の真理を悟り，神仏に祈る儀式。これにより現世利益がかなうとされた。エの陣定（じんのさだめ）は，摂関期に行われた公卿会議の1つで，重要事項を審議した。

問5 答：ウ ──────────────────── 標準

アー× 大伴金村は，百済へ任那四県を割譲したことで失脚した。

イー× 能登客院（能登：現在の石川県）は，渤海使が来日した際に利用した。渤海使は，能登客院の他に，松原客院（越前：現在の福井県）や都の鴻臚館（こうろかん）を利用し厚遇された。

エー× 8世紀末に新羅からの使節の来日はなくなるが，9世紀前半に新羅の商船が大宰府に来て貿易を行っているので，「交流はなくなった」の箇所が誤り。

オー× 白村江の戦いの際に，新羅は唐と同盟を結んだ。

問6 答：ウ ──────────────────── 標準

下線部fの前後「平城京の左京三坊二条にあたる場所」「膨大な量の付札木簡が出土」から，下線部fの「政権担当者」は長屋王と判断したい。長屋王は，藤原四子（武智麻呂・房前・宇合・麻呂）らにより，謀叛の嫌疑をかけられ自殺に追い込まれた。

問7 答：イ ──────────────────── 標準

近江（現在の滋賀県）は畿内（五畿）には含まれない。畿内は「摂津・河内・和泉（いずみ）・大和・山背（山城）」で構成されている（せかいの大和山で覚えるとよい）。教科書等で位置を確認しておきたい。

畿内は当初4国であったが，757年に河内から和泉が分離・独立したことで5国となった。なお現在の京都府は，当初，「山背国」と称していたが，平安京遷都（794年）を契機に「山城国」と称した。畿内に関しては，14年度文化構想学部でも出題されている。

摂津	河内	和泉	大和	山背（山城）
大阪府（摂津の一部：兵庫県）			奈良県	京都府

問8 答：エ ──────────────────── 標準

四等官制は，律令制度の確立により規定されたので，下線部hの「律令制以前からの制度」という条件に当てはまらない。

3

◇次の文を読み，後の問に答えなさい。

　694 年，唐の影響を受けた日本最初の本格的な都城，藤原京が完成した。天皇の居
住する内裏，国家的な儀礼や朝政の場としての大極殿や朝堂，官人が執務を行う曹司
で構成される宮城の周囲には，碁盤目状の道路で区画された　 A 　が整備された。
しかし，藤原京はわずか 16 年で廃都され，710 年に長安城の強い影響を受けた平城
京に遷都する。中央北詰に宮城が位置し，京域全体は中央を南北に走る　 B 　によ
って左京と右京に分けられる。京内には，官設の東市・西市や貴族・官人・庶民など
の住宅，あるいは大寺院が甍を連ねていた。長年の発掘調査によって，著名な長屋王
の邸宅をはじめとする様々な階層の人々の都市生活の様相が明らかになりつつある。
　740 年から数年の間，聖武天皇が　 C 　，難波京，紫香楽宮など都を転々と移す
期間があるものの，745 年には再び還都し，784 年に桓武天皇が長岡京に遷都するま
で平城京は機能し続けた。　 D 　天皇が飛鳥の豊浦宮で即位して以降，遣隋使や遣
唐使を通じて大陸から導入された都城制は，律令国家形成の重要な舞台として発展し
たのである。

問1　下線 a を完成させた天皇はだれか。マーク解答用紙の該当記号をマークしなさ
　　い。
　　あ　文武天皇　　　　　い　持統天皇　　　　　う　天武天皇
　　え　元明天皇　　　　　お　天智天皇

問2　空欄Aに入る用語を，漢字 2 字で記述解答用紙に記述しなさい。

問3　下線 b の長安城の情報は，遣唐使を通じて日本にもたらされた可能性が考えら
　　れている。藤原京完成後の 702 年の遣唐執節使を務めた人物を選び，マーク解答用
　　紙の該当記号をマークしなさい。
　　あ　吉備真備　　　　　い　玄昉　　　　　　　う　阿倍仲麻呂
　　え　粟田真人　　　　　お　井真成

問4　空欄Bには，平城京の中心道路の名称が入る。漢字 4 字で，記述解答用紙に記
　　述しなさい。

問5　下線 c の平城京内に立地した寺院として誤っているものを 1 つ選び，マーク解
答用紙の該当記号をマークしなさい。
あ　薬師寺　　　　　　　い　唐招提寺　　　　　　う　大安寺
え　法華寺　　　　　　　お　山田寺

問6　下線 d の長屋王に関する記述として誤っているものを 1 つ選び，マーク解答用
紙の該当記号をマークしなさい。
あ　平城京内に西大寺を創建した。
い　父親は壬申の乱で活躍した高市皇子である。
う　妻は元明天皇を母に持つ吉備内親王である。
え　729 年，藤原 4 兄弟の策謀によって自死に追い込まれた。
お　平城京の左京三条二坊の邸宅が発掘され，大量の木簡が出土した。

問7　下線 e の都市生活を支えた要素として，貨幣が挙げられる。皇朝十二銭のうち，
3 番目の 765 年に鋳造された貨幣を 1 つ選び，マーク解答用紙の該当記号をマーク
しなさい。
あ　隆平永宝　　　　　　い　富本銭　　　　　　　う　神功開宝
え　和同開珎　　　　　　お　万年通宝

問8　空欄 C には，京都府相楽郡におかれた都の名称が入る。漢字 3 字で，記述解答
用紙に記述しなさい。

問9　下線 f に最も関係の深い出来事を 1 つ選び，マーク解答用紙の該当記号をマー
クしなさい。
あ　国分寺建立の詔が出された。
い　藤原広嗣の乱が起こった。
う　開墾奨励の目的のため，三世一身法が出された。
え　大仏造立の詔が出された。
お　宇佐八幡宮神託事件が起こった。

問10　空欄 D に入る人物を，漢字 2 字で記述解答用紙に記述しなさい。

解説 飛鳥〜奈良時代の都城と政治

　政治史を中心に飛鳥時代から奈良時代までの全体を問う出題。難問は１問のみで，他は「易・標準」の出題となっている。早大日本史の学習では，特殊な対策をするよりも「誰もができることを確実にできるように」することが重要だと気付かせる良問。またこの時代については，過去に類似・同様の出題が多く見受けられる。他学部の過去問演習もぜひやっておきたい。

問1　答：い　

　藤原京は，天武天皇の時期に造営が始まり，持統天皇の時期に完成し，694 年に飛鳥浄御原宮から遷都した。藤原京は，大和三山（畝傍山・耳成山・天香具山）に囲まれた地に造営された最初の本格的都城である。なお藤原京は，持統・文武・元明の三代の天皇の都。

問2　答：条坊　易

　空欄 A の前「碁盤目状の道路で区画」という箇所から，条坊（制）が正解だとわかる。なお，古代の耕地区画制を条里制といい，混同しないようにしたい。

問3　答：え　標準

　粟田真人は，701 年に大宝律令の編纂に関わっており，設問文の「702 年」と近いことから正解を導きたい。

　あ・いの吉備真備と玄昉は，聖武天皇の治世（在位 724 〜 749 年）に橘諸兄政権の下で活躍した。

　うの阿倍仲麻呂は，753 年に帰国を試みるも風波で帰れず，長安で死去している。

　おの井真成は，2004 年に西安郊外で発見された墓誌に 734 年に 36 歳で死去したとある。え以外は，「702 年」と時期が大きく離れていることから消去したい。渡唐した主要人物をまとめたので確認しておこう。

●遣唐使で渡唐した主要人物

文武天皇	702 年	粟田真人　山上憶良（貧窮問答歌）
元正天皇	717 年	玄昉　吉備真備　阿倍仲麻呂　井真成
孝謙天皇	752 年	藤原清河（北家の祖藤原房前の子）　鑑真来日（753 年）
桓武天皇	804 年	橘逸勢（三筆・承和の変）　最澄　空海
仁明天皇	838 年	円仁（『入唐求法巡礼行記』）　※円珍は民間船

　早大では遣唐使関係が頻出。粟田真人を選ぶ同様の問題が，16 年度商学部で出題されている。

問4　答：朱雀大路 ──────────────────────────── 易

　　設問文の「平城京の中心道路」から，正解は朱雀大路になる。

問5　答：お ──────────────────────────── 標準

　　山田寺は，蘇我倉山田石川麻呂（改新政府では右大臣）が現在の奈良県桜井市に
建立した氏寺。平城京は現在の奈良県奈良市に造営されたことから，山田寺は平城
京には立地していないことがわかる。

問6　答：あ ──────────────────────────── 標準

　　あ－×　西大寺は称徳天皇の創建。764年，恵美押勝（藤原仲麻呂）の乱の際に，
孝謙上皇（称徳天皇として重祚）が平定祈願して四天王像の造立を発願したこと
に始まる。鎌倉時代には律宗の叡尊（西大寺中興の祖）により戒律の中心道場と
して栄えた。

問7　答：う ──────────────────────────── 難

　　神功開宝は，皇朝（本朝）十二銭のうち3番目で，称徳天皇の治世に鋳造された。
皇朝（本朝）十二銭については，最初の和同開珎（708年：元明天皇）と最後の乾
元大宝（958年：村上天皇）は必ず覚えておきたい。

　　いの富本銭は，天武天皇の頃に鋳造された日本最古の銭貨。あの隆平永宝は皇朝
（本朝）十二銭のうち4番目，おの万年通宝は，皇朝（本朝）十二銭のうち2番目
に鋳造されたものである。

問8　答：恭仁京 ──────────────────────────── 標準

　　740年に起きた藤原広嗣の乱が鎮圧された後に，聖武天皇は都を平城京から，恭
仁京・難波宮・紫香楽宮などに転々と移した。なお聖武天皇は745年に再び平城京
に遷都している。聖武天皇期の遷都に関する出題は早大では頻出。

問9　答：え ──────────────────────────── 標準

　　聖武天皇は743年，紫香楽宮で大仏造立の詔を出した。あの国分寺建立の詔は恭
仁京で出された。うの三世一身法は723年，平城京が都の時に長屋王政権下で出さ
れている。

　　おの宇佐八幡宮神託事件（769年）の時の都は平城京なので紫香楽宮との関係は
薄い。大仏造立の詔から大仏開眼供養までの過程も確認しておこう。

大仏造立の詔（743年）／紫香楽宮	→	大仏開眼供養（752年）／平城京
聖武天皇		孝謙天皇　藤原仲麻呂

問10　答：推古 ──────────────────────────── 標準

　　空欄　D　の後の，「飛鳥の豊浦宮で即位」「遣隋使」などから，推古天皇と判
断したい。日本最初の女性天皇である推古天皇は，欽明天皇の皇女で，冠位十二
階・憲法十七条・遣隋使派遣など，多くの業績を残し，小墾田宮で死去した。

4

◇次の文章を読んで，下記の設問（A～J）に答えよ。解答はもっとも適当なものを
1つ選び，解答記入欄のその番号をマークせよ。

　ここでは，平安時代の貴族政治について考えてみよう。

　桓武天皇の子からは，3人の天皇が誕生した。それぞれ，平城・嵯峨天皇の母は
　イ　，淳和天皇の母は　ロ　である。以後，一部例外もあるが，天皇と藤原氏と
の婚姻関係が広がっていく。

　承和の変では，　ハ　天皇の子で皇太子であった恒貞親王が廃され，代わって
　ニ　の子，道康親王が皇太子となり，文徳天皇として即位した。また，応天門の変
も起き，良房の力は一段と強まった。

　清和天皇が幼くして即位した結果，藤原良房は外祖父となり，臣下としてはじめて
摂政となった。良房の地位を継いだ藤原基経は，素行の悪かった陽成天皇を退位させ，
仁明天皇の子であった光孝天皇が即位することになった。光孝天皇は皇子たちを臣籍
降下させ，皇位を継がせる意志がないことを示したが病に倒れ，急遽，子の源定省を
皇太子に指名した。定省は皇太子となり，次いで即位した。宇多天皇である。宇多は
当初橘広相を登用したが阿衡事件で広相は左遷された。また，文人として名高い菅原
道真を登用し，非藤原氏の親政を目指した。

　しかし，醍醐天皇が即位すると，藤原　チ　の策謀により菅原道真は左遷された。
醍醐天皇の次の天皇は朱雀であった。この天皇の時には，大きな反乱が日本の東西で
起きたが，王権はなんとか鎮圧することに成功した。村上天皇は，数々の施策を実施
し親政を行った。しかしながら，彼の死後には，源　ル　を左遷に追い込んだ安和
の変も起きた。こうして藤原氏の覇権が確立することとなった。

問A　空欄イと空欄ロに入る語の組み合わせとして，正しいものはどれか。
1　イ―藤原旅子　　　　ロ―藤原乙牟漏
2　イ―藤原旅子　　　　ロ―高野新笠
3　イ―藤原乙牟漏　　　ロ―藤原旅子
4　イ―高野新笠　　　　ロ―藤原乙牟漏
5　イ―藤原乙牟漏　　　ロ―高野新笠

問B　空欄ハに当てはまる天皇は誰か。
1　嵯　峨　　　　　　　2　淳　和　　　　　　3　平　城

4　光　仁　　　　　　　　5　仁　明

問C　空欄ニに当てはまる女性は誰か。
　1　藤原彰子　　　　　　　2　橘嘉智子　　　　　　3　藤原定子
　4　藤原順子　　　　　　　5　藤原明子

問D　下線部ホについて述べた文として，正しいものはどれか。
　1　応天門とは平安京の南端にある門のことである。
　2　伴善男が放火させたとされる。
　3　文徳天皇の治世のできごとである。
　4　伴善男は死刑となった。
　5　伴善男は大伴家持の子である。

問E　下線部への人物について述べた文として，誤っているものはどれか。
　1　『類聚国史』を編纂した。
　2　大宰府に配流された。
　3　都で亡くなった。
　4　遣唐使の中止（停止）を建議した。
　5　遣唐大使に任命された。

問F　下線部トの治世に行われなかったできごとはどれか。
　1　『古今和歌集』の編纂
　2　『延喜格』の編纂
　3　『日本三代実録』の編纂
　4　『延喜式』の編纂
　5　『和漢朗詠集』の編纂

問G　空欄チに当てはまる人名はどれか。
　1　忠　平　　　　　　　　2　時　平　　　　　　　3　実　頼
　4　師　輔　　　　　　　　5　兼　通

問H　下線部リについて述べた文として，正しいものはどれか。
　1　平将門を討ち取った藤原秀郷は上野国の豪族であった。
　2　平将門の本拠地は常陸国にあった。
　3　平将門を討った平貞盛の父は，平国香であった。
　4　藤原純友は，日本海を中心として海賊行為を働いた。

5 藤原純友を討ち取った源頼信は，清和源氏の出身である。

問I 下線部ヌの人物について述べたものとして，誤っているものはどれか。
1 父は醍醐天皇である。
2 冷泉天皇は子である。
3 乾元大宝を発行した。
4 いろは歌をつくらせた。
5 摂政が置かれなかった。

問J 空欄ルに当てはまる人名はどれか。
1 義 家   2 頼 光   3 頼 義
4 満 仲   5 高 明

解説　平安時代の貴族政治

　平安時代の貴族政治に関する出題。問Ａ・問Ｂ・問Ｃは難問で，問Ａ・問Ｂなどは系図が頭に入っていないと厳しい。他は早大では標準レベル。全 10 問中，難問が３問。合格ラインは７割なので，残り７問を確実に得点できるようにしたい。またリード文がよくできているので，歴史の流れもしっかりと把握したい。

問Ａ　答：3 　　　　　　　　　　　　　　　　　　　　　　　　　　　　難

　２・４・５にある**高野新笠**は，**桓武天皇（天智系）の母**（百済系の人物）であることから，**２・４・５は消去**が可能になる。下の系図で確認しておきたい。なお高野新笠は，17 年度・12 年度の教育学部で出題されている。

●天皇家と藤原氏の関係系図

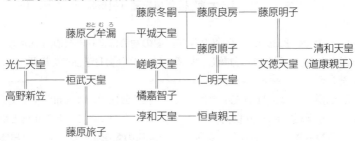

問Ｂ　答：2 　　　　　　　　　　　　　　　　　　　　　　　　　　　　難

　承和の変（842 年）は，**仁明天皇期**に淳和天皇の皇子**恒貞親王**が廃され，かわって**道康親王**が皇太子となった事件。問Ａの系図から，**２の淳和が正解**となる。

　４の光仁は，桓武の父なので消去可能。１の嵯峨と３の平城は，810 年に平城太上天皇の変（薬子の変）で敵対した間柄で，両者の対立は承和の変以前という類推から消去したい。

　２の淳和と５の仁明が残ることになるが，仁明も承和の変のときの天皇なので消去できる。よって，残った２の淳和が正解となる。

問Ｃ　答：4 　　　　　　　　　　　　　　　　　　　　　　　　　　　　難

　４の**藤原順子**は，**藤原冬嗣の娘**で，藤原良房の妹。**仁明天皇夫人**となり，のちの**文徳天皇を産んだ**（問Ａの系図参照）。５の藤原明子は藤原良房の娘で，文徳天皇夫人となり，のちの清和天皇を産んだ（問Ａの系図参照）。

　１の**藤原彰子**（女房は紫式部）は，**藤原道長の娘**。リード文の承和の変の頃には，藤原道長は存在していないので消去可能（問Ｊの藤原氏の他氏排斥と摂関政治の表参照）。３の**藤原定子**は，**藤原道隆**（道長の兄）**の娘**なので，上述から消去可能。

　２の**橘嘉智子**（大学別曹学館院設立）は，**嵯峨天皇の皇后**で，承和の変の前の

時代の人物なので消去可能。4・5の2つに絞れればよいだろう。

問D　答：2　標準

1－×　応天門は，平安宮の朝堂院の南面にある。平安京の南端にある門は，羅城門。

3－×　応天門の変（866年）は「清和天皇」の治世。応天門の変後に，藤原良房は正式に清和天皇の摂政となった。

4－×　伴善男は応天門の変後，伊豆に配流されている。なお応天門の変に関与した紀豊城（きのとよき）・紀夏井（きのなつい）らも連座して配流されている。

5－×　伴善男と大伴家持に父子関係はない。大伴家持は，現存最古の和歌集『万葉集』に最も多く歌を残しているほか，藤原種継暗殺事件にも関与したといわれている。

問E　答：3　標準

3－×　菅原道真は，901年に大宰権帥（だざいのごんのそち）に左遷（昌泰の変）され，任地の大宰府で亡くなった。

1－○　『類聚国史』（るいじゅう）は，892年に宇多天皇の勅命により菅原道真が編纂した史書。六国史の内容を部門別に分類している。15年度社会科学部でも出題。

問F　答：5　標準

『和漢朗詠集』は，11世紀前半に成立した藤原公任（きんとう）撰による和歌漢詩文集。醍醐天皇による延喜の治は10世紀前半に展開されたものなので，5が正解となる。1の『古今和歌集』は，905年に編纂された最初の勅撰和歌集。3の『日本三代実録』は，901年に成立した史書。三代とは「清和・陽成・光孝」天皇の三代をさす。三代を問う問題は，14年度人間科学部でも出題されている。

問G　答：2　標準

醍醐天皇は摂政・関白を置かず，藤原時平を左大臣，菅原道真を右大臣としたが，時平の策謀により，道真は901年に大宰府に左遷された。

問H　答：3　標準

1－×　藤原秀郷（別名を俵藤太（たわらのとうだ））は下野国の押領使。

2－×　平将門の本拠地は，下総国猿島。

4－×　藤原純友は瀬戸内海で海賊行為をはたらいた。

5－×　藤原純友を討ち取ったのは源経基。源頼信は平忠常の乱を鎮圧した。

```
桓武天皇---高望王（たかもちおう）┬─平国香（父）──平貞盛（子）
                                └─平良将──平将門（平国香を殺害）
```

問I　答：4　やや難

4－×　いろは歌は，47の音の異なるかなを重複させずに作った歌。作者は不明。

1－○　醍醐天皇の後に，皇子がそれぞれ朱雀天皇・村上天皇として即位した。

2－○　村上天皇に次いで即位したのが，冷泉天皇である。

3－○　村上天皇の時期に，**本朝十二銭の最後**である**乾元大宝**が 958 年に鋳造された。

5－○　**村上天皇**は，父醍醐天皇同様，**摂政を置かず天皇親政**を展開した。なお醍醐・村上天皇の間に即位した**朱雀天皇期**には，**藤原忠平が摂政・関白**として活躍している。

問J　答：5　━━━━━━━━━━━━━━━━━━━━━━━━━━━　標準

　安和の変（969 年）で，醍醐天皇の皇子**源高明**（たかあきら）（左大臣）が，**源満仲**らの密告により**大宰府に左遷**された。源高明の儀式書『**西宮記**』（さいきゅうき）は，16 年度政治経済学部，13 年度文学部で出題されている。なお密告した**源満仲**は，これにより**摂関家**との結びつきを強めていった。

●藤原氏の他氏排斥と摂関政治

摂関非常置（9〜10 世紀）			→	摂関常置（10〜11 世紀）
仁明天皇	藤原良房	承和の変：842 年		藤原道長／藤原頼通
清和天皇		応天門の変：866 年		
宇多天皇	藤原基経	阿衡の紛議（事件）：888 年		
醍醐天皇	藤原時平	昌泰の変：901 年		
冷泉天皇	藤原実頼	安和の変：969 年		

●延喜・天暦の治

醍醐天皇（延喜の治） 左大臣：藤原時平	延喜の荘園整理令（902 年） 『日本三代実録』編纂（901 年） 『古今和歌集』編纂（905 年） 延喜格（907 年）・延喜式（927 年） 三善清行意見封事十二箇条（914 年）
朱雀天皇 摂政・関白：藤原忠平	承平・天慶の乱
村上天皇（天暦の治） 左大臣：藤原実頼	『後撰和歌集』編纂（951 年） 菅原文時「封事」三箇条（957 年） 乾元大宝鋳造（958 年）

●承平・天慶の乱（天慶の乱）

平将門の乱（939 年）	本拠地：下総国猿島	鎮圧：藤原秀郷・平貞盛
藤原純友の乱（939 年）	本拠地：伊予国日振島	鎮圧：小野好古・源経基

●清和源氏の台頭

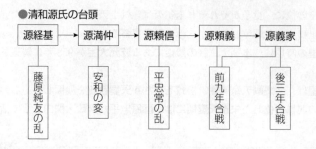

| 源経基 | → | 源満仲 | → | 源頼信 | → | 源頼義 | → | 源義家 |

藤原純友の乱 ← 源経基
安和の変 ← 源満仲
平忠常の乱 ← 源頼信
前九年合戦 ← 源頼義
後三年合戦 ← 源義家

解　答

| 問A | 3 | 問B | 2 | 問C | 4 | 問D | 2 | 問E | 3 | 問F | 5 |
| 問G | 2 | 問H | 3 | 問I | 4 | 問J | 5 | | | | |

5

◇次の【史料】（一部改変）を読み，問1〜8に答えよ。

【史料】

　六波羅殿の御一家の君達といひてしかば，花族も栄耀も面をむかへ肩をならぶる人なし。されば入道相国の小舅，平大納言時忠卿ののたまひけるは，「此一門にあらざらむ人は皆人非人なるべし」とぞのたまひける。かゝりしかば，いかなる人も相構て其の縁にむすぼゝれむとぞしける。衣文のかきやう，烏帽子のためやうよりはじめて，何事も六波羅様といひてげれば，一天四海の人皆是をまなぶ。

　吾身の栄花を極るのみならず，一門共に繁昌して，嫡子重盛，内大臣の左大将，次男宗盛，中納言の右大将，三男知盛，三位中将，嫡孫維盛，四位少将，惣じて一門の公卿十六人，殿上人三十余人，諸国の受領，衛府，諸司，都合六十余人なり。世には又人なくぞみえられける。

　其外御娘八人おはしき。皆とりどりに，幸ひ給へり。一人は桜町の中納言成範卿の北の方，一人は后にたゝせ給ふ。王子御誕生ありて，皇太子にたち，位につかせ給しかば，院号かうぶらせ給て建礼門院とぞ申ける。入道相国の御娘なるうへ，天下の国母にてましましければ，とかう申に及ばず。一人は六条の摂政殿の北政所，一人は普賢寺殿の北政所，一人は冷泉大納言隆房卿の北方，一人は七条修理大夫信隆卿に相具し給へり。又安芸国厳島の内侍が腹に一人おはせしは，後白河法皇へ参らせ給て，女御のやうでぞましましける。其外九条院の雑仕常葉が腹に一人。

　日本秋津嶋は纔に六十六箇国，平家知行の国三十余箇国，既に半国にこえたり。其外庄園田畠いくらといふ数を知らず。綺羅充満して，堂上花の如し。軒騎群集して，門前市をなす。

問1　下線部(1)に関する説明として，不適切なものはどれか。2つ選べ。
　イ　父は平正盛である。
　ロ　保元の乱に際して，天皇方の武士として動員された。
　ハ　平治の乱に際して，藤原信頼や源義朝を滅ぼした。
　ニ　平等院鳳凰堂を建てた。
　ホ　太政大臣となった。

問2　下線部(2)に関する説明として，不適切なものはどれか。2つ選べ。
　イ　内大臣は令外官である。

ロ　中納言は令外官である。

ハ　左大将，右大将，中将，少将は衛門府の官職である。

ニ　平重盛は保元・平治の乱で活躍した。

ホ　平維盛は，壇ノ浦で平家の大将として戦った。

問3　下線部(3)に関する説明として，不適切なものはどれか。2つ選べ。

イ　公卿は，大臣・大中納言・参議，三位以上の者を指す。

ロ　公卿は，上達部ともいう。

ハ　太政大臣は，適任者がいなければ，置かれなかった。

ニ　殿上人は，四位・五位の官人を指す。

ホ　殿上人は，宮殿への出入りを許された者のことである。

問4　下線部(4)は次のどの天皇の后か。1人選べ。

イ　鳥羽天皇　　　　　ロ　安徳天皇　　　　　ハ　後白河天皇

ニ　高倉天皇　　　　　ホ　二条天皇

問5　下線部(5)は次の誰か。1人選べ。

イ　平徳子　　　　　　ロ　平時子　　　　　　ハ　平盛子

ニ　平滋子　　　　　　ホ　平明子

問6　下線部(6)に関する次の説明のうち，不適切なものはどれか。1つ選べ。

イ　『梁塵秘抄』を撰んだ。

ロ　崇徳上皇を配流した。

ハ　皇子以仁王は平氏打倒を図った。

ニ　八条院領を皇女に伝えた。

ホ　蓮華王院を建てさせた。

問7　下線部(7)に関連して，平安時代には66国2島といわれた。その2島が属した
行政区画は次のうちどれか。1つ選べ。

イ　東海道　　　　　　ロ　西海道　　　　　　ハ　山陰道

ニ　北陸道　　　　　　ホ　山陽道

問8　この【史料】に関する説明として，不適切なものはどれか。1つ選べ。

イ　平家の興亡が記されている。　　　ロ　慈鎮の作である。

ハ　軍記物語に属する。　　　　　　　ニ　琵琶法師が語り継いだ。

ホ　鎌倉時代前期の作である。

解説　『平家物語』──古代の官制と平氏政権

　頻出史料『平家物語』を素材とした出題。問2・問3・問7は早大ならではの難しさだが，その他は標準の出題となっている。官職制度は，図説等を用いて確実におさえておきたい。

問1　答：イ・ニ ━━━━━━━━━━━━━━━━━━━━━━━━━━━　易

　下線部(1)の「六波羅殿」は平清盛をさす。平清盛の父は平忠盛。また，平清盛は平等院鳳凰堂ではなく，1164年に三十三間堂（蓮華王院本堂）を造営し，後白河上皇に寄進した。同時代の平氏と上皇をまとめたので，確認しておこう。

平正盛（祖父） 北面の武士	平忠盛（父） 日宋貿易開始	平清盛（六波羅殿） 太政大臣就任／保元・平治の乱
白河上皇	鳥羽上皇	後白河上皇

問2　答：ハ・ホ ━━━━━━━━━━━━━━━━━━━━━━━━━━　やや難

ハ─×　左大将，右大将，中将，少将は近衛府の官職。

ホ─×　壇ノ浦の戦いでの平家の大将は平宗盛である。平維盛は，1180年に源頼朝との富士川の戦いで，水鳥の飛び立つ羽音を敵の襲来と誤認して敗走し，1183年の倶利伽羅峠の戦い（砺波山の戦い）では，源義仲に敗れ都落ちした。『平家物語』では，平維盛はのちに出家して，紀伊国那智で入水したとされている。

問3　答：ニ・ホ ━━━━━━━━━━━━━━━━━━━━━━━━━━　やや難

　公卿を除く四位・五位と六位の蔵人のうちで清涼殿への昇殿を許された者を殿上人という。それぞれ，「四位・五位の官人」「宮殿への出入りを許された者」という箇所が誤りになる。なお，平清盛の父忠盛は殿上人となっている。

　ハの太政大臣は，適任者がいなければ置かれることはなかった。養老令の『職員令』の中で「その人無ければ則ち闕く（適した人が不在の場合は欠員とする）」とあることから，太政大臣は則闕の官と称された。なお最初の太政大臣は大友皇子で，最後の太政大臣は三条実美。また，太政大臣の唐名を「相国」という。太政大臣足利義満が創建した寺院を問われた際には，「相国寺」と答えられるようにしよう。

問4　答：ニ ━━━━━━━━━━━━━━━━━━━━━━━━━━━━　標準

　平清盛は，娘の平徳子を高倉天皇の中宮に入れて，その子の安徳天皇を即位させ外戚として権勢をふるった。

問5　答：イ ━━━━━━━━━━━━━━━━━━━━━━━━━━━━　易

　建礼門院は，平徳子に与えられた院号で，建礼門院徳子とも称される。壇ノ浦の戦いの時に，平徳子は安徳天皇とともに入水するが助けられ，以後，京都大原の寂光院に隠棲した。

問6　答：ニ 標準

　八条院領を皇女に伝えたのは，**鳥羽上皇**。後白河法皇が長講堂に寄進した荘園群を**長講堂領**という。なお八条院領は**大覚寺統**，長講堂領は**持明院統**に継承された。

八条院領（鳥羽上皇） ──→	大覚寺統（南朝）：後醍醐天皇
長講堂領（後白河法皇）──→	持明院統（北朝）：光明天皇／足利尊氏

問7　答：ロ 難

　702年頃に，多褹（種子島）と掖玖（屋久島）を多褹島という令制の国に編成し，66国3島（壱岐・対馬・多褹島）の行政区分にしたが，824年に多褹島を大隅国に所属させたことで，66国2島（壱岐・対馬）の行政区分になった。2島の壱岐・対馬は，現在の九州，当時の西海道に属す。

問8　答：ロ 易

　史料冒頭の「六波羅殿（＝平清盛）」，2行目の「此一門にあらざらむ人は皆人非人なるべし」，下から3行目「平家知行の国」の箇所などから，頻出史料の『平家物語』と判断できるので，ロが正解になる。慈鎮は慈円のこと。**慈鎮（慈円）**は，関白**九条兼実の弟**で，**天台座主**。公武協調を理想とし，後鳥羽上皇の討幕を批判する『**愚管抄**』を著した。なお歌人としても有名で，家集『拾玉集』を残している。

　『平家物語』は，**鎌倉時代前期の軍記物語**で，信濃前司行長がつくり，盲目の僧生仏に語らせた説が有力。平家の興亡を琵琶法師が平曲として語り，文字を読めない人々に広く親しまれた。なお琵琶法師の様子は，伝記絵巻『**慕帰絵詞**』に描写されている。

解　答

問1　イ・ニ　　問2　ハ・ホ　　問3　ニ・ホ　　問4　ニ　　問5　イ
問6　ニ　　問7　ロ　　問8　ロ

6

◇次の文章を読み，下記の問1～8に答えよ。問1～2については，それぞれの解答を記述解答用紙に記入せよ。問3～8については，それぞれの解答を選び，マーク解答用紙の記号をマークせよ。

　古代に日本と新羅の間では，新羅使や遣新羅使と呼ばれる外交使節が行き来した。新羅使は779年まで来航し，遣新羅使は836年まで派遣されていることが日本の史料から確認できるが，これらの使節の実態については分かっていないことも多い。特に遣新羅使については，新羅滞在中の記録が日本のみならず朝鮮半島の史料にもほとんど見えない。これは，新羅の国史は12世紀に編纂された『三国史記』に依らざるを得ないという史料的な限界も関係している。遣隋使や遣唐使についての記述が，中国の史料にも様々のこされているのと対照的である。

　遣新羅使について正史から知ることのできる情報は多くなく，例えば736年2月に任命された遣新羅使について『続日本紀』では，出発後，翌年正月に帰国して入京するまでの道中についての記述はない。

　一方で『万葉集』巻十五には，「遣新羅使人等，別れを悲しみて贈答し，海路に及んで情を慟めて思ひを陳ぶ。所に当たりて誦ひし古歌を拌せたり」としてこの遣新羅使に関係する歌が，①～⑤など145首も採録されている。

① 武庫の浦の入江の渚鳥羽ぐくもる君を離れて恋に死ぬべし
（武庫の浦の入江の洲に巣くう水鳥が子を羽に包むように，大事にしてくださったあなたから引き離されたら，私は恋しくて死んでしまうでしょう。）

② 秋さらば相見むものを何しかも霧に立つべく嘆きしまさむ
（秋になったら逢えるのに，どうして霧となって立ちこめるほど嘆かれるのか。）

③ 夕さればひぐらし来鳴く生駒山越えてそ我が来る妹が目を欲り
（夕方になるとひぐらしが来て鳴くさびしい生駒山を越えて，私は向かう。もうひと目いとしいあの人に逢いたくて。）

④ 妹に逢はずあらばすべなみ岩根踏む生駒の山を越えてそ我が来る
（いとしいあの人に逢わないでいるとやるせないので，岩を踏みしめるような険しい生駒山を越えて私は向かう。）

⑤ 夕されば秋風寒し我妹子が解き洗ひ衣行きて早着む
（夕方になると秋風がひとしお身に染みる。私のいとしいあの人が解き洗いしてくれた着物を，早く着たい。）

　①の歌にみえる武庫の浦は兵庫県の武庫川の河口付近で，難波を発った遣新羅使の最初の宿泊地であったようだ。このように使人たちは新羅へと向かう途中，各地の歌を詠んだり贈答したりしたため，一行は明石の浦（兵庫県明石市），家島諸島（兵庫県姫路市），倉橋島（広島県呉市），屋代島（山口県周防大島町），熊毛の浦（山口県上関町）などの瀬戸内海の港や島々を経て筑紫へと至り，さらに糸島半島や東松浦半島沖の神集島（佐賀県唐津市）にて停泊した後，　A　と対馬を経て新羅へと渡ったことが分かる。

　『万葉集』からこの遣新羅使の動きを追っていくと，春に遣新羅使が任命された後，②の歌が詠まれているが，この贈答歌の後には③，④の2首が載り，④には「しましく私家に還りて思ひを陳ぶ」という注が付けられている。「しましく」は「しばらく」という意味であり，その後この遣新羅使は瀬戸内海を西へと出発したようだ。しかし⑤の歌が往路の筑紫で詠まれているので，彼等の旅路は順調ではなかったらしい。

　『続日本紀』には，大使・副使・大判官・少判官の4人しか使人として名が見えないが，『万葉集』の歌の中には作者の名前が記されているものもある。また『続日本紀』には，帰路に大使阿倍継麻呂が対馬にて没したことと，副使大伴三中も病気のために帰国後の入京が遅れたことが記されているが，『万葉集』には「　A　の島に到りて，雪連宅満のたちまちに鬼病に遇ひて死去せし時に作る歌」が詠まれており，大使ら以外で一行に含まれていた人物の動向を知ることができる。なお，継麻呂の死去や三中・宅満の病は，737年に藤原四兄弟が相次いで死去するなど各地で猛威を振るった疱瘡（天然痘）と関係しているとも言われる。

　このように『万葉集』からは遣新羅使のあり方や使人たちの悲哀を窺うことができ，正史にはあらわれない貴重な情報を伝えているのである。

問1　下線部bに関連して，『三国史記』は朝鮮半島に鼎立した3国の歴史を紀伝体で記したものであるが，3国のうち新羅以外の2国の国名を漢字で記せ。

問2　空欄　A　にあてはまる島の名を，現在の一般的な漢字表記で記せ。

問3　下線部aに関連して，両者の関係について述べた文として，正しいものはどれか。一つ選べ。
　ア　筑紫国造磐井は，大王軍と連携して新羅を攻撃した。
　イ　倭と新羅の連合軍は，白村江の戦いで唐に敗れた。
　ウ　新羅は渤海と友好関係にあり，渤海と日本が国交を結ぶのを仲介した。
　エ　9世紀半ば以降，日本と新羅の間では人や物の往来はなくなった。
　オ　藤原仲麻呂は新羅攻撃を計画した。

問4 下線部 c に関連して，遣隋使に関する史料として正しいものはどれか。一つ選べ。

ア 封国は偏遠にして，藩を外に作す。昔より祖禰 躬 ら甲冑を 擐 き，山川を 跋 渉して寧処に 遑 あらず。東は毛人を征すること五十五国，西は衆夷を服すること六十六国，渡りて海北を平ぐること九十五国。

イ 栄叡・普照，大明寺に至り，大和尚の足下に 頂礼 して，具さに本意を述て曰く，仏法東流して日本国に至る。其の法有りと雖も法を伝ふるの人無し。（中略）願はくは，大和尚東遊して化を興したまへ。

ウ 倭の国王帥升等，生口百六十人を献じ，請見を願ふ。

エ 倭王あり，姓は阿毎，字は多利思比孤，阿輩雞彌と号す。使を遣して闕に詣る。（中略）使者言う，倭王は天を以て兄と為し，日を以て弟と為す。（中略）高祖曰く，此れ 太 だ義理なし。

オ 倭の女王，大夫難升米等を遣し郡に詣り，天子に詣りて朝献せんことを求む。太守劉夏，吏を遣し，将て送りて京都に詣らしむ。

問5 下線部 d に関連して，①〜⑤の歌から読み取れることはどれか。一つ選べ。

ア これらの歌は，新羅にて披露するために詠まれた。

イ これらの歌は，帰国後に大使によって天皇に献上される予定であった。

ウ この遣新羅使は当初，任命された年の秋までには帰国する予定だった。

エ この遣新羅使の使人たちは，筑紫までは妻を同伴していた。

オ この遣新羅使は平城京から難波へ移動し，到着後すぐに武庫の浦へ向けて出発した。

問6 下線部 e に関連して，古代の難波について述べた文として，誤っているものはどれか。一つ選べ。

ア 橘奈良麻呂の変の後に，遷都が繰り返される中で都がおかれた場所の一つである。

イ 厩戸王によって四天王寺が創建された。

ウ 難波津は平城京の外港としての役割を果たした。

エ 大化改新に際して，孝徳天皇によって大王宮がおかれた。

オ 奈良時代に摂津職によって所管された。

問7 下線部 f に関連して，瀬戸内海沿岸地域について述べた文として，正しいものはどれか。一つ選べ。

ア 寒冷化が進んだ縄文時代には，瀬戸内海は陸地化していた。

イ 弥生時代には，紫雲出山遺跡にみられるような高地性集落が多くつくられた。

　ウ　古墳時代には，吉備地方に箸墓古墳のような巨大な前方後円墳が築かれた。

　エ　7世紀後半，讃岐平野に古代山城の大野城が築かれた。

　オ　奈良時代には，公営田が設けられた。

問8　下線部 g に関連して，武智麻呂・房前・宇合・麻呂の四人の兄弟は，それぞれ藤原氏の四家の祖となったが，藤原氏の人物と出身の家の組み合わせとして，正しいものはどれか。一つ選べ。

　ア　仲成―京家　　　　イ　基経―式家　　　　ウ　緒嗣―北家

　エ　冬嗣―南家　　　　オ　百川―式家

解説 遣新羅使からみた古代の対外関係

遣新羅使を中心とした古代の対外関係をベースに，縄文時代から平安時代について幅広く問う総合問題。早大では初見史料を用いた出題が多いが，問4では基本史料が出題されている。問5では読解力が試されている。全体的には原始・古代の多くをカバーできる良問。

問1　答：高句麗・百済（順不同） ─────────────── 標準

古代の朝鮮半島には，半島南東部に**辰韓**からおこった**新羅**のほかに，半島北部に**高句麗**，半島南西部に**馬韓**からおこった**百済**の3国があった。

問2　答：壱岐 ───────────────────────── 標準

新羅に渡る際には壱岐・対馬を経由していた。1274年の**文永の役**の際に，元・高麗軍が合浦を出発した後，**対馬・壱岐**を攻めて博多湾に上陸したことを想起したい。

問3　答：オ ────────────────────────── 標準

オ─○　唐が**安史の乱**（755〜63年）により**混乱**すると，渤海が唐・新羅に進出する動きに応じて，**藤原仲麻呂**は**新羅攻撃**を計画した。しかし，**新羅攻撃は実行しなかった**。

ア─×　**筑紫国造磐井**は，527年にヤマト政権の勢力拡大に対して，**新羅と結んで反乱**を起こした。この反乱は**物部麁鹿火**により制圧された。

イ─×　**唐・新羅の連合軍**に対して，百済復興勢力を助けて**百済を再興**しようと出兵した倭が敗れたのが**白村江の戦い**である。

ウ─×　**渤海**は，唐・新羅に対抗するため日本に通交を求め，日本も新羅との対抗関係から渤海と友好的に通交した。

エ─×　8世紀末に新羅からの使節の来日はなくなるが，9世紀前半には**新羅の商人**が貿易のために来航した。

●8世紀半ば〜9世紀のアジア関係

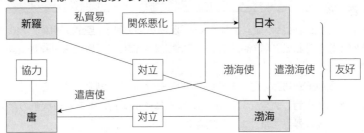

問4　答：エ　━━━━━━━━━━━━━━━━━━━━━━━━━━━━━━━━ 易

エ─○　『隋書』倭国伝に記述されている600年の遣使の箇所。600年の遣隋使の派遣に関して，『隋書』倭国伝には記述があるが，『日本書紀』には記述されていない。

ア─×　『宋書』倭国伝に記されている「倭王武の上表文」。朝鮮半島南部をめぐる外交・軍事上の立場を有利にするため，倭の五王らは相次いで中国南朝に朝貢した。

イ─×　鑑真の日本渡航を記述した『唐大和上東征伝』で，淡海三船の著書。日本人留学生の栄叡・普照が日本への渡航を要請したことや，沖縄（阿児奈波嶋）や屋久島（益救嶋）に漂着したことなどが記載されている。

ウ─×　『後漢書』東夷伝の一節。107年に倭国王帥升らが安帝に生口（奴隷）160人を貢物として贈っている。

オ─×　239年に難升米らを帯方郡に遣わしたことを述べた，『魏志』倭人伝の一節。その後，親魏倭王の称号と金印紫綬が授けられた。

問5　答：ウ　━━━━━━━━━━━━━━━━━━━━━━━━━━━━━━━ 標準

ウ─○　リード文36～37行目に，②の歌は「春に遣新羅使が任命された後」に詠まれたことが記述されている。②の歌に「秋になったら逢えるのに」とあることから，秋に帰国する予定であったことがわかる。

ア・イ─×　リード文11～12行目で「別れを悲しみて」「情を慟めて」など，個人の感情を詠んでいることがわかる。アの「新羅にて披露」したり，イの「天皇に献上」するなど，公的な場で個人の感情を詠むことは考えにくい。

エ─×　③と④の歌に「いとしい人に逢うために生駒山（大阪府と奈良県の境）を越えた」ことが詠まれており，リード文39行目には，その後に「瀬戸内海を西へと出発した」とあるので，「妻を同伴していた」が誤りとなる。

オ─×　平城京を発った一行が難波を経て武庫の浦（兵庫県）に宿泊している。その後，難波から生駒山に戻っていること（③・④の歌／エの解説）が考えられるので，「到着後すぐに」が誤りとなる。

問6　答：ア　━━━━━━━━━━━━━━━━━━━━━━━━━━━━━━━ 標準

ア─×　「橘奈良麻呂の変」ではなく，「藤原広嗣の乱」。聖武天皇は，740年に大宰府で起きた藤原広嗣の乱を機に，平城京から恭仁京・難波宮・紫香楽宮へと遷都した。

イ─○　厩戸王が物部守屋との戦いで四天王に祈り，勝利したことを受けて創建したのが四天王寺。大阪市に所在。1576年に織田信長による石山戦争の兵火を被ったが，後に豊臣秀頼により復興された。

ウ─○　瀬戸内海に臨む難波津は，平城京の外港で，外国使節の迎接，遣隋使・遣唐使の発船，国内物資の集散地として発展した。

エー○　大化の改新の後に即位した**孝徳天皇**は，**難波長柄豊碕宮（難波宮）**へと遷
　都した。

オー○　難波宮や難波津などがあった**摂津国**には，**摂津職**が置かれた。

　難波宮や古代宮都の変遷に関する出題は，2021 年度の文学部でも出題されている。

●古代宮都の変遷

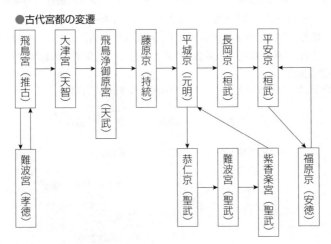

問7　答：イ　　　　　　　　　　　　　　　　　　　　　　　　　　　　標準

イー○　**紫雲出山遺跡**は，香川県にある**高地性集落**。石鏃などの多数の遺物のほか
　に，住居跡も確認されている。

アー×　縄文時代には温暖化が進み，氷河がとけて**海面が上昇し（海進）**，日本列
　島が形成された。

ウー×　**箸墓古墳**は，吉備地方（岡山県全域から広島県東部周辺）ではなく，**奈良
　県桜井市**にある最大規模を持つ**出現期の前方後円墳**。

エー×　**大野城**は白村江の戦いの後，**大宰府防衛**のために築かれた**朝鮮式山城**。大
　宰府防衛のために北方に**大野城**，南方に**基肄城**が築かれた。

オー×　**公営田**は，平安時代（823 年）に**大宰府**に設置された国家の直営田。

環濠集落 九州～関東地方	高地性集落 大阪湾沿岸～瀬戸内海沿岸
原の辻遺跡（長崎）　吉野ケ里遺跡（佐賀） 唐古・鍵遺跡（奈良） 池上曽根遺跡（大阪）　板付遺跡（福岡） 朝日遺跡（愛知）　大塚遺跡（神奈川）	紫雲出山遺跡（香川） 会下山遺跡（兵庫） 古曽部・芝谷遺跡（大阪） 谷山遺跡（京都）

問8　答：オ　　　　　　　　　　　　　　　　　　　　　　　　　　　　標準

オー○　**藤原百川**は式家藤原宇合の子。天智系の光仁天皇の即位に尽力。

アー×　**藤原仲成**は式家藤原種継の子。妹の藤原薬子とともに平城太上天皇の復位

を図り，乱を企て射殺された。

イ－× 藤原基経は北家藤原良房の養子。藤原基経は，陽成天皇を廃して**光孝天皇を即位**させ，光孝天皇の関白となった。六国史の一つ『**日本文徳天皇実録**』の編者の一人でもある。

ウ－× 藤原緒嗣は式家藤原百川の子。桓武天皇に「**軍事と造作**」の中止を提案した。六国史の一つ『**日本後記**』の編者の一人でもある。

エ－× 藤原冬嗣は北家藤原内麻呂の子。**嵯峨天皇**の信任のもと，最初の蔵人頭に任じられた。「**弘仁格式**」の編纂に従事したほか，大学別曹の**勧学院**を設けた。

●藤原氏系図

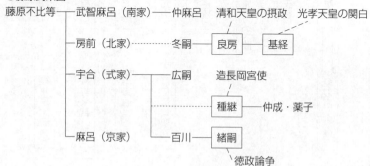

◇次の文章を読み，後の問に答えなさい。

　2016 年 7 月，国立西洋美術館本館がル・コルビュジエの建築作品の一部としてユネスコの世界文化遺産に登録された。その 2 年前には，明治時代に 　A　 を実現するために，殖産興業の政策のもとに群馬県に設けられた，官営の 　B　 も同じく世界文化遺産として登録されている。日本には現在 16 の世界文化遺産があるが，登録されている遺跡や記念物が 16 しかない，というわけではない。

　たとえば京都や奈良には，社寺や都城などが集中しているが，京都では教王護国寺，
　　　　　　　　　　　　　　a　　　　　　　　　　　　　　　　　　　　　b
慈照寺，西本願寺，清水寺，仁和寺など複数の時代の記念物が「古都京都の文化財」
として一括して登録され，奈良では平城宮跡，興福寺，唐招提寺，東大寺，正倉院な
　　　　　　　　　　　　　　　　c
どが「古都奈良の文化財」として，また法隆寺，法起寺が「法隆寺地域の仏教建造
物」として一括して登録されている。こうした日本の世界文化遺産は，いまのところ
全てが古代以降のモニュメントであり，それより前の時代の遺跡は残念ながらまだ登
録されていない。非常に知名度の高い，たとえばかつての考古学ブームを牽引した高
　　　　　　　　　　　　　　　　　　　　　　　　　　　　　　　　　　　　d
松塚古墳や 　C　 ，日本列島における旧石器文化の存在を証明した岩宿遺跡などは
　　　　　　　　　　　　　　　　　　e
未登録である。

問 1 　　A　 に該当するものを漢字 4 字で記述解答用紙に記入せよ。

問 2 　　B　 に該当するものを漢字 5 字で記述解答用紙に記入せよ。

問 3 　下線部 a について，以下の i ～iv の説明のうち，誤っているものの組み合わせ
　　　はどれか。1 つ選び，マーク解答用紙の該当記号をマークせよ。
　 i 　中央北寄りに宮をおき，内部は条里制に従って道路で区画されている。
　 ii 　日本における都城の変遷は，古い順に藤原京，平城京，長岡京，平安京である。
　 iii 　中国の長安城と咸陽城をモデルとしている。
　 iv 　平城京跡からは，「長屋親王」の文字がみえる木簡が見つかっている。
　　　ア　 i と ii 　　　　　　　イ　 i と iii 　　　　　　ウ　 ii と iii
　　　エ　 ii と iv 　　　　　　オ　 iii と iv

問 4 　下線部 b について，桃山文化の代表的な庭園建築をもつ寺院を 1 つ選び，マー
　　　ク解答用紙の該当記号をマークせよ。

　　ア　教王護国寺　　　　　イ　慈照寺　　　　　　ウ　西本願寺

　　エ　清水寺　　　　　　　オ　仁和寺

問5　下線部 b について，禅の精神に基づく簡素さを旨とした建築を 1 つ選び，マー
　　ク解答用紙の該当記号をマークせよ。

　　ア　教王護国寺　　　　　イ　慈照寺　　　　　　ウ　西本願寺

　　エ　清水寺　　　　　　　オ　仁和寺

問6　下線部 c に関する説明として，正しいものはどれか。2 つ選び，マーク解答用
　　紙の該当記号をマークせよ。

　　ア　法隆寺の建築や正倉院宝物には，ユーラシア大陸をまたいだ東西交流の痕跡が
　　　　認められる。

　　イ　法隆寺は斑鳩寺ともいい，蘇我氏の四天王寺とならぶ飛鳥文化の代表的な建築
　　　　である。

　　ウ　東大寺は総国分寺とも称され，仏教の鎮護国家思想を具現しているが，荘園は
　　　　持たなかった。

　　エ　和同開珎より古く，奈良県飛鳥池遺跡でつくられたのが富本銭である。

　　オ　長岡京から平城京をへて平安京に移るまでを奈良時代とよぶ。

問7　下線部 c の代表的な彫刻や工芸品のうち，天平文化に属さないものはどれか。
　　1 つ選び，マーク解答用紙の該当記号をマークせよ。

　　ア　興福寺阿修羅像　　　　　　　イ　唐招提寺鑑真像

　　ウ　法隆寺玉虫厨子　　　　　　　エ　正倉院螺鈿紫檀五絃琵琶

　　オ　東大寺法華堂執金剛神像

問8　下線部 d の壁画は，各地の影響をうけているといわれるが，同時期の文化の説
　　明として，誤っているものはどれか。1 つ選び，マーク解答用紙の該当記号をマー
　　クせよ。

　　ア　高松塚古墳壁画は，契丹の壁画の人物像に類似した男女群像が極彩色で描かれ
　　　　ている。

　　イ　高松塚古墳壁画やキトラ古墳壁画は，近年その劣化が問題となった。

　　ウ　初唐文化の影響が全般的につよい。

　　エ　和歌も漢詩の影響をうけ，このころ詩型が定まった。

　　オ　柿本人麻呂や額田王といった歌人が活躍した。

問9　　C　は，日本に水稲耕作が広まり，中国・朝鮮半島の影響をうけた青銅製

の祭りの道具が使用された時代の代表的な環濠集落である。あてはまる遺跡名を1
つ選び，マーク解答用紙の該当記号をマークせよ。

ア　大湯遺跡　　　　　　イ　紫雲出山遺跡　　　　　ウ　三内丸山遺跡

エ　吉野ヶ里遺跡　　　　オ　上黒岩遺跡

問10　下線部eとそれに続く縄文文化の説明として，正しいものはどれか。1つ選
び，マーク解答用紙の該当記号をマークせよ。

ア　沖縄県では，港川人，山下町洞人など，原人段階の化石人骨が発見されている。

イ　旧石器時代の終わりになると，細かい刃をもつナイフ形の石器がつくられるよ
うになる。

ウ　縄文人は，古くからアジア大陸北部に住んでいたひとびとの子孫と考えられて
いる。

エ　縄文時代は農耕が発達し，四季の変化に応じた生業の変化があった。

オ　磨製石器が普及した縄文文化は，ユーラシア大陸各地の新石器時代に対応する
文化といえる。

解説　日本の世界文化遺産

　日本の世界文化遺産をテーマに，旧石器時代から明治時代までの諸事項を，文化史を中心とした形式で出題。どれも標準的な問題だが，丁寧な文化史学習ができていないと，やや苦戦するだろう。

問1　答：富国強兵　　　　　　　　　　　　　　　　　　　　　　　　標準

　空欄　A　の後の「殖産興業の政策」という箇所に着目しよう。明治政府は，欧米諸国に追いつき，富国強兵を実現するために殖産興業（近代産業の育成）に力を注いだ。殖産興業のために，**株仲間廃止，関所の撤廃，居住・職業選択の自由の承認**などを実施した。なお殖産興業の関係官庁として**工部省（1870年設置・1885年廃止）**と**内務省（1873年設置・1947年廃止）**がある。

問2　答：富岡製糸場　　　　　　　　　　　　　　　　　　　　　　　標準

　空欄　B　の前後の「群馬県に設けられた」「官営」「世界文化遺産として登録」から，富岡製糸場が正解となる。富岡製糸場は1872年に開設され，フランス人技師**ブリューナ**の指導のもと，**フランス**の先進技術の導入・普及，工女の養成がはかられた。なお富岡製糸場は，後に**三井**（三菱ではないことに注意）に払い下げられたこともおさえておこう。

問3　答：イ　　　　　　　　　　　　　　　　　　　　　　　　　　　標準

ⅰ−×　最初の都城が導入された藤原京は**条坊制**で区画されている。また宮は中央に位置している。条里制は古代の土地把握および班田実施のための土地区画制のこと。

ⅲ−×　平城京は**唐の長安城**と**北魏の洛陽城**をモデルとしている。咸陽城は秦の都城である。

問4　答：ウ　　　　　　　　　　　　　　　　　　　　　　　　　　　標準

　西本願寺の飛雲閣は，**聚楽第（じゅらくてい（だい））**の遺構と伝えられ，桃山文化を代表する庭園建築の1つである。

　アの教王護国寺は，東寺とも呼ばれる**真言宗総本山**の寺院。嵯峨天皇から空海に勅賜された。

　イの慈照寺は，足利義政が東山山荘に建立した観音殿の俗称（慈照寺銀閣）で，**義政の死後に法名から慈照寺**となった。

　エの清水寺は，延暦年間に坂上田村麻呂が創建したと伝えられている。火災で焼失したが，現在の本堂は**1633年に徳川家光の寄進により再建**された。

　オの仁和寺は**御室（おむろ）**とも呼ばれ，**宇多天皇**とゆかりのある**真言宗**寺院である。寄進地系荘園の史料で有名な**肥後国鹿子木荘（かのこぎのしょう）**は，この仁和寺の荘園である。史料中の

「美福門院の御計として御室に進付せらる。これ則ち本家の始めなり」という箇所から，「御室」の寺院名を問われることが多いので，ぜひおさえておこう。

問5 答：イ 標準

「禅の精神に基づく簡素さを旨」という箇所が東山文化の特徴と合致することから，イの「慈照寺」が正解となる。慈照寺東求堂同仁斎や銀閣には，近代和風住宅の原型となった書院造が用いられている。

問6 答：ア・エ 標準

イ−× 四天王寺は厩戸王（聖徳太子）が物部守屋との戦いで四天王に祈り，勝利したことを受けて創建したといわれている。四天王寺は大阪府大阪市に所在している。

ウ−× 東大寺は，東大寺領道守荘や東大寺領糞置荘などの多くの初期荘園を所有していた（11年度教育学部でも同事項の出題あり）。なお総国分寺と称された東大寺は，華厳宗の大本山であることもおさえておこう。

オ−× 平城京から長岡京をへて平安京に遷都するまでの時代を奈良時代という。

問7 答：ウ 標準

法隆寺玉虫厨子は飛鳥文化を代表する工芸品の1つ。玉虫厨子須弥座絵は，日本最古の絵画（古墳を除く）で，釈迦の前世の善行などが左右に描かれている。

アの興福寺阿修羅像とイの唐招提寺鑑真像はともに乾漆像で，前者は釈迦の教えにより仏法の守護神となった姿を表現している。エの螺鈿紫檀五絃琵琶は正倉院宝物の1つで，五絃琵琶の遺品として世界唯一のもの。オの東大寺法華堂執金剛神像は塑像で，公開は年に1日に限られる秘仏。

問8 答：ア 標準

高松塚古墳壁画は，白鳳文化期（天武・持統期）に該当することから，唐初期の文化の影響を受けていることがわかる。また高松塚古墳壁画女子群像は，高句麗の水山里古墳壁画の女性像とよく似ていることも指摘されており，「契丹」を「唐・高句麗」とすることで正文となる。

オの白鳳文化期の歌人柿本人麻呂は，『万葉集』のなかで「大君は　神にしませば雨雲の　雷の上に　いほりせるかも」という現人神思想を反映した歌を詠んでいる。

問9 答：エ 標準

「青銅製の祭りの道具が使用された時代」とは弥生時代に該当するので，弥生時代の環濠集落を選べばよいことになる。その条件に合致するのは，エの吉野ヶ里遺跡のみである。

アの大湯遺跡は，秋田県にある縄文時代後期の遺跡で，環状列石（ストーン＝サークル）が発掘された。イの紫雲出山遺跡は，香川県にある弥生時代中期後半の高地性集落。ウの三内丸山遺跡は，青森県にある縄文時代前期から中期にかけての大

集落遺跡で，大型掘立柱建物，大型竪穴住居，大量の土器，土偶などが出土した。
オの上黒岩遺跡は，愛媛県にある縄文時代草創期・早期の岩陰遺跡。

問10　答：オ ――――――――――――――――――――――――――― 標準

アー×　港川人・山下町洞人は，ともに沖縄県で発掘された**新人段階の化石人骨**。
　　なお山下町洞人は，年代の明らかなものとしては最も古い化石人骨である。

イー×　ナイフ形の石器（ナイフ形石器／石刃_{せきじん}／ブレイド）は旧石器時代に用いら
　　れているが，細かい刃の形状を有していない。細かい刃の形状は細石器のことを
　　さす。細石器は，旧石器時代末期に登場し，木や骨などに埋め込んで用いられ，
　　北方から日本列島に及んだものである。教科書・図説等で石器の形状を確認して
　　おきたい。

ウー×　縄文人の起源は，東南アジア系とする説もある。

エー×　縄文時代は，大陸の新石器文化と共通するが，**本格的な農耕は営まれてい
　　ない**ことから，「農耕が発達」の箇所が誤りとなる。なお縄文時代には**牧畜は行
　　われていない**点にも注意したい。

解　答

問1　富国強兵　　問2　富岡製糸場　　問3　イ　　問4　ウ	
問5　イ　　問6　ア・エ　　問7　ウ　　問8　ア　　問9　エ	
問10　オ	

第2章　中　世

8

◇次の文を読み，後の問に答えなさい。

　開墾による所領の拡大は，成立期における中世の武家社会を動かす重要な要因の一つであった。

　武士たちは，その黎明期から，軍事だけを仕事としていたわけではなかった。農地経営者であり，開墾を行いやがて一定地域を支配する開発領主となる者も現れた。彼らは，朝廷によって<u>墾田の私有が制限される</u>なかで，手に入れた農地を実質的に支配
_a
するために，工夫を余儀なくされた。所領が<u>公領</u>として扱われることを前提に，在庁
_b
官人となって国衙の行政に進出するという方策をとる者もいた。一方で，中央の権力者に所領を寄進し自らは荘官となって，国司の干渉を避けつつ，実質的な支配を行う者もいた。

　鎌倉時代になると，御家人の<u>奉公</u>とひきかえに将軍が御恩を与える封建制度が確立
_c
された。御恩には，武功などの功績のある御家人に新たな所領を与える　A　もあったが，それだけでなく，御家人が父祖から受け継いだ所領や新たに開墾した土地を本領として確認し支配権を保障する本領安堵も，重要な御恩であった。開墾などによって代々獲得してきた所領を荘官として支配してきた武士が，その支配をつづけるために御家人となることも多かったのである。もっとも，鎌倉時代の土地支配は，幕府による一元的支配であったわけではなく，公武による二元的支配であった。朝廷や貴族・大寺社によって支配されてきた公領と荘園が残る中，幕府（将軍）も，公領の知行国主や荘園の本家・領家として広大な土地を支配していたのである。本領安堵は，おもに幕府が　B　ことで，御家人による所領の支配を認める方法がとられた。幕府が　B　ことができる範囲は，当初，関東御領となった平家没官領を中心とする謀反人の所領に限られていたが，　C　の後に全国化した。

　鎌倉幕府の衰退にも，開墾による所領拡大の限界が関与しているとみられている。鎌倉時代初期に，御家人の支配する所領の相続は，分割相続が通例であった。これは開墾などによる所領の拡大があってこそうまくいく方法であり，拡大が停滞すると，分割相続の繰り返しによる所領の細分化が，御家人らの窮乏の一因となって幕府の衰退につながったというのである。もっとも，ここでいう<u>分割相続は，親の死後に所領を子らの人数に応じて均等に分配する</u>というような単純な内容ではなかった。
_d

　南北朝の動乱期に室町幕府が成立すると，幕府は，地方の軍事力をとりこむために，各国に守護を派遣した。守護は，押収した敵方の所領を処分する権限（闕所地処分
_e
権）や，<u>半済地</u>の知行権を与える権限（半済地預置権）をもつようになり，これらの
_f

権限を行使して，領国の武士らとの間に主従関係を構築していった。この時代までには，武士らの所領の拡大は，奪った土地の再分配によることがほとんどになっていたのである。

問1　下線 a について。政府の掌握する田地を増加させることを目的に 743 年に発布されたが，結果的に貴族や寺社の私有地拡大を進める契機となった法令は何か。記述解答用紙に漢字で記入しなさい。

問2　下線 b にいう公領は，当時，受領によって支配されるようになっていた。受領に関する説明として正しいものはどれか。2 つ選び，マーク解答用紙の該当記号をマークしなさい。
あ　受領は，国司の最上席者である。
い　受領は，在庁官人の最上席者である。
う　受領は，公領や荘園の現地支配者である。
え　受領は，田堵に田地の耕作を請け負わせた。
お　受領は，田所や下司を指揮して耕作を行わせた。

問3　下線 c にいう奉公の内容として通常含まれないものはどれか。2 つ選び，マーク解答用紙の該当記号をマークしなさい。
あ　天皇や上皇の御所の警護
い　鎌倉の将軍御所の警護
う　関東御領での年貢の徴収
え　将軍御所修繕費用の提供
お　政所への出仕

問4　空欄Aに入る語を記述解答用紙に漢字で記入しなさい。

問5　空欄Bに入る語として最もふさわしいものはどれか。1 つ選び，マーク解答用紙の該当記号をマークしなさい。
あ　御家人を荘園の領家に任ずる
い　御家人を公領の守護に任ずる
う　御家人を分国の領主に任ずる
え　御家人を公領の知行国主に任ずる
お　御家人を公領や荘園の地頭に任ずる

問6　空欄Cに入る語を記述解答用紙に漢字で記入しなさい。

問7　下線dにいう分割相続に関する説明として正しいものはどれか。2つ選び，マーク解答用紙の該当記号をマークしなさい。

あ　所領などの財産の相続とは異なり，戦時に一族を指揮する家督の地位は本家の長男が単独で相続するのが通例だった。

い　親が財産を子らに譲与してもそのことを幕府に届け出ていない場合には，所領は幕府のものとなった。

う　所領を相続した子は，庶子であっても，年貢や公事の納付について幕府に直接責任を負うのが通例だった。

え　親が生前に財産を譲与する方法がとられることが多かったが，親がいったんした譲与をのちに取り消すことも認められていた。

お　女子も親の財産を相続することができたが，所領の相続は男子に限られ，女子には一期分という，所領以外の財産の譲与が行われた。

問8　下線eにいう守護は鎌倉時代に存在した守護と職権の内容が異なっている。室町時代の守護にしか与えられていなかった職権はどれか。2つ選び，マーク解答用紙の該当記号をマークしなさい。

あ　大番催促　　　　　　い　使節遵行　　　　　　う　刈田狼藉の取締
え　謀反人の逮捕　　　　お　殺害人の逮捕

問9　下線fについて。天皇領などを除く全国の所領を対象に半済を認める内容の応安の半済令が発令された年に生じた出来事として正しいものはどれか。1つ選び，マーク解答用紙の該当記号をマークしなさい。

あ　足利義教が暗殺された。

い　応仁の乱がはじまった。

う　足利義満が将軍に就任した。

え　足利尊氏が征夷大将軍になった。

お　後亀山天皇が後小松天皇に神器を譲った。

問10　下線gについて。守護の家臣となった武士を何というか。記述解答用紙に漢字で記入しなさい。

解説　中世における武士の所領支配

平安中期から室町時代における武家社会の様子を，所領支配の在り方を中心に探っていく出題。問2・問3・問7で，知識力・思考力が必要とされる。

問1　答：墾田永年私財法 ──────────────────── 易

「743年に発布」「貴族や寺社の私有地拡大を進める契機」の箇所から，墾田永年私財法が正解となる。

墾田永年私財法は，当初は身分・位階により墾田専有面積に制限があった。その後台頭した道鏡による加墾禁止令で寺院と当地の百姓以外の開墾が禁止された。道鏡が失脚すると，光仁天皇のもとで加墾禁止令は撤廃されると同時に，当初の制限も廃止された。

問2　答：あ・え ──────────────────── 標準

受領は，任国に赴いた国司の最上席者として，国の行政をになった。一般的には守または介という。

10世紀に律令制が崩壊すると，受領が地方政治を一任されるようになった。また課税対象は名（名田）へと編成され，その耕作を田堵に請け負わせた。

い─×　在庁官人は，地方国衙で行政にあたった現地の役人。

う─×　公領の現地支配は受領が行ったが，荘園の支配は荘官が行った。

お─×　田所や下司は，荘官（荘園の管理者）で，受領に指揮されて耕作をしてはいない。荘官には，預所といった上級荘官と田所・下司・公文などの下級荘官がある。

問3　答：う・お ──────────────────── やや難

う　関東御領は将軍が荘園領主で，地頭に補任された御家人が年貢の徴収にあたった。

お　政所は，鎌倉幕府の家政機関で，一般政務・財政を担当した。

あは京都大番役，いは鎌倉番役，えは関東御公事である。関東御公事も奉公の1つで，内裏・幕府・寺社などの修造費負担といった経済的奉仕をさす。御恩・奉公の内容を下図で確認しておこう。

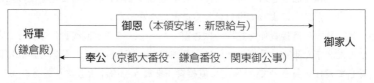

問4　答：新恩給与 ──────────────────── 易

空欄　A　の前の「御家人に新たな所領を与える」という箇所から，新恩給与

が正解となる。将軍（鎌倉殿）と御家人の間には，土地給与を通して御恩と奉公の関係が成立（封建制度）しており，実際には御家人は地頭に任命される形で，本領安堵や新恩給与などの御恩を受けた。なお本領安堵や新恩給与された所領は子孫に譲与され，その際に改めて将軍の安堵を受けた。

問5　答：お ━━━━━━━━━━━━━━━━━━━━━ 標準

　空欄　B　の前に，「本領安堵」の語句があるので，本領安堵に関する選択肢を選べばよい。本領安堵は，先祖伝来の所領支配権を保障するもので，それは地頭に任命されることで実現した。

問6　答：承久合戦（承久の乱） ━━━━━━━━━━━━━━ 標準

　鎌倉幕府が御家人を公領や荘園の地頭に補任できる範囲は，東国および平家没官領等が中心であったが，承久の乱の勝利により，畿内・西国へとその範囲を拡大させた。没収した上皇方の所領には，新たに地頭を設置し，補任権を「全国化」した。設問では，「漢字で記入」とあるので，「承久合戦」としたが，「承久の乱」の表記でも問題ない。

問7　答：あ・え ━━━━━━━━━━━━━━━━━━━━━ やや難

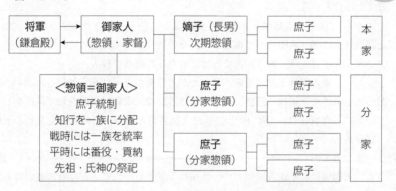

あ―○　家督の地位は，長男（嫡子＝次期惣領）が単独で相続するのが一般的であったが，長男が不適切な場合は，次男以下が相続することもあった。

え―○　親から子へ譲与した所領でも，譲与取り消しを認めた。この悔返し権は，武家独自のもので，公家法では認められていなかった。

い―×　所領を譲与され，権利を保障してもらうために将軍の安堵を受けたが，申請を怠ったことによって没収されることはなかった。

う―×　幕府に直接責任を負うのは惣領であって，庶子が直接責任を負うことはなかった。また年貢・公事の納付は，荘園であれば荘園領主，公領であれば国司に対して責任を負うので，「幕府に直接責任を負う」の箇所も誤りとなる。

お―×　所領の相続は女子にも認められていたので，「所領の相続は男子に限られ」の箇所が誤り。また一期分とは，女性の地位低下により，本人一代限りの支配が

認められ，死後は惣領に返す相続形態のことで，「所領以外の財産の譲与」では
ない。

問8 答：い・う ━━━━━━━━━━━━━━━━━━━━━━━━━━ 標準

室町時代の守護の職権は，従来の**大犯三カ条**（大番催促・謀叛人の逮捕・殺害人
の逮捕）に，**刈田狼藉の取締**（領地争いによる実力行使）と**使節遵行**（裁決の執
行）が付加された。結果的に，室町時代の守護は，警察権に強制執行権を持つこと
で，支配力を強化した。なお刈田狼藉の取締と使節遵行は，建武以来追加で規定さ
れている。

問9 答：う ━━━━━━━━━━━━━━━━━━━━━━━━━━━━━━ 標準

応安の半済令は，足利義満が3代将軍に就任した1368年に発令されている。

あ－× 足利義教は1441年，赤松満祐によって暗殺された（嘉吉の乱）。

い－× 応仁の乱がはじまったのは1467年で，将軍は足利義政であった。

え－× 足利尊氏は，1338年に光明天皇により征夷大将軍に任じられている。な
お足利尊氏は，近江・美濃・尾張を対象として，1352年に1年を期限とする**観
応の半済令**を発令している。

お－× 1392年の南北朝の合体が実現した際に，**後亀山天皇**（南朝）から**後小松
天皇**（北朝）へと譲位され，神器も後小松天皇へと授けられた。

問10 答：国人／被官／守護被官 ━━━━━━━━━━━━━━━━━━━ やや難

国人は，荘官や地頭が在地領主化したもので，独自に地域を支配していたが，守
護は半済令などによって，国人を被官化し，守護領国制を築いていった。

有力者に保護を受ける従者・家人などを総称して被官といい，国人も守護により
何らかの保護を受けているので，被官でも正解となる。また国人は守護に被官化さ
れたので，守護被官も正解となる。

解 答

問1 墾田永年私財法　問2 あ・え　問3 う・お

問4 新恩給与　問5 お　問6 承久合戦（承久の乱）

問7 あ・え　問8 い・う　問9 う

問10 国人／被官／守護被官

9

◇次の文と史料を読んで，下記の設問（A〜J）に答えよ。解答はもっとも適当なものを1つ選び，解答記入欄のその番号をマークせよ。

　13世紀前半，北条 ［ イ ］ は執権政治を確立させたが，その孫時頼は ［ ロ ］ 一族を滅ぼし，北条氏嫡流の当主である得宗の権力を増大させた。13世紀後半，元が2度にわたり九州に襲来した。これは日本社会にさまざまな影響を与えたが，その後の武家社会の様相をみると，得宗への権力集中がいっそう進み，一方で多くの御家人たちの生活は困窮化していった。

　そこで発令されたのがいわゆる永仁の徳政令で，次の史料はその一部である。

（史料）

　関東より六波羅に送らるる御事書の法

一，［ ト ］を停止すべき事，

　右，［ ト ］の道，年を逐って加増す，棄て置くの輩多く濫訴に疲れ，得理の仁なお安堵しがたし，〔中略〕

一，質券売買地の事，

　右，所領をもってあるいは質券に入れ流し，あるいは売買せしむるの条，御家人等侘傺の基なり，向後においては停止に従うべし，以前沽却の分に至りては，本主領掌せしむべし，ただし，あるいは御下文・下知状を成し給い，あるいは知行廿箇年を過ぐるは，公私の領を論ぜず，今さら相違あるべからず，〔中略〕

　次に［ チ ］・凡下の輩の質券売買得地の事，年紀を過ぐるといえども，［ リ ］知行せしむべし，

一，利銭出挙の事，

　右，甲乙の輩，要用の時，煩費を顧みず，負累せしむるに依て，富有の仁その利潤を専らにし，窮困の族いよいよ侘傺に及ぶか，自今以後成敗に及ばず，〔後略〕

（「東寺百合文書」）

　この法令は再審請求にも触れていることから，全体としては御家人の困窮を背景として増加する訴訟への対処を意識しているとみられるが，いずれにせよ問題の解決には遠く至らなかったので，得宗を中心とする北条氏や幕府への不満は高まっていった。

　こうしてみると，13世紀のなかば以降，得宗の権力は絶頂に達したが，幕府から人心は離れていったのであり，長い目でみれば，幕府は衰退へ向かったといえる。実

際，14世紀に入ると事態はいっそう深刻化し，幕府は滅亡に至るのである。
　ル

問A　空欄イに入る人名はどれか。
　1　時　政　　　　　　　2　義　時　　　　　　　3　時　房
　4　泰　時　　　　　　　5　重　時

問B　空欄ロに入る人名はどれか。
　1　大江広元　　　　　　2　梶原景時　　　　　　3　畠山重忠
　4　三浦泰村　　　　　　5　和田義盛

問C　下線部ハは北条氏のある人物が「徳宗」と号したことに由来するといわれている。その人物はどれか。
　1　時　政　　　　　　　2　義　時　　　　　　　3　時　房
　4　泰　時　　　　　　　5　重　時

問D　下線部ニに関連する説明として，正しいものはどれか。
　1　日本は元の朝貢要求を受け入れたが，元は無視して軍勢を派遣した。
　2　元は文永の役に際し，まず対馬・隠岐を攻めたのち，博多湾に至った。
　3　備後の御家人竹崎季長は，恩賞を得るために『蒙古襲来絵巻』を作成させた。
　4　弘安の役ののち，異国警固番役は廃止された。
　5　幕府は全国の本所一円地から武士を動員できるようになった。

問E　下線部ホに関して述べた文のうち，正しいものはどれか。
　1　霜月騒動で有力御家人安達泰盛が滅びた。
　2　将軍の側近である御内人が得宗に弾圧された。
　3　内管領平頼綱は北条時宗に滅ぼされた。
　4　得宗は将軍の私邸で寄合を行い，政治を専断した。
　5　得宗の家臣は評定衆の半分以上を占め，合議制が形骸化した。

問F　下線部へに関して述べた文のうち，正しいものはどれか。
　1　北条高時が執権の時に発布された。
　2　所領を質に入れたり売買したりするのは御家人が増長する原因だとした。
　3　これ以前に売却された御家人所領の無償取り戻しがうたわれた。
　4　これ以後20年以内は御家人所領の売却・質入れを認めた。
　5　利息付きの貸借に関する訴訟を奨励した。

問G 空欄トに入る語はどれか。

1 悪 党 2 一 揆 3 越 訴

4 借 上 5 土 倉

問H 空欄チと空欄リに入る語の組み合わせとして正しいものはどれか。

1 チ＝御家人・リ＝売主 2 チ＝非御家人・リ＝売主

3 チ＝御家人・リ＝買主 4 チ＝非御家人・リ＝買主

5 チ＝侍・リ＝本主

問I 下線部ヌの期間に起きた事柄に関連して述べた次の文X・Y・Zの正誤の組み合わせのうち，正しいものはどれか。

　　X 後嵯峨上皇の皇子宗尊親王が幕府に迎えられ，将軍となった。

　　Y 後嵯峨上皇の院政下で朝廷に引付が設置された。

　　Z 天皇家が亀山天皇系の持明院統と後深草天皇系の大覚寺統に分かれた。

1 X―正 Y―正 Z―誤 2 X―正 Y―誤 Z―正

3 X―正 Y―誤 Z―誤 4 X―誤 Y―正 Z―正

5 X―誤 Y―誤 Z―正

問J 下線部ルに関連する事柄a〜cを古い順に並べたうち，正しいものはどれか。

　　a 後醍醐天皇が親政を開始した。

　　b 光厳天皇が即位した。

　　c 正中の変が起きた。

1 a→b→c 2 a→c→b 3 b→a→c

4 b→c→a 5 c→a→b

解説 永仁の徳政令──執権政治

　頻出史料「永仁の徳政令」を用いて，執権政治・得宗政治・御家人の動向を問う出題。鎌倉時代の出来事のほとんどが確認できる良問。すべて標準レベルの出題なので，早大志望者は全問正解を目指したい。

問A　答：4　標準

　空欄 ┃ イ ┃ の後の「執権政治を確立させた」「その孫時頼」から，北条泰時だとわかる。北条泰時は，執権補佐役の連署や合議制の評定衆を設置したほか，御成敗式目を制定した。

　1の北条時政は初代執権。2の北条義時は第2代執権。承久の乱の際に，御家人らを指揮して後鳥羽上皇軍を破った。3の北条時房は承久の乱後，六波羅探題をつとめる一方，執権北条泰時の連署をつとめた。5の北条重時は，執権北条泰時の弟。御成敗式目制定に関して，執権泰時が六波羅探題の弟重時に書状を送っている。

問B　答：4　標準

　1247年，北条時頼は三浦泰村一族を滅ぼし（宝治合戦），これにより北条氏に対する抵抗勢力がすべて排除された。

　1の大江広元は，公文所の初代別当。鎌倉幕府の歴史を記した『吾妻鏡』の中で，守護・地頭の設置を献策したことが記述されている。2の梶原景時は，侍所所司として御家人の統制にあたった。1200年に三浦・和田両氏と対立して討たれた。3の畠山重忠は，当初は平家方だったが後に源頼朝に服属。1205年に北条義時と戦い敗死した。5の和田義盛は侍所初代別当。13人の合議制（後の評定衆）の一員。1213年，北条義時と対立し敗死した。

問C　答：2　標準

　北条氏嫡流（本家・宗家）の当主を指す「得宗」は，執権北条義時の法名徳宗に由来するといわれている。北条高時は最後の得宗であり，最後の執権は北条守時。

問D　答：5　標準

　5─○　元寇（蒙古襲来）により，幕府は御家人以外に全国の本所一円地から武士（非御家人）を動員できる権利を朝廷から獲得した。なお，本所一円地とは，地頭・御家人が不在で，幕府の支配権の及ばない公領・荘園のこと。

　1─×　日本は元の朝貢要求を拒否した。

　2─×　文永の役の際に，元・高麗軍は対馬・壱岐を攻めた後に博多湾に上陸した。

　3─×　『蒙古襲来絵巻』は，肥後の御家人竹崎季長が，奮戦した様子を子孫に伝えるため，また，甲佐大明神の加護に報いるために描かせたといわれている。

　4─×　弘安の役後も異国警固番役は継続し，鎌倉幕府滅亡まで存続した。なお，

異国警固番役をつとめることで，京都・鎌倉番役が免除された。

問E 答：1 ──────────────────────────── 標準

1－○ 得宗への権力集中が進む中，有力御家人の**安達泰盛**が内管領の平頼綱に滅ぼされた（**霜月騒動**）。

2－× 御内人は将軍の側近ではなく得宗家に仕えた家臣。

3－× 内管領平頼綱は，執権北条貞時に滅ぼされた（平頼綱の乱・平禅門の乱）。

4－× 「将軍の私邸」ではなく得宗の私邸で重要政務を決定する寄合が行われた。

5－× 御内人は得宗の家臣であり，御家人ではないため評定衆には就けない。

●執権政治・得宗政治

執権政治	得宗政治
執権（北条氏） 連署（北条氏） 評定衆（有力御家人）	得宗（北条氏本家） 御内人（得宗家家臣） 内管領（御内人代表）
御家人も参加した合議体制	御家人を排除した専制体制

霜月騒動は，元による3度目の襲来が懸念される状況で起きた。**軍事力を提供する御家人が排除され政治的発言権を失い**，御家人と内管領の間で対立が深まった。

問F 答：3 ──────────────────────────── 標準

3－○ 御家人に質入れ・売却した場合は**20年未満**，また，非御家人・凡下（借上）に質入れ・売却した場合は**年数にかかわらず無償取り戻し**が可能であった。

質入れ・売却した所領の返還は，御家人と非御家人・凡下とで対応が異なるので，質入れ・売却先を確認しておこう（下図参照）。

1－× 永仁の徳政令は，1297年に執権北条貞時により発布された。

2－× 「増長する」が誤り。**御家人の窮乏**が原因で所領を質に入れたり売買した。

4－× 永仁の徳政令発布後は，御家人所領の売却・質入れが禁止された。

5－× 金銭貸借に関する訴訟を禁止した。

永仁の徳政令の内容に関する設問は，2019年度の法学部でも出題されている。

●永仁の徳政令による所領返還

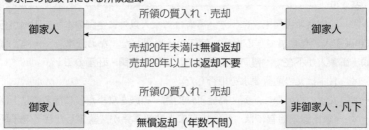

問G 答：3 ──────────────────────────────── 標準

　　1つ目の空欄 ト の後の「停止」に着目しよう。永仁の徳政令では，越訴（おっそ）（再審）を禁止していた。

問H 答：2 ──────────────────────────────── 標準

　　空欄 チ の後に「凡下の輩」とあるので，空欄 チ には「非御家人」が入ることがわかる。「年紀を過ぐる」は「20年を経過しても」，「知行せしむべし」は「支配してもよい」という意味なので，非御家人・凡下（借上）に質入れ・売却した場合は売主は年数にかかわらず無償取り戻しが可能であったことから（問Fの選択肢3の解説・図参照），空欄 リ には「売主」が入ることがわかる。

問I 答：3 ──────────────────────────────── 標準

　　X─○ 宗尊親王（むねたか）は，1252年に鎌倉幕府に迎えられ，初の皇族（親王将軍）となった。宗尊親王は，後嵯峨上皇の皇子。

　　Y─× 「引付」が誤り。後嵯峨上皇は，院政下の1246年に院評定衆を設置した。

　　Z─× 「亀山天皇」と「後深草天皇」が逆。持明院統は後深草天皇系で，大覚寺統は亀山天皇系である。

```
後嵯峨上皇┬宗尊親王
         │
         ├後深草天皇（持明院統）……光厳天皇
         │                        光明天皇（北朝）
         │
         └亀山天皇（大覚寺統）………後醍醐天皇（南朝）
```

問J 答：2 ──────────────────────────────── 標準

　　a：後醍醐天皇が院政を廃止し，記録所を再興して親政を開始したのは1321年。

　　b：持明院統の光厳天皇が即位したのは，元弘の変中の1331年。

　　c：正中の変は後醍醐天皇による1324年の討幕計画。

解　答					
問A　4	問B　4	問C　2	問D　5	問E　1	問F　3
問G　3	問H　2	問I　3	問J　2		

10

◇次の文章を読み，問1〜8に答えよ。

　14世紀に入ってから，日本と中国大陸との関係は貿易を中心に新たな展開をみせ
た。日本は衰退する元と国交を結ばないまま，非公式な貿易関係を維持した。しかし，
漢民族の統治を回復した明は1368年に建国すると，日本を含む東アジア地域を中華
秩序のなかに組み入れるべく，周辺諸国に通交を求め，室町幕府もこれを受け入れた。
日本は明から銅銭や生糸などを輸入する一方，武具や硫黄などを明に輸出した。日明
関係にならって，1392年に建国した朝鮮も日本との通交を求めたので，日本は朝鮮
との貿易も進めていった。活発な貿易関係は東アジア地域の都市と港に活気をもたら
した。
　このように，明，日本，朝鮮は東アジア交易圏の主役であったが，1429年に建国
された琉球王国も，東南アジアを含めた広域の交易圏の形成と拡大に一翼を担った。
国際港として成長した那覇には，各国の特産品が大量に流れ込み，琉球王国の繁栄を
支えた。
　交易の拡大にともなう人の移動も活発であった。北方では，人びとは本州から北海
道の南部に進出し，港や館を中心に新しい生活を作り上げていった。道南十二館の1
つ，　A　から出土した14世紀末から15世紀初め頃の大量の中国銭が，この地域
の繁栄を物語っている。
　室町時代の文化は後世に大きな足跡を残した。日明貿易が拡大するなかで，美術は
中国大陸の影響を受けた。例えば，画僧として知られる　B　は宋元画に学び，
「瓢鮎図」を描いた。また，禅の精神を反映したこの時代の建築や庭園には，後世，
日本文化の精髄と称される要素が数多く組み込まれている。

問1　下線部(1)に関する記述として，不適切なものはどれか。2つ選べ。
　イ　鎌倉幕府は建長寺を創建する資金を調達するために，元に船を派遣した。
　ロ　足利義満は天龍寺建立の資金を調達するために，明に船を派遣した。
　ハ　将軍から明の皇帝におくる公文書には「日本国王臣源」と署名された。
　ニ　朝貢形式の貿易では，運搬費も明が負担した。
　ホ　足利義持の時代に，朝貢形式の貿易は一時中断した。

問2　下線部(2)に関連して，古代から室町中期までの外交文書などを集めた『善隣国
　　宝記』の編著者は誰か。1人選べ。

　イ　絶海中津　　　　　ロ　雪村友梅　　　　　ハ　瑞溪周鳳
　ニ　中厳円月　　　　　ホ　義堂周信

問3　下線部(3)に関連する記述として，不適切なものはどれか。2つ選べ。
　イ　日朝貿易には，守護・国人なども参加した。
　ロ　応永年間，朝鮮は宗貞茂が日朝貿易に消極的だと判断し，対馬を襲撃した。
　ハ　朝鮮は貿易船の制限を解除するために，宗氏と癸亥約条を結んだ。
　ニ　室町幕府は高麗版大蔵経に強い関心を示した。
　ホ　朝鮮からの綿布の流入は，日本人の衣生活に変革をもたらした。

問4　下線部(4)に関する記述として，不適切なものはどれか。2つ選べ。
　イ　漢城には貿易を行うための倭館が設けられた。
　ロ　富山浦は日朝貿易のために開放された。
　ハ　日本と明との朝貢貿易の港は，杭州に限定された。
　ニ　堺では，豪商の合議によって市政が運営された。
　ホ　日明貿易が盛んであった博多に会合衆が作られた。

問5　下線部(5)に関連する次の史料の説明として，不適切なものを2つ選べ。
　洪熙元（1425）年，琉球国中山王尚巴志咨文
①
　琉球国中山王，進貢の事のためにす。切照するに，本国は貢物希少なり。これがた
②
め，今正使浮那姑是等を遣わし，仁字号海船に坐駕し，磁器を装載して，貴国の出
産の地面に前み往き，胡椒，蘇木等の貨を収買して回国し，もって大明の御前に進
③　　　　　　　　　　　　　　　　　　　　　　　　　　　　　　　④
貢するに備えんとす。（中略）右，暹羅国に咨す。
　　　　　　　　　　　　　　⑤
　イ　下線部①は琉球が独自で年号を定めていたことを示している。
　ロ　下線部②は後に三山を統一し，首里に王府を置いた。
　ハ　下線部③は中国産と思われる。
　ニ　下線部④は開封に首都を置いた。
　ホ　下線部⑤は現在のタイである。

問6　　A　に該当するものはどれか。1つ選べ。
　イ　花沢館　　　　　ロ　比石館　　　　　ハ　穏内館
　ニ　志苔館　　　　　ホ　茂別館

問7　　B　に該当する人物は誰か。1人選べ。
　イ　明兆　　　　　　ロ　如拙　　　　　　ハ　周文
　ニ　黙庵　　　　　　ホ　可翁

問8 下線部(6)に関する記述として，不適切なものはどれか。2つ選べ。

　イ　鹿苑寺金閣……現在の金閣は太平洋戦争後再建されたものである。

　ロ　慈照寺銀閣……銀閣は三層の楼閣である。

　ハ　慈照寺東求堂同仁斎……典型的な書院造として知られる。

　ニ　天龍寺庭園……苔寺の異称をもつ回遊式庭園である。

　ホ　大徳寺大仙院庭園……枯山水の代表的な庭園といわれる。

解説 中世の交易と室町文化

　室町時代を中心とした，明・朝鮮・琉球・蝦夷ヶ島との交易・文化を問う出題。概ね標準的な出題となっている。問6は，一見，難しい印象を受けるが，多くの教科書に記載されており，早大以外でも頻出となっている。早大の日本史は難しいと思っている受験生が多いが，意外に教科書からの出題が多い。教科書はリード文はもちろん，脚注や図などにも目を配ることが大切である。

問1　答：イ・ロ

　イー×　鎌倉幕府は，1325年に建長寺船を元に派遣したが，創建資金調達のためではなく，**再建費用獲得のために派遣**した。建長寺は，1253年に5代執権の北条時頼がすでに創建している。

　ロー×　天龍寺船は，1342年に足利尊氏・直義兄弟が天龍寺の造営費用を獲得するために，**明ではなく元に派遣**した（13年度文化構想学部でも出題）。天龍寺は，京都五山一位の臨済宗寺院で，後醍醐天皇の冥福を祈るために造立が計画された。なお天龍寺船の派遣は，臨済宗僧侶夢窓疎石の勧めによる。

●日明貿易の仕組み

　朝貢してきた周辺諸国の長を国王に任命（冊封），従属国は皇帝の臣下として対等な関係は認めなかった

※海禁政策

　明は朝貢してきた足利義満に対して，「日本国王源道義（道義は義満の法名）」宛の返書と明の暦（大統暦）を与えた。以後，将軍が明の皇帝に送る公式文書には「日本国王臣源」と署名した。また暦を受け取ることは，服属を認める象徴的な行為でもある。なお，日本が中国の皇帝から冊封を受けるのは，記録上では**倭の五王以来，約900年ぶり**のことであった。

問2　答：ハ 標準

　日明貿易に関する瑞溪周鳳（臨済宗）による『善隣国宝記』は，多くの教科書に掲載されている基本史料である。史料『善隣国宝記』を用いた出題は，13年度国際教養学部で出題されている。イの絶海中津，二の中巌円月，ホの義堂周信は，五山文学の僧として有名である。

問3　答：ロ・ハ 標準

　ロー×　応永年間に対馬が襲撃された事件を応永の外寇（1419年）という。この事件は，日朝貿易や倭寇の禁圧に積極的であった宗貞茂の死後，倭寇の活動が活発になったことが要因である。

　ハー×　「制限を解除するために」が誤り。朝鮮が対馬の宗氏と結んだ癸亥約条

（嘉吉条約：1443 年）は，日本の貿易船の統制策で，宗氏からの歳遣船は年間 50 隻に制限したうえで貿易を行う内容であった。

イ─○　日明貿易は，幕府主導で開始され，のちに守護大名や国人などが参加したが，日朝貿易は，当初から，守護・国人などが参加した。

ニ─○　大蔵経は，仏教の経典を網羅・集成したもので，一切経ともいう。

ホ─○　朝鮮から流入した綿布（木綿）は，庶民の衣服や鉄砲の火縄などに用いられた。なお綿布（木綿）は，三河・尾張で盛んに栽培された。

問4　答：ハ・ホ 標準

ハ─×　日明貿易は，持参した勘合を寧波（ニンポー）で査証した後，北京で交易をしたので，「杭州に限定された」の箇所が誤りとなる。

ホ─×　会合衆は，堺の自治的町政を指導した 36 人の豪商のこと。博多の自治を行ったのは 12 人の年行司（ねんぎょうじ）（年行事ではないので記述の際には注意）。

イ─○　倭館は，首都漢城の他に，三浦（さんぽ）（富山浦・塩浦・乃而浦）に設置された。

問5　答：イ・ニ 標準

イ─×　洪熙元年は明の年号。琉球王国は明に朝貢していた。問1の「日明貿易の仕組み」でも述べたが，琉球王国に対して，明への臣従の証となる明の暦が下賜されていたことから，琉球が独自の年号を定めることはない。

ニ─×　明の首都は南京で，後に北京に移った。開封は北宋や魏の首都。

ロ─○　三山（北山・中山・南山）のうちの中山王尚巴志が，1429 年に琉球王国をたてて，王府を首里におき，三山を統一した。

ハ─○　琉球王国は，明から銅銭・生糸・陶磁器などを輸入していた。

ホ─○　暹羅国（シャム）は現在のタイ。

問6　答：ニ 標準

空欄　A　の後の「大量の中国銭」から，ニの志苔館（しのりたて）が正解となる。教科書によって多少のちがいはあるが，「志苔館から約 37～40 万枚の中国銭が出土している」と記載されている。志苔館は 16 年度社会科学部，15 年度文化構想学部，15 年度人間科学部で出題（いずれも「大量の中国銭」がキーワードの出題）。教科書に基づく徹底した学習が大切である。選択肢はすべて道南十二館にある名称で，蝦夷ヶ島の豪族蠣崎（かきざき）氏の花沢館もおさえておきたい。

問7　答：ロ 易

「瓢鮎図」を描いたのは，相国寺僧如拙である。

問8　答：ロ・ニ 標準

ロ─×　慈照寺銀閣は，禅宗様と書院様からなる二層の楼閣。三層の楼閣は，鹿苑寺金閣。

ニ─×　「苔寺」（こけ）の異称をもつのは，夢窓疎石が作庭した西芳寺庭園。夢窓疎石は，13 年度国際教養学部でも出題されている。早大入試に必要な夢窓疎石の事績を

下表にまとめたのでしっかり吸収してほしい。

夢窓疎石（臨済宗）	天龍寺船の派遣を提案（天龍寺の開山）
	安国寺利生塔の建立を提案
	西芳寺（通称：苔寺）の庭園を設計

解　答

問1　イ・ロ　　問2　ハ　　問3　ロ・ハ　　問4　ハ・ホ

問5　イ・ニ　　問6　ニ　　問7　ロ　　問8　ロ・ニ

11

◇次の文を読んで，問に答えなさい。

　中世の人々の心性では，地震と政変との間にきわめて密接な関係があった。1185
（元暦2）年に京都を襲った地震は，3カ月前の平氏滅亡の生々しい記憶と結びつけ
て語られ，高僧の　A　はその著書『愚管抄』に，平清盛が竜となってこの地震を
引き起こしたという噂ばなしを載せている。また，中世の人々に限ったことではない
が，日本人は地震に関する過去の記録に対して強い関心を寄せ，大地震については世
代を超えて語り伝え，日記に記した。藤原定家は日記『明月記』において 1204（元
久元）年に起こった地震について記述し，「元暦には及ばないが大地震だ」として，
過去の記憶を蘇らせている。このような記述は中世の公家の日記にしばしば見られる
ところである。

　1293（正応6）年に鎌倉で大地震が起こった。京都においても揺れが感じられ，公
家の日記によれば，この「関東地震」については 10 日あまりを経て被害状況が京都
にもたらされ，将軍御所や鶴岡八幡宮を始め，多くの民家が損壊し，　B　の堂舎
が倒れ，火災が発生したという。この時，鎌倉に住していた親玄という僧侶の記載し
たところによれば，鎌倉住民は「治承より以降，このような地震の例はない」と話し
ていたという。地震は広く中世の人々の心に「歴史」を呼び覚ますものでもあった。
この地震の直後には混乱に乗じていわゆる平禅門の乱が起こっている。実際，この後
にも武家政権においては地震と政争がセットとなっており，室町幕府のもとでも同様
な例が見られ，単なる心性の問題には留まらなかったのである。

　1498（明応7）年には近畿・東海地方で地震が発生し，京都においては群発して地
震が起きたものの，必ずしも被害は大きくなかったが，伊勢・三河・駿河・伊豆の海
岸では大津波が襲来し，前代未聞といわれる被害が発生した。例えば，伊勢の　C
　では，甚大な被害を受け，民家が 1000 軒以上も流され，5000 人以上の人命が失
われたといわれる。

　以上，これらの大地震は，その時の社会状況と相俟って，多くの人々の心に刻まれ
たのであった。

問1　下線 a について。1180 年に後白河天皇の皇子以仁王とともに挙兵して平家滅
　　亡のきっかけをつくったのは誰か。1つ選び，マーク解答用紙の該当する記号をマ
　　ークしなさい。

　　ア　源範頼　　　　　　　イ　源義親　　　　　　　ウ　源為義

エ　源頼義　　　　　　　　オ　源頼政

問2　空欄Aについて。関白藤原兼実の弟でもあったこの僧侶は誰か。漢字2字で記述解答用紙の解答欄に記入しなさい。

問3　下線bについて。次の文章のうち，その内容が『明月記』に記され，藤原定家自身の心情・行動を述べているものはどれか。適切なものを1つ選び，マーク解答用紙の該当する記号をマークしなさい。
　ア　藤原威子が皇后になったとき，太閤殿下が自分を呼び寄せ，権勢を謳歌する和歌を詠んだ。
　イ　鳥羽法皇が自分に熊野詣の随行を命じたので，準備を万全に整えた。
　ウ　平家が朝廷の旗を掲げて討伐に向かっても，自分には何の関係もないことだ。
　エ　源頼朝が自分に源義経追討の宣旨を求めてきたので，承諾する旨を伝えた。
　オ　北条義時追討の宣旨を作成する立場になり，自分にとっては煩わしい限りだ。

問4　空欄Bについて。蘭渓道隆が開山し，鎌倉五山の第一位とされたこの寺の名称を，漢字3字で記述解答用紙の解答欄に記入しなさい。

問5　下線cについて。この親玄という僧侶は真言宗との関係が深く，鎌倉五山とは一線を画していたが，後に彼が就任した役職はどれか。正しいものを1つ選び，マーク解答用紙の該当する記号をマークしなさい。
　ア　東寺長者　　　　　イ　天台座主　　　　　ウ　興福寺別当
　エ　鹿苑院主　　　　　オ　南禅寺住持

問6　下線dについて。この時の鎌倉幕府執権は誰か。漢字4字で記述解答用紙の解答欄に記入しなさい。

問7　下線eについて。明応年間は，戦国時代に向かう大きな節目となる時代であった。この時期に伊豆の堀越公方を滅ぼし，やがて関東の大名として知られるようになったのは誰か。適切なものを1つ選び，マーク解答用紙の該当する記号をマークしなさい。
　ア　結城氏朝　　　　　イ　太田道灌　　　　　ウ　北条早雲
　エ　上杉憲実　　　　　オ　今川氏親

問8　空欄Cについて。伊勢神宮の門前町である宇治・山田の外港であったこの地は何と呼ばれていたか。漢字2字で記述解答用紙の解答欄に記入しなさい。

解説 中世の地震と政変

中世の地震と政変を関連させた出題だが，中世の基本的な知識があれば確実に合格ラインに達することができる。問3が難問だが，それ以外は標準的な出題となっている。早大とはいえ，基本が大切であることを痛感させる出題である。

問1　答：オ ──────────────────────────────── 標準

　源頼政は，1180年に以仁王の平氏追討の令旨を受けて挙兵したが，宇治平等院で流れ矢により敗死した。

問2　答：慈円（慈鎮） ──────────────────────── 標準

　問題文の「関白藤原兼実の弟」，空欄Aの後の著書『愚管抄』から慈円（慈鎮）が正解になる。天台座主慈円は，道理と末法思想に基づき『愚管抄』を著し，後鳥羽上皇の倒幕計画をいさめようとした。なお『愚管抄』のなかで，慈円は，保元の乱を契機に武家政権成立への胎動が始まったことを「武者の世になりにけるなり」と述べている。

問3　答：ウ ──────────────────────────────── 難

ウ─○　藤原定家は『明月記』の「治承四（1180）年九月条」で，「世上乱逆追討
　　雖満耳，不注之，紅旗征戎非吾事（世間では反乱者である平家を追討せよと騒い
　　でいるが，そのようなことは私にとってはどうでもいいことである）」と心情を
　　述べている。このことを知らなかったとしても，学習してきた内容・知識から消
　　去法で解答できるだろう。

ア─×　藤原威子が後一条天皇に入内した際に，太閤殿下（藤原道長）が自らの権
　　勢を謳歌する歌を詠んだ場面が，藤原実資の『小右記』に記されている。

イ─×　藤原定家の『明月記』には，源平の争乱から承久の乱後までの心情・行動
　　が述べられており，保元の乱の前に登場する鳥羽法皇の時期と合致しない。なお
　　藤原定家は，後鳥羽上皇の熊野詣に随行している。

エ─×　源頼朝は，源義経追討の宣旨を後白河法皇に求めたのであり，藤原定家に
　　求めたのではない。

オ─×　北条義時追討の宣旨を作成したのは，後鳥羽上皇の院司をつとめた藤原光
　　親。藤原光親を知らなくても，藤原定家は歌人としての活躍が有名（後鳥羽上皇
　　の命で『新古今和歌集』を撰集）なので，宣旨を作成する立場にはなかったと考
　　えるとよい。

問4　答：建長寺 ─────────────────────────── 易

　「蘭溪道隆が開山」「鎌倉五山の第一位」から，建長寺が正解になる。蘭溪道隆は北条時頼の帰依を受けている。建長寺は1293年の大地震で炎上し，1315年に再び

火災にあったことから，1325年に建長寺再建費用を得るために，執権北条高時が元に建長寺船を派遣した。

問5　答：ア

「真言宗との関係が深く」という箇所から，アの東寺長者（とうじちょうじゃ）が正解になる。真言宗大本山の東寺（教王護国寺）は，空海が嵯峨天皇から勅賜（ちょくし）された寺院で，真言宗の管長を東寺長者という。

イの天台座主は天台宗延暦寺の最高職，ウの興福寺別当は興福寺の最高職（興福寺は法相宗大本山），エの鹿苑院主とオの南禅寺住持は臨済宗。

問6　答：北条貞時

内管領の平頼綱が安達泰盛一族ら500人余りを討伐すると（霜月騒動），その後，平頼綱の専制的な態度が目立つようになり，頼綱が息子の将軍職を狙っているなどの密告もあったことから，1293年に執権北条貞時に滅ぼされた。なお下線dの「平禅門の乱」を平頼綱の乱ともいう。

問7　答：ウ

伊豆の堀越公方（ほりごえ）を滅ぼし，関東の大名として台頭したのは北条早雲（伊勢宗瑞（いせそうずい））。室町期から戦国期の鎌倉公方・関東管領の動向は頻出なので，しっかり吸収しておこう。特に争乱に誰が関わっているか，年代配列にも対応できるように注意しよう。

争　乱	将　軍	内　容
上杉禅秀の乱 （1416〜1417年）	足利義持（4代）	鎌倉公方足利持氏と関東管領を辞した上杉氏憲（禅秀）が対立。
永享の乱 （1438〜1439年）	足利義教（6代）	鎌倉公方足利持氏と関東管領上杉憲実の関係悪化→将軍足利義教は上杉憲実を支援し，足利持氏を討伐。上杉氏が関東の実権掌握。
結城合戦 （1440〜1441年）		結城氏朝が足利持氏の遺児を擁して挙兵。上杉憲実と対戦したが敗北。
享徳の乱 （1454〜1482年）	足利義政（8代） 〜 足利義尚（9代）	鎌倉公方足利成氏（持氏の子）が，関東管領上杉憲忠と対立→成氏が憲忠を謀殺したことで争乱に発展。その後，鎌倉公方は古河公方・堀越公方に分裂し，関東管領上杉氏も山内・扇谷に分かれ対立。

問8　答：大湊 やや難

「宇治・山田の外港」から大湊（おおみなと）が正解になる。空欄Cの前の「伊勢」から，桑名か大湊か判断しにくいだろう。教科書や図説に「都市の発達」というタイトルで地図が記載されているのを見ると，宇治・山田と近い場所に大湊がある。この際，ぜひ吸収しておこう。

12

◇次の史料を読み，問1〜9に答えよ。問1〜2については，それぞれの解答を記述
解答用紙に記入せよ。問3〜9については，それぞれの解答を選び，マーク解答用紙
の記号をマークせよ。

〈史料1〉

（六月）二十五日，晴。昨日の儀あらあら聞く。一献両三献　猿楽初めの時分，内方
どどめく。何事ぞと御尋ねあり。雷鳴かなど三条(1)申さるるのところ，御後の障子引
きあけて武士数輩出てすなわち公方を討ち申す。（中略）細川下野守・大内等腰刀ば
かりにて振舞うといえども，敵を取るに及ばず，手負て引き退く。管領(2)・細川讃
州・一色五郎・赤松伊豆等は逃走す。その外の人々は右往左往し逃散す。御前におい
て腹切る人なし。赤松は落ち行く。追い懸け討つ人なし。未練いわんばかりなし。諸
大名同心か。その意を得ざる事なり。所詮，赤松を討たるべき御企て露顕の間，遮っ
て討ち申すと云々。自業自得の果て，力無き事か。将軍かくの如き犬死に，古来その
例を聞かざる事なり。

〈史料2〉

（九月）三日（中略）近日四辺の土民蜂起す。土一揆と号し，御　A　と称し借物
を破る。少分をもって質物を押し請く。こと　B　より起こる。守護佐々木の六角
張行せしむ。（中略）今日法性寺辺このことあり，火災に及ぶ。侍所多勢をもって防
戦すれどもなお承引せず。土民数万の間，防ぎ得ずと云々。賀茂の辺か今夜時の声(3)
を揚ぐ。去る　C　年中，普光院殿(4)の初めのころ，このことあり。すでに洛中に
及び了んぬ。その時畠山管領たり。遊佐河内守(5)出雲路において合戦し静謐し了んぬ。
今土民ら，代始めにこの沙汰は先例と称すと云々。言語道断の事なり。
（九月）十日（中略）今度の土一揆蜂起の事。土蔵(6)一衆先ず管領に訴え，千貫の賄
賂を出す。元来政道の為，濫吹を止め防戦すべきの由，領状の処，今はこれを防ぎ得
ず。諸大名畠山等かつがつ同心せざる人々これ在り。よって管領千貫を返し，防禦を
止むと云々。

(1) 三条…正親町三条実雅。公卿。　(2) 管領…細川持之。
(3) 時の声…鬨の声のこと。勝ち鬨。　(4) 普光院殿…足利義教。
(5) 遊佐河内守…遊佐国盛。遊佐氏は畠山氏譜代の家臣。　(6) 土蔵…土倉。

問1　空欄　A　に入る語を漢字で答えよ。

問2　空欄　 C 　に入る語を漢字で答えよ。

問3　史料1・2はそれぞれ別の人物が記した，ある同じ年の日記の一節であるが，この年は2月に改元している。このことに関連して述べた文として，正しいものはどれか。一つ選べ。

　ア　この年は将軍の代始めにあたるため，改元された。

　イ　この年は土一揆の発生によって，改元された。

　ウ　この年は辛酉年（革命年）にあたるため，改元された。

　エ　江戸時代以前において，改元されたのは天皇の代始めの時のみである。

　オ　江戸時代以前において，彗星の出現による改元はあるが，大飢饉や戦乱による改元はない。

問4　下線部aは酒宴を意味するが，この宴会は，前年から関東で起きていた戦乱に幕府側が勝利したことを祝う名目で開かれた。その戦乱として正しいものはどれか。一つ選べ。

　ア　永享の乱　　　　　　　イ　明徳の乱　　　　　　　ウ　享徳の乱

　エ　結城合戦　　　　　　　オ　上杉禅秀の乱

問5　下線部bに関連して，大和猿楽四座にあてはまらないものはどれか。一つ選べ。

　ア　観世座　　　　　　　　イ　宝生座　　　　　　　　ウ　金春座

　エ　山階座　　　　　　　　オ　金剛座

問6　下線部cについて，その落ちのびた先の領国はどこか。一つ選べ。

　ア　播　磨　　　　　　　　イ　阿　波　　　　　　　　ウ　美　濃

　エ　越　前　　　　　　　　オ　駿　河

問7　下線部dの意味はどれか。一つ選べ。

　ア　諸大名も将軍の死に責任をとるべきではないだろうか。

　イ　諸大名も将軍殺害に同意していたのだろうか。

　ウ　諸大名も将軍暗殺事件が起こってしまったことを後悔したのだろうか。

　エ　諸大名も将軍とともに暗殺されてしまったのだろうか。

　オ　諸大名も謀反人の追討に同行するのであろうか。

問8　空欄　 B 　に該当する国名はどれか。一つ選べ。

　ア　河　内　　　　　　　　イ　摂　津　　　　　　　　ウ　近　江

　エ　遠　江　　　　　　　　オ　丹　波

問9　下線部 e・f の事態の結果，この年に起きた出来事の説明として，正しいもの
を一つ選べ。

ア　大和の柳生で，債務の破棄を宣言する碑文が村の入り口に刻まれた。

イ　播磨の土民たちが，守護の家臣を国外へ追放するという要求を掲げた。

ウ　日蓮宗信徒が多かった京都の商工業者たちは，自衛のため法華一揆をむすんだ。

エ　室町幕府が債権・債務の一定割合を納めさせ，債権保護や債務破棄を認める慣
例が定着した。

オ　室町幕府として土地の取り戻しや債務の破棄を認める徳政令が，初めて出され
た。

解説　嘉吉の変と徳政一揆

　　基本史料を用いた出題。知識だけでなく史料の読解力も求められており，早大らしい仕
上がりになっている。やや難しい出題もあるが，総合的な実力を身につける上で重要な問
題。

問1　答：徳政 ────────────────────────────── 標準

　　空欄　A　の前後の「土民蜂起す」「土一揆」「借物を破る」などから，債務破
棄を求める「徳政」が正解だとわかる。

問2　答：正長 ────────────────────────────── 標準

　　空欄　C　の後の「普光院殿（足利義教の注釈あり）」をヒントに，足利義教
の時期に起きた徳政一揆（土一揆）を想起したい。1428年の正長の徳政一揆（土
一揆）は「代始めの徳政」として，6代将軍に義教が決まった時に発生した。

問3　答：ウ ───────────────────────────── やや難

　　史料1は「公方（将軍）を討ち申す」「赤松は落ち行く」の箇所から，1441年の
嘉吉の変（乱）に関する史料とわかる。史料2は，「代始めにこの沙汰は先例と称
すと云々」の箇所に着目しよう。「代始め」は，嘉吉の変（乱）により6代将軍義
教から7代将軍義勝に替わったことを指し，冒頭の「土一揆」から1441年の嘉吉
の徳政一揆（土一揆）と判断できる。

　　史料1で6月，史料2で9月とあることから，1441年の6～9月の元号が「嘉
吉」ということもわかる。以上から消去法で正解を出したい。

ウ─○　辛酉の年には戦乱が多いとする辛酉革命説に基づいて改元がおこなわれた。

ア─×　「将軍の代始め」の箇所が誤り。9月の「代始め」以前の2月に改元して
いる。

イ─×　9月の嘉吉の徳政一揆以前の2月に改元している。

エ─×　たとえば，708年に武蔵国から銅が献上されると，慶雲5年が和銅元年に
改められたりしていることから，改元は天皇の「代始めの時のみ」ではないこと
がわかる。

オ─×　「大飢饉や戦乱による改元はない」の箇所が誤り。治承・寿永の乱とも称
される源平の争乱が起こった1180年から1185年までの間には，大飢饉などによ
って「治承→養和→寿永」と改元されている。

　　なお，改元の理由として，天皇・将軍の代替わりによる代始改元，吉事を理由に
改元する祥瑞改元，災害・兵乱などの凶事の影響を断ち切るための災異改元，革令
（甲子の年）・革運（戊辰の年）・革命（辛酉の年）の三革を区切りとする革年改元
があった。

問4 答：エ ━━━━━━━━━━━━━━━━━━━━ 標準

　嘉吉の変（乱）の前年は1440年になる。よってエの結城合戦が正解。結城合戦は，結城氏朝が永享の乱で敗死した足利持氏の遺児を擁して幕府に抗した戦い。

問5 答：エ ━━━━━━━━━━━━━━━━━━━━ 易

　大和猿楽四座は，観世座・宝生座・金春座・金剛座で構成され，大和の興福寺・春日社を本所とした。エの山階座は，日吉神社に奉仕した北近江の上三座の1つ。なお北近江の上三座は山階座のほかに下坂座・比叡座がある。

問6 答：ア ━━━━━━━━━━━━━━━━━━━━ 標準

　下線部cの「赤松」は，赤松満祐のこと。播磨の土一揆の内容や，播磨・美作・備前の守護をつとめたことなどの基本的な知識から正解を導き出せる。赤松満祐は，足利義教を自邸に招いて殺害した後，山名持豊（宗全）らに攻められ敗死した。

問7 答：イ ━━━━━━━━━━━━━━━━━━━━ 標準

　将軍を殺害して赤松が逃げていったが，「追い懸け討つ人なし（逃げる赤松を追いかけて討とうとする人もいなかった）」とあり，それを下線部dが受けていることを考慮するとイが正解となる。

問8 答：ウ ━━━━━━━━━━━━━━━━━━━━ やや難

　空欄　B　の後の「守護佐々木の六角」に着目できるかが重要。戦国大名の六角氏が近江国南部を拠点としたことから正解を導きたい。

問9 答：オ ━━━━━━━━━━━━━━━━━━━━ 標準

　嘉吉の徳政一揆に関する内容を選べばよい。

オ−○　嘉吉の徳政一揆の勢いにおされて，幕府は初めて徳政令を発布した。

ア−×　正長の徳政一揆（1428年）に関する文。正長の徳政一揆は，管領畠山満家により鎮圧されたことで，幕府は徳政令を出さなかったが，寺社などが独自に徳政を実施した（私徳政）。私徳政として大和柳生の徳政碑文は頻出。

イ−×　播磨の土一揆（1429年）に関する文。播磨国守護赤松満祐の家臣団の追放を要求したもの。播磨の土一揆の史料に関しては，『薩戒記』における「凡そ土民侍をして国中に在らしむべからざる所と云々」の一文が重要。

ウ−×　法華一揆（1532年）に関する文。日蓮宗信徒が多かった京都の町衆らが，対立していた一向宗門徒の山科本願寺を焼打ちにした。

エ−×　分一徳政令（1454年）に関する文。分一徳政令の発布は，1454年の享徳の徳政一揆が契機となっている。

●室町時代の一揆

正長の徳政一揆（1428年）	代始めの徳政（義量→義教）／将軍空位の状況 近江国大津の馬借の蜂起契機／幕府は徳政令を発布せず 畿内諸国で私徳政が発生
播磨の土一揆（1429年）	守護赤松氏の家督争いが契機／赤松満祐の家臣団追放要求
嘉吉の徳政一揆（1441年）	代始めの徳政（義教→義勝）／将軍・幕府軍不在の状況 幕府が初めて徳政令発布
享徳の徳政一揆（1454年）	幕府初の分一徳政令発布
山城の国一揆（1485年）	南山城の国人・土民らが中心／畠山政長・義就軍の退陣要求 寺社本所領の還付要求／新関所廃止要求 平等院で会合──→8年間の自治
加賀の一向一揆（1488年）	一向宗門徒が中心／富樫政親が敗死 約100年間の自治支配
法華一揆（1532年）	京都町衆の法華宗徒が中心／山科本願寺を焼打ち

解　答

問1　徳政　　問2　正長　　問3　ウ　　問4　エ　　問5　エ
問6　ア　　問7　イ　　問8　ウ　　問9　オ

13

◇次の史料とその解説文を読んで，下記の設問（A～J）に答えよ。解答はもっとも適当なものを1つ選び，解答記入欄のその番号をマークせよ。

（史料）

　かばかりつたなき時世の末に生まれ合ひぬるこそ浅ましく侍れ。五十年あまりのことは明らかに見聞き侍り。それよりこのかたは，天が下，片時も治まれること侍らず。三十年のころより，はからざるに東の乱れ出で来て年月を経，幾千万の人，剣に身を破り，たがひに失せまどひ侍れども，今に露ばかりも治まる道なし。その後いくほどなくて，　ハ　の亭にての御事など出でき後は，年々歳々，天下杖つくばかりも長閑なる所なし。（中略）あまさへ，昔聞きも伝へぬ徳政などといへること，近き世より起こりて，年々辺都の　ニ　十方より九重に乱れ入りて，ひとへに白波の世となして，万人を悩まし，宝を奪ひ取ること，つやつや暇なし。かるが故に，民も疲れ，都も衰へ果て，よろづの道，万が一も残らずとなり。

　さるに，この七年ばかりのさき，長々しく日照りて，天が下の田畑の毛一筋もなし。都鄙万人上下疲れて浮かれ出で，道のほとりに物を乞ひ，伏しまろび失せ侍る人数，一日のうちに十万人といふことを知らず。まのあたり世は餓鬼道となれり。

　乱れかたぶきたる世の積もりにや，いにし年の暮れより，京兆・金吾の間の物云ひ，既に大破れとなりて，天が下二つに分かれてけり。（中略）洛陽の寺社・公家・武家・諸家・地下の家々，一塵も残る所なく，大野焼け原となりて，（中略）都のうち，目の前に修羅地獄となれり。

（『ひとりごと』）

　この史料は，心敬という連歌師によって1468年に著されたものである。ここで心敬は50年あまり前からの社会状況を回想しているのだが，京都にいながら，地方での事件も敏感に受けとめていたことがうかがわれる。さらに，京都での事件の後，天下は杖をつくほどの平和な場所もなくなったとし，騒然たる社会状況や，飢饉の惨状などにも言及している。心敬は，この史料の最後の部分で述べられているような状況に至り，京都を離れて関東に下向した。関東も当時は大乱の最中だったが，そこでは，心敬より1年早く下向していた宗祇との交流などもあった。一方，西日本でも地域権力との関わりで文化が興隆していくこととなった。心敬の嘆きは，たしかに社会の一側面をあらわしているが，この時期は地域の自律的な動きが強まっていったとみることもできる。

問A　下線部イに関連し，心敬が認識する以前にも，鎌倉公方足利満兼が幕府に反乱を起こした人物と結び，兵を進めたことがある。その人名はどれか。

1　今川貞世（了俊）　　2　大内義弘　　　　3　土岐康行

4　細川頼之　　　　　5　山名氏清

問B　下線部ロに関連して述べた次の文X・Y・Zの正誤の組み合わせのうち，正しいものはどれか。

　　X　永享の乱では足利持氏と上杉憲実が対立した。

　　Y　永享の乱で幕府は中立の立場を守った。

　　Z　永享の乱後，結城氏朝が挙兵したが，幕府軍の攻撃で敗死した。

1　X―正　Y―正　Z―誤　　　　　2　X―正　Y―誤　Z―正

3　X―正　Y―誤　Z―誤　　　　　4　X―誤　Y―正　Z―正

5　X―誤　Y―誤　Z―正

問C　空欄ハに入る語はどれか。

1　赤松　　　　　　　2　管領　　　　　　3　将軍

4　京極　　　　　　　5　関白

問D　空欄ニに入る語はどれか。

1　足軽　　　　　　　2　僧兵　　　　　　3　大名

4　土民　　　　　　　5　悪党

問E　下線部ホの事態が起きた時の年号はどれか。

1　永正　　　　　　　2　寛喜　　　　　　3　寛正

4　弘治　　　　　　　5　天文

問F　下線部への事態以降の戦乱に関連する説明として，正しいものはどれか。

1　畠山・細川氏の家督争いが戦乱の要因の1つだった。

2　日野富子は養子の義尚を将軍にしようとした。

3　足利義尚は乱の余波で将軍になれずに終わった。

4　足利義視は当初東軍のもとにあったが，翌年西軍に移った。

5　加賀一向一揆は細川勝元の命令で富樫政親を滅ぼした。

問G　下線部トに関連して説明した次の文a〜dのうち，正しいものが2つあるが，その組み合わせはどれか。

　　a　鎌倉公方の地位に就いていた上杉憲忠の謀殺がきっかけで起きた。

　　b　大乱発生時の年号から，現在では享徳の乱といわれる。

　　c　堀越公方に対抗して古河公方が立てられた。

　　d　堀越公方はのちに伊勢宗瑞（北条早雲）に滅ぼされた。

1	aとb	2	aとc	3	aとd
4	bとc	5	bとd		

問H　下線部チについての説明として，正しいものはどれか。

1　連歌の規則書『応安新式』を制定した。

2　東常縁に古今伝授をほどこし，のちに古今伝授の祖とされた。

3　『水無瀬三吟百韻』を弟子たちとともによんだ。

4　自由な俳諧連歌をうみ出した。

5　『菟玖波集』を撰し，勅撰に準ずるとみなされた。

問I　下線部リに関連し，室町～安土桃山時代の西日本における文化に関する説明として，誤っているものはどれか。

1　大内氏のもとでは出版が盛んで，大内版といわれた。

2　薩摩では，朱熹の『大学章句』が刊行された。

3　南村梅軒が薩南学派をおこした。

4　桂庵玄樹が肥後などで朱子学を講じた。

5　宣教師が金属製の活字による活字印刷術をもたらした。

問J　『ひとりごと』が著されたのと同じ世紀に起きた出来事でないものはどれか。

1　足利義満による第1回遣明船派遣

2	応永の外寇	3	尚巴志の三山統一
4	コシャマインの蜂起	5	寧波の乱

解説 室町時代の社会状況

　初見史料『ひとりごと』に解説文を交えた出題。正確な史料の読解力がないと正解できない問題が含まれているが，全体的には標準的な内容となっている。室町時代の政治・社会・文化への理解が確認できる良問。

問A　答：2　——————————————————————————————————————　難

　和泉国堺で起きた**応永の乱**（1399年）は，**大内義弘**が鎌倉公方足利満兼と結んで足利義満に反抗したもので，設問文の「鎌倉公方足利満兼」で判断するのは厳しい。応永の乱の根底には，**朝鮮との外交・貿易独占**によって富強した大内義弘と，それを警戒した義満との関係悪化がある。

　1の今川貞世（**了俊**）は，九州探題をつとめ，応永の乱の際に大内義弘・足利満兼と共闘を試みるが失敗し，義満に追討された。今川貞世の著作『**難太平記**』は頻出。

　3の土岐康行は，美濃・尾張・伊勢3カ国の守護を兼務し強勢をほこった。

　4の細川頼之は，足利義満の管領をつとめた。

　5の山名氏清は，1391年に明徳の乱で義満に敗れた。山名氏一族は11カ国（60数国の6分の1）を領有したことから，「**六分一衆（殿）**」と称された。「山名氏清 ≠ 六分一衆（殿）」であることに注意しよう。

問B　答：2　——————————————————————————————————————　標準

　X－○　幕府に反抗的な鎌倉公方**足利持氏**と，持氏を諫（いさ）めた関東管領**上杉憲実**との関係が悪化したことが契機である。

　Y－×　足利持氏が上杉憲実を攻めたことを契機に，将軍足利義教が持氏追討の軍を派遣したので，「中立の立場を守った」の箇所が誤り。

　Z－○　永享の乱後，足利持氏の遺臣**結城氏朝**は，持氏の遺子を擁立して挙兵したが，上杉憲実と対戦して敗れた（結城合戦：1440年）。

問C　答：1　——————————————————————————————————————　標準

　史料が著された1468年以前の出来事で，「京都での事件」「平和な場所もなくなった」の箇所から，1441年の**嘉吉の変（乱）**と判断したい。嘉吉の変（乱）は播磨国守護**赤松満祐**が自邸で将軍足利義教を謀殺した事件。

問D　答：4　——————————————————————————————————————　やや難

　空欄　二　の後の「宝を奪ひ取る」の箇所から，1の足軽と判断するかもしれないが，空欄　二　は前にある「徳政」という語句を受けていることから，徳政一揆（土一揆）を想起して，4の土民を正解と判断したい。

問E　答：3　——————————————————————————————————————　標準

　下線部ホの「長々しく日照りて，天が下の田畑の毛一筋もなし」の箇所は，飢饉

の状態をさすことが，解説文からもわかる。解説文に「1468 年（15 世紀）」とあることから，**寛正の大飢饉**（1461 年）が正解。寛正の大飢饉は**中世最大の飢饉**といわれている。

養和の大飢饉（1181 年）	源平の争乱中の飢饉　平氏に大打撃
寛喜の大飢饉（1231 年）	御成敗式目制定の契機
正嘉の大飢饉（1258 年）	日蓮が『立正安国論』を著す契機
寛正の大飢饉（1461 年）	中世最大の飢饉

※飢饉を原因に改元される場合もあった。

問F　答：4　標準

　下線部への「天が下二つに分かれてけり」，「大野焼け原となりて」などから，下線部へは応仁・文明の乱をさすことがわかる。

4 －○　足利義視（足利義政の弟）は東軍から西軍へ，足利義尚（足利義政の子）は西軍から東軍に移った。

1 －×　応仁の乱は，**畠山・斯波氏の家督争い**が要因の 1 つであった。

2 －×　義尚は養子ではなく，日野富子の実子。

3 －×　足利義尚は，応仁の乱の最中に 9 代将軍となった。

5 －×　加賀一向一揆は，一向宗門徒によるもので，細川勝元による命令はなかった。なお細川勝元は，8 代将軍足利義政の管領で，応仁・文明の乱の際には，東軍の将として山名持豊（宗全）軍と戦った。

問G　答：5　標準

a －×　鎌倉公方ではなく，関東管領。**上杉氏は関東管領**（鎌倉公方補佐）を世襲した。

c －×　古河公方に対抗して堀越公方が立てられた。

問H　答：3　標準

3 －○　宗祇・肖柏・宗長の 3 人で『水無瀬三吟百韻』を詠んだ。水無瀬宮には後鳥羽上皇がまつられている。

1 －×　『応安新式』は，**二条良基**による連歌の規則書。

2 －×　**古今伝授の祖**と称されたのは**東常縁**。東常縁が宗祇に古今伝授を行った。

4 －×　自由な**俳諧連歌**は，宗祇ではなく**宗鑑**（山崎宗鑑）。俳諧連歌は，滑稽・機知的な連歌を意味している。なお，宗鑑は『**犬筑波集**』を成立させた。犬は滑稽を意味する卑称。

5 －×　勅撰に準じられた『**菟玖波集**』は，**二条良基**と救済により編集された。

問 I　答：3　標準

3 －×　南村梅軒は海南学派をおこしたといわれている。

1 －○　**大内氏**の下で刊行された書籍を総称して**大内版**という。大内氏の城下町山

　口は，中国・朝鮮との貿易により経済的に繁栄したことから，京都の文化人が多く集まったこともあり出版が盛んであった。

　2−○　薩摩で桂庵玄樹は『大学章句』を刊行した。

　4−○　桂庵玄樹（薩南学派の祖）は，南禅寺の禅僧で，肥後の菊池氏や薩摩の島津氏のもとで活動した。

　5−○　金属製の活字による活字印刷術が宣教師ヴァリニャーニによりもたらされ，キリシタン版・天草版といわれるローマ字によるキリスト教文学などの翻訳や日本古典などの出版がおこなわれた。

問J　答：5　————————————————————————————　易

　『ひとりごと』は15世紀（1468年）に著されている。5の「寧波の乱」のみが16世紀（1523年）である。

解　答

問A	2	問B	2	問C	1	問D	4	問E	3	問F	4
問G	5	問H	3	問I	3	問J	5				

14

◇次の史料Ⅰ～Ⅴと解説文を読んで，下記の設問（A～J）に答えよ。解答はもっとも適当なものを1つ選び，解答記入欄のその番号をマークせよ。

（史料Ⅰ）

一，朝倉が館之外，国内□（に）城郭を構えさせまじく候，惣別分限あらん者，□ イ □へ引越，□ ロ □には代官ばかり置かるべき事，

（朝倉孝景条々）

（史料Ⅱ）

一，喧嘩に及ぶ輩，理非を論ぜず，両方共に死罪に行うべきなり，

（今川仮名目録）

（史料Ⅲ）

一，おのおの同心・与力の者，他人を頼み，内儀と号し，訴訟を申すこと，これを停止す，（中略），ただし，□ ハ □，道理正しき上を，晶屓の沙汰をいたし押さえ置くか，また敵方計策か，または国のため大事に至りては，密儀をもって，たよりよき様に申すべきも，苦しからざるなり，

（今川仮名目録追加）

（史料Ⅳ）

一，（中略），只今はおしなべて，自分の力量をもって，国の法度を申しつけ，静謐することなれば，守護の手入れまじきこと，かつてあるべからず，

（今川仮名目録追加）

（史料Ⅴ）

一，□ ニ □，行儀そのほかの法度以下において，旨趣相違のことあらば，貴賤を撰ばず，目安をもって申すべし，

（甲州法度之次第）

15 世紀のなかば以降，室町幕府の勢威は衰え，「戦国」とよばれる世となった。列島の多くの地域には戦国大名といわれる権力が成立した。そのなかには，家訓・法典などを制定した者もあり，その支配政策・思想の一端を知ることができる。史料Ⅰ

は，家臣の城下町への集住を促したものとされている。史料Ⅱは，戦国大名の権力的性格をよく示しているとされる。史料Ⅲは，戦国大名の軍制のなかで有名なものがみえるが，ここではその制度が訴訟のあり方にも関わっていること，つまり所属している　ハ　を経由しない訴訟は禁止するが，例外もあることが示されている。史料Ⅳは，戦国大名の自意識を示すものとして有名である。史料Ⅴは，制定者自身が，自己の行為に問題があった場合は訴え出るように規定している点が興味深い。ただ，家訓・法典を制定していない戦国大名も多く，制定している大名としていない大名はどこが異なるかは課題として残されている。たとえば，検地の実施などは家訓・法典を制定している大名にもしていない大名にもみられるわけである。

　このほか，戦国大名は支配領域（領国）の政治・経済を統御するためにさまざまな政策をおこなった。経済振興策としては，楽市令などが有名である。戦国大名の領国はさながら地域国家の様相を呈したが，列島がすべて戦国大名の支配に帰していたわけではない。たとえば堺などは，「ベニス市の如く執政官に依りて治めらる」と評されているし，惣国一揆や一向一揆に治められている地域もあった。

　こうした状況が変化し，列島が統合へ向けて大きく動くには，織田信長の登場を待つことになるのである。

問A　空欄イ・ロに入る語の組み合わせとして，正しいのはどれか。
　1　イ＝一乗谷　ロ＝城郭　　2　イ＝城郭　ロ＝郷村　　3　イ＝一乗谷　ロ＝郷村
　4　イ＝城郭　ロ＝一乗谷　　5　イ＝一乗谷　ロ＝館

問B　空欄ハに入る語はどれか。
　1　主君　　　　2　寄親　　　　3　国人　　　　4　寄子　　　　5　地侍

問C　空欄ニに入る人名はどれか。
　1　稙宗　　　　2　景虎　　　　3　氏康　　　　4　晴信　　　　5　義治

問D　下線部ホに関連する説明として，正しいものはどれか。
　1　享徳の乱の最中，将軍足利義政の子である政知が堀越公方となった。
　2　応仁の乱の膠着状態に乗じ，加賀の一向一揆が一国の支配権を握った。
　3　明応の政変で，管領畠山氏が将軍を廃した。
　4　伊勢宗瑞（北条早雲）は，足利成氏を自害に追い込んだ。
　5　関東の上杉氏では，山内・扇谷両家が抗争を繰り広げた。

問E　下線部ヘに関連して喧嘩両成敗法の目的について述べた文のうち，正しいものはどれか。

1　戦国大名は，むやみに実力行使する家臣たちに，理非の大切さを学ばせようとした。

2　戦国大名は，死刑を推進して家臣たちの勢力を減退させようとした。

3　戦国大名は，家臣たちの道理にかなった争いを認め，裁判の手間を省こうとした。

4　戦国大名は，家臣たちを死刑にすることを嫌ったので，裁判を少なくしようとした。

5　戦国大名は，みずからに家臣たちの争いの解決を委ねさせようとした。

問F　下線部トに関連し，史料Ⅳについて述べた文のうち，正しいものはどれか。

1　現在は家臣たちが勝手に支配を行っているが，かつては今川氏が領国内の平和を保っていた。

2　現在は将軍自身が国家の法を制定して平和を維持し，今川氏が手を煩わすことはない。

3　現在は今川氏が領国の法を制定して平和を維持しているのだから，今川氏が手出しできない場所があってはならない。

4　現在は家臣たちの突き上げで今川氏が領国の法を制定しているが，かつては家臣たちに手出しされることなどなかった。

5　現在は今川氏が国家の法に意見できるほど力を得ており，将軍の直轄領にすら手出しをしている。

問G　下線部チに関連して述べた次の文X・Y・Zの正誤の組み合わせのうち，正しいものはどれか。

　　X　戦国大名の検地は，農民たちの自己申告を否定し，大名が派遣した役人の測量を徹底した。

　　Y　戦国大名の検地は，家臣たちの支配地では実行されなかった。

　　Z　検地によって把握された年貢量を銭に換算したものは，貫高といわれる。

1　X―正　Y―正　Z―誤　　　　　2　X―正　Y―誤　Z―正

3　X―正　Y―誤　Z―誤　　　　　4　X―誤　Y―正　Z―正

5　X―誤　Y―誤　Z―正

問H　下線部リに関連し，六角氏が楽市として認めたのはどれか。

1　石寺　　　　2　今井　　　　3　大湊　　　　4　加納　　　　5　平野

問I　下線部ヌについて，これを述べた人物はどれか。

1　ヴァリニャーニ　　　　　　　2　ガスパル＝ヴィレラ

3 フランシスコ゠ザビエル　　　　　4 ルイス゠フロイス
5 ウィリアム゠アダムズ

問J 下線部ルがおこなった事柄a〜cを古い順に並べたうち，正しいものはどれか。

a 越前の一向一揆を平定した。
b 姉川の戦いで浅井・朝倉氏を破った。
c 比叡山延暦寺を焼打ちした。

1 a→b→c　　2 a→c→b　　3 b→a→c　　4 b→c→a
5 c→a→b

解説 戦国大名の領国支配

　史料と解説文を用いた戦国大名の領国支配に関する出題。出題されている史料は基本史料だが，教科書・史料集等では省略されている箇所に空欄を設定するなど，やや難しくなっている。解説文や学習した内容から正解を出せるだろう。早大では史料の読解力を求められる出題が多い。史料学習の際には，どのような内容なのか理解することに重点を置きたい。全体的には標準的な出題となっている。

問A　答：3　　　標準

　（史料Ⅰ）の『朝倉孝景条々』は，領国内に**本城以外の築城を認めず**，家臣に対して**一乗谷への集住を求め**，領地には代官を置くこととするなど集権支配の強い分国法である。空欄 ［ イ ］ の後の「引越」から，家臣の城下集住を求めていることがわかるので，空欄 ［ イ ］ には「一乗谷」が入り，空欄 ［ ロ ］ の後の「代官ばかり置かるべき」から，空欄 ［ ロ ］ には領地に該当する語句として「郷村」が入ることがわかるだろう。

問B　答：2　　　やや難

　2つ目の空欄 ［ ハ ］ の2行前の「戦国大名の軍制」に着目しよう。戦国大名らは，有力家臣である**寄親**に，下級武士である**寄子**を支配させて軍事力を形成していた（**寄親・寄子制**）。2つ目の空欄 ［ ハ ］ の前の「所属している」にも着目しよう。寄親が寄子を支配できたのは，**寄子が寄親に属している**から可能だったと考えたい。

●戦国大名の家臣団構成

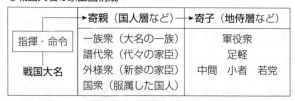

戦国大名 指揮・命令	→寄親（国人層など）	→寄子（地侍層など）
	一族衆（大名の一族）	軍役衆
	譜代衆（代々の家臣）	足軽
	外様衆（新参の家臣）	中間　小者　若党
	国衆（服属した国人）	

問C　答：4　　　易

　（史料Ⅴ）は『甲州法度之次第』であることから，武田信玄（晴信）だとわかる。通称『信玄家法』とも呼ばれ，喧嘩両成敗，他国との通信や私的盟約の禁止などが規定されている。

問D　答：5　　　標準

5－○　享徳の乱（1454年）を機に鎌倉公方が分裂すると，関東管領上杉氏も山内・扇谷の両家に分裂して争った。

1－×　堀越公方となった足利政知は足利義教の子で足利義政の兄弟。

2－×　加賀の一向一揆（1488年）は，応仁の乱（1467〜77年）後に起きているので，「応仁の乱の膠着状態に乗じ」が誤り。この一揆後，門徒・国人らが約100年にわたり自治的に支配した。

3－×　「畠山氏」ではなく「細川氏」。明応の政変（1493年）は，管領細川政元が10代将軍義材（後の義稙）を廃し，義澄を11代将軍に擁立した政変。管領の細川は，「勝元・政元・晴元」の区別をしておきたい。なお畠山氏は，山城の国一揆で山城国を追放され衰退していった。

4－×　伊勢宗瑞（北条早雲）が自害に追い込んだのは，堀越公方の茶々丸。

●管領細川氏

細川勝元	応仁の乱の東軍の将
細川政元	明応の政変で10代将軍を廃し，11代将軍を擁立
細川晴元	下剋上の風潮の中，家臣の三好長慶に追放された

問E　答：5　標準

下線部への前に「史料Ⅱは」とあるので，（史料Ⅱ）も参照しながら解説していく。

5－○　喧嘩両成敗は，家臣同士が紛争を私闘で解決することを禁止し，戦国大名自らの裁定により解決を図るものであった。喧嘩両成敗は当事者同士ではなく，第三者の強制介入により解決を図っている点にも注意したい。

1－×　（史料Ⅱ）の「理非を論ぜず（正邪を問わず）」「両方共に死罪」という規定には，戦国大名による集団・家臣団の統制強化や戦国大名自らの強大な権力を誇示する側面があり，理非の大切さを学ばせようとしたのではない。

2－×　死刑を推進し，家臣たちの勢力を減退させれば，戦国大名の軍事力弱体化につながる。

3－×　（史料Ⅱ）に「理非を論ぜず，両方共に死罪に行うべきなり」とあるので，道理にかなった争いを認めていない。「裁判の手間を省こう」という意図も（史料Ⅱ）からは判断できない。

4－×　（史料Ⅱ）の「両方共に死罪に行うべきなり」という一文から，「死刑にすることを嫌った」「裁判を少なくしよう」と判断することはできない。

問F　答：3　標準

下線部トの前に「史料Ⅳは」とあるので，（史料Ⅳ）も参照しながら解説していく。

3－○　（史料Ⅳ）中に「静謐すること（国内平和が保たれている）」「守護の手入れまじきこと，かつてあるべからず（守護は介入してよい）」とある。今川氏は守護（大名）の出自であることからも，介入してもよいと考えており，「手出しできない場所があってはならない」とした。

1－×　下線部トの「戦国大名の自意識を示す」に着目すると，**（史料Ⅳ）**の「自分」とは「今川氏」を指すことがわかる。領国を今川氏自らが支配しているので，「家臣たちが勝手に支配を行っている」が誤りになる。また，現に今川氏自身が支配しているので「かつては」も誤りとなる。

2－×　今川氏が分国法を制定したことで，領国の平和を維持できているのであり，将軍自身が制定した国家の法によるものではない。そもそも今川氏を含む戦国大名は，**幕府（将軍）権力から独立した存在**である。

4－×　「家臣たちに手出しされることなどなかった」が誤り。下剋上の風潮が高まる中，有力者が家臣に権力を奪われたり，将軍が殺害されることがあった。そのような状況を回避するため，今川氏自ら家臣団および領内の統制を行ったので，「家臣たちの突き上げ…領国の法を制定」も誤り。

5－×　今川氏ら戦国大名は領国支配が重要なので，「国家の法に意見できる」ことや将軍の直轄領に手出しすることもないと考えよう。

問G　答：5　　　　　　　　　　　　　　　　　　　　　　標準

戦国大名らは，領国内で家臣や農民に自己申告による**指出検地**を行った。これに基づいて**年貢量を銭に換算した貫高制**を導入し，貫高制に基づき**軍役・課役の基準**とした。Xは「自己申告を否定」が誤り。Yは「家臣たちの支配地では実行されなかった」が誤り。Zは正文。

問H　答：1　　　　　　　　　　　　　　　　　　　　　　標準

消去法で正解を出したい。2の「今井」は大和国の寺内町。3の「**大湊**」は伊勢神宮の門前町である**宇治・山田**の外港。4の「**加納**」は織田信長が居城とした城下町で，信長が**楽市令**を出したことは有名。5の「平野」は摂津国の商業都市。自由都市として**南蛮貿易・朱印船貿易**で栄えた。

六角氏は近江国南部を領した戦国大名。六角氏の本拠観音寺城の城下町が石寺。

問Ｉ　答：2　　　　　　　　　　　　　　　　　　　　　　標準

イエズス会宣教師ガスパル＝ヴィレラは，書簡で堺の様子を報告している。なお，下線部ヌ中の「執政官」は**会合衆**のこと。

問J　答：4　　　　　　　　　　　　　　　　　　　　　　標準

ａ：越前の一向一揆は，1574年に発生し，1575年に織田信長により平定された。なお越前は，蓮如が越前吉崎に坊社を構え，御文を通じて北陸での教化活動を展開した拠点。

ｂ：姉川の戦いは1570年。近江国姉川での**織田信長・徳川家康**連合軍と**浅井長政・朝倉義景**連合軍による戦い。これにより信長は近江・越前を掌握することに成功した。

ｃ：織田信長による**比叡山延暦寺の焼打ち**は1571年。浅井・朝倉と結び敵対する延暦寺を焼き払い，古代寺社勢力の最大拠点に大打撃を与えた。後に比叡山延

暦寺は，豊臣秀吉や徳川家光の庇護により復興した。

第3章 近世

15

◇次の文とそれに関連する史料を読み，下記の設問（A～J）に答えよ。解答はもっとも適当なものを1つ選び，解答記入欄のその番号をマークせよ。

　江戸幕府の初代将軍徳川家康は，16世紀末～17世紀初めの政治を担ったが，元和2年（1616）4月に亡くなったあとも江戸時代を通じて影響力を保ち続けた。駿河で最期のときを過ごした家康は，死を前にして次のように遺言したといわれる。すなわち，「久能山（駿河）に遺体を収め，　ロ　（江戸）で葬式を行い，大樹寺（三河）に位牌を立て，一周忌を過ぎたころ　ハ　（下野）にたましいを移すように。そこで関八州の守りになる」という。

　その遺言にしたがって，家康は当初久能山に葬られ，翌年　ハ　に改葬されるとともに，朝廷から神号が与えられることになった。その神号をめぐり，吉田神道にしたがって明神とするか，山王一実神道にしたがって権現とするかの論争があったが，徳川秀忠の決断で権現に決まった。　ハ　へは，たましいだけでなく遺体もいっしょに移され，以後，家康は　ト　大権現として崇拝の対象となった。

　　ハ　の家康霊廟は　ト　社と呼ばれたが，正保2年（1645），それを　ト　宮に格上げしたのは，自ら何度も参詣した徳川家光である。翌年家光は，朝廷から　チ　神宮へ供物を捧げる使者である奉幣使を復活させる（戦国時代以来，中断していた）とともに，朝廷から　ト　宮への奉幣使派遣を実現し，　ト　宮を権威づけた。以後，両神社への奉幣使は恒例となり，例幣使と称された。

　将軍自ら　ハ　へ参詣したのは，家光だけではない。二代，四代，八代，十代，十二代の将軍が実施している。将軍の　ハ　への参詣は，徳川将軍家の祭祀という意味のほかに，将軍が軍事の最高指揮者であるという武家の威光を示す機会でもあった。その道中には，幕閣・大名・旗本・御家人が多数従う巨大な行列が出現したからである。下の史料は享保13年（1728）4月の将軍の　ハ　への参詣にあたって，その1か月前に幕府から道中の町屋へ触れられた命令である。17世紀中後期以降，江戸時代の日本では幕府が大名に軍役を発動して行った軍事衝突が幕末までなかったことは確かだが，それは武家の棟梁である将軍を最高責任者とした軍事政権のもとでの「平和」であった。

（史料）
　一　御道筋町屋前，水手桶拾間に一つ宛さしおき，盛砂もいたすべく候事，
　（中略）

一　御道筋町家男女の儀，上野，□ロ□御成りの節の格に相心得，男の分は家内
　　土間にまかりあり，女の分は見世にまかりあるべく候，随分不作法にこれなき様
　　にいたすべく候事，

問A　下線部イに関連して，徳川家康存命中の出来事はどれか。
　1　シャクシャインの戦い　　　　　　2　長崎出島の建設
　3　一国一城令の発令　　　　　　　　4　紫衣事件
　5　平戸イギリス商館の閉鎖

問B　空欄ロに入る寺はどれか。
　1　方広寺　　　　　2　増上寺　　　　　3　知恩院
　4　万福寺　　　　　5　清浄光寺

問C　江戸時代より前の空欄ハは，修験道の修行場であった。修験道に関する説明と
　　して誤っているものを選べ。
　1　修験道の宗教者を統制したのは土御門家である。
　2　修験道を担う宗教者は，修験者または山伏と呼ばれる。
　3　修験道には本山派・当山派という組織があった。
　4　天台宗・真言宗の密教の影響を受けた。
　5　戦国時代以前の一時期だけ流行した。

問D　下線部ニに当てはまらない国はどこか。
　1　安　房　　　　　2　常　陸　　　　　3　武　蔵
　4　上　総　　　　　5　伊　豆

問E　江戸時代の下線部ホと吉田家に関する説明で，正しいものはどれか。
　1　吉田神道は両部神道として大成された。
　2　諸社禰宜神主法度は，吉田家による神職の組織化を促進した。
　3　吉田神道は本地垂迹説を唱えた。
　4　吉田家を神職の本所に定めた諸社禰宜神主法度は，朝廷から発布された。
　5　吉田神道は仏教や儒教とは習合しなかった。

問F　下線部へが行ったことではないものはどれか。
　1　末期養子の禁緩和　　　　　　　　2　キリシタン禁制
　3　娘の天皇への入内　　　　　　　　4　大名の改易
　5　領知宛行状の発給

問G　空欄ト・チに入る語の組み合わせで，正しいものはどれか。

　　1　ト―八幡　チ―豊国　　　　　　　2　ト―東照　チ―伊勢
　　3　ト―伊勢　チ―東照　　　　　　　4　ト―東照　チ―豊国
　　5　ト―八幡　チ―伊勢

問H　江戸時代，幕府から大名に課された下線部リに該当しないものはどれか。

　　1　参勤交代　　　　　　　2　お手伝い普請　　　　　3　将軍上洛への従事
　　4　島原天草一揆を鎮めるための軍事動員
　　5　朝鮮通信使の通行への人馬動員

問I　下線部ヌは貴人を迎える際の作法である。このときの貴人とは誰か。

　　1　徳川家綱　　　　　　2　徳川綱吉　　　　　　　3　徳川吉宗
　　4　徳川家治　　　　　　5　徳川家慶

問J　この文と史料に関連して，徳川将軍家の宗教に関する説明で正しいものはどれ
　　か。

　　1　　ハ　の家康霊廟は，数寄屋造の代表的な建築物である。
　　2　　ハ　の家康霊廟に，朝廷から供物を捧げる使者が送られたのは，幕末に限
　　　られた。
　　3　幕府は江戸時代の人びとに，徳川将軍家が崇拝する　ト　宮や　チ　神宮
　　　に参詣することを義務づけた。
　　4　　ハ　の家康霊廟は，幕末に尊王論が高まってくると打ちこわしの対象とな
　　　った。
　　5　徳川将軍家は家康を神として崇拝するとともに，徳川将軍家の菩提寺への参詣
　　　も行った。

解説 徳川家康と日光東照宮

「日光東照宮の成り立ちや参拝」という素材を用いた，江戸時代前期を問う総合問題。
難しい印象を受けるが，早大志望者なら学習した知識をもとに思考力も使いながら，選択
肢に惑わされることなく多く正解を出したい。

問A 答：3 ——————————————————————————————————— 標準

3の一国一城令の発令は1615年。徳川家康は1603年に征夷大将軍に就任し，
1605年に将軍職を秀忠に譲位後，大坂の役で豊臣氏を滅ぼした翌年の1616年に死
去している。1のシャクシャインの戦いは1669年で，4代将軍徳川家綱のとき。
2の長崎出島の建設は1634年，4の紫衣事件は1627年，5の平戸イギリス商館の
閉鎖は1623年で，いずれも3代将軍徳川家光のとき。

問B 答：2 ——————————————————————————————————— 標準

空欄ロの後に「江戸」とあることから，江戸にある寺院を選べばよい。1の方広
寺は京都にある寺院で，刀狩令の口実や大坂の役の契機ともなった寺院。3の知恩
院は京都にある浄土宗（開祖は法然）の総本山。4の万福寺は，黄檗宗の本山で，
隠元が宇治に創建した（長崎の黄檗宗寺院は崇福寺）。5の清浄光寺は，神奈川県
にある時宗総本山。遊行寺ともいう。

問C 答：1・5 ——————————————————————————————————— 標準

1−×　土御門家（安倍氏）は，公家衆法度により陰陽道を家業とした。修験者
（修験道の宗教者）を統制したのは，天台宗系（本山派）の聖護院門跡と真言宗
系（当山派）の醍醐寺三宝院門跡。

5−×　江戸時代にも，幕府によって修験道は容認されていた。人々は，僧侶で満
たされない祈禱や占いなどを，修験者などに依存した。

※大学より「選択肢に正解として扱うことができるものが複数あったため，そのい
ずれを選択した場合も得点を与える」との発表があったことから，1・5の両方が
正解となる。

問D 答：5 ——————————————————————————————————— 易

関八州とは，関東8カ国の総称で，常陸・下総・上総・安房・上野・下野・武
蔵・相模が該当する。

問E 答：2 ——————————————————————————————————— 標準

1・3・5−×　吉田兼倶による吉田神道（唯一神道）は，神本仏迹説（反本地
垂迹説）に基づいている。両部神道（真言密教との神仏習合をもとに成立）は本
地垂迹説に基づいており，吉田神道と両部神道は対極の関係にある。なお，吉田
神道（唯一神道）は「根葉花実論（根本が神道，枝葉が儒教，花実が仏教）」を

唱え，儒教・仏教を取り入れた総合的なものになっている

4－×　諸社禰宜神主法度は，朝廷ではなく江戸幕府が発布した。

神仏習合	→	本地垂迹説	←	神本仏迹説（神を本地，仏を垂迹）

神本仏迹説（神を本地，仏を垂迹）
度会家行（鎌）：伊勢神道『類聚神祇本源』
吉田兼倶（室）：唯一神道（根葉花実論）
吉川惟足（江）：吉川神道（君臣の秩序重視）
山崎闇斎（江）：垂加神道（神儒一致）
平田篤胤（江）：復古神道（外来思想排除）

問F　答：1　［標準］

　末期養子の禁緩和は，1651年に4代将軍徳川家綱のときに出されている。なお徳川秀忠は，娘の和子を後水尾天皇に入内させている（下記の関係系図参照）。

```
徳川秀忠 ── 和子（東福門院）
             │
             └──────────── 明正天皇（称徳天皇以来の女帝）
後陽成天皇 ── 後水尾天皇（紫衣事件）
```

問G　答：2　［やや難］

　徳川家康は，「東照大権現」と称されている。「家康は　ト　大権現として崇拝の対象となった」の「大権現」の箇所から，空欄トは「東照」が正解となり，正解は2・4に絞ることができる。空欄チの前に「朝廷」とあることから，伊勢神宮と判断し，2が正解と導きたい。豊国神社は豊臣秀吉を祀っている。

　家康の神格化について，「大明神」を主張した金地院崇伝と，「大権現」を主張した天海の間で論争となった。時の将軍秀忠が天海の言説に納得し，朝廷（後水尾天皇）から「東照大権現」が勅許された。その後，天海の建議により，家康の亡骸は駿河国の久能山から下野国日光に改葬された。江戸時代，将軍の日光社参は，16回にのぼり，最も多かったのが家光の9回で，最後の日光社参は，12代将軍の徳川家慶。

問H　答：5　［標準］

　朝鮮通信使の来日にともなう人馬費用などの負担は，国役に含まれていた。国役は，一国単位に課税されたもので，代表的な例として，将軍の上洛・日光社参・河川改修・朝鮮通信使や琉球使節の際の人馬動員などがある。

問I　答：3　［易］

　リード文中に「下の史料は享保13年（1728）」とあることから，3の徳川吉宗が正解となる。

問J　答：5　［標準］

1－×　日光東照宮は，権現造の様式である。数寄屋造の代表的な建築として，桂離宮（八条宮智仁親王の別邸）と修学院離宮（後水尾上皇の山荘）がある。

2－×　リード文中に、「奉幣使は恒例となり」とあることから、「幕末に限られた」の箇所が誤りとなる。

3－×　伊勢神宮への民衆の参拝の背景には、開国後の生活苦や社会不安のもとにあった民衆が、一時的に解放を求めたこともあるので、「義務づけた」の箇所が誤りと判断したい。

4－×　日光東照宮（1999年に世界遺産に登録）は、現存していることから、幕末の尊王論の高揚により破壊の対象にはならなかったと判断したい。そもそも**「打ちこわし」**とは、**町人・農民が金融業者・米商人などを襲撃する行為**をさし、日光東照宮破壊と打ちこわしに関連性はない。

解　答

問A 3	問B 2	問C 1・5	問D 5	問E 2
問F 1	問G 2	問H 5	問I 3	問J 5

16

◇次の文章を読み，問1～8に答えよ。解答はマーク解答用紙の該当する記号をマークせよ。

　大坂の役における豊臣家の滅亡により，応仁の乱以降1世紀以上にわたって続いた軍事衝突が終結したことをもって「元和偃武（げんなえんぶ）」とよぶことがある。中国の故事に由来する「偃武」とは武器を伏せ武器庫に収めることで，この時期以降は，キリスト教徒を中心とする一揆や，アイヌの蜂起，未遂に終わったいくつかの幕府転覆計画など[a]を除けば，徳川の天下が安定したことを称賛するニュアンスがある。大坂夏の陣と同年，幕府は徳川秀忠の名のもとに初の武家諸法度[b]を発し，以後，将軍の代替わりごとの改訂・発布により大名の行動を規定した。

　加えてこの安定は，「幕府」の構造や職制が軍事組織に由来するように，その巨大な軍事力を背景とした大名政策[c]によって保たれるものでもあった。関ヶ原の戦い直後の大名の改易が約500万石にとどまるのに対し，その後から徳川家光の代までは改易・減封が頻繁に実施され，改易[d]の合計は約1,200万石に及んだ。例えば，豊臣政権の大老のひとり[e]で10カ国の国主であった　1　は，関ヶ原の戦いの後，西軍の将としての責任を問われ中国地方西端の周防・長門2カ国約37万石に減封され，その居城であった広島城には　2　が清洲から約50万石で入封した。しかし，　2　も広島城の無断修築を理由に，20年を経ずに改易された。その領地は分割されて，和歌山から浅野家，大和郡山から水野家が入封し，さらに玉突き的に，大坂から大和郡山へ松平家，駿府から和歌山へ（紀伊）徳川家が移封された。

　このような改易・減封と一連の大名領地替えの断行は，「大名は鉢植え」という認識が生まれるゆえんであり，ここにあらわれた幕府の方針には，外様大名を江戸から遠くはなれた地に配置する，外様大名を牽制する譜代大名を要所に配置する，知行地である御領のほかに交通の要衝や重要都市は幕府の直轄[f]とする，という3つの狙いがあった。

　徳川氏の天下となった後も，武断政治から文治政治への転換[g]に至るまでに，なお長い時間を要したのである。

問1　下線部aに関連する記述として，誤っているものはどれか，1つ選べ。

　ア　しだいにキリシタン禁教が強化され，宗門改めが行われるようになった。

　イ　天草・島原のキリシタン農民らは，藩の圧政に対し天草四郎時貞を首領に一揆を起こした。

　　ウ　松前藩の収奪に反抗したシャクシャインは，蝦夷地のアイヌを糾合して蜂起した。

　　エ　兵学者由井正雪は，4代将軍家綱の死去を機に，江戸城の襲撃と幕府の転覆を図った。

　　オ　牢人戸次庄左衛門は，増上寺の法要に参加する老中の襲撃計画を立てた。

問2　下線部bに関して，以下の条文Ⅰ～Ⅲが初めて示された法度を，その発布時期により古い順から並べたとき，正しい組み合わせはどれか，1つ選べ。

　　Ⅰ　諸国の居城修補を為すと雖も，必ず言上すべし。

　　Ⅱ　大名小名，在江戸交替相定むる所なり。

　　Ⅲ　文武忠孝を励し，礼儀を正すべき事。

　　ア　Ⅰ→Ⅱ→Ⅲ　　　　イ　Ⅰ→Ⅲ→Ⅱ　　　　ウ　Ⅱ→Ⅰ→Ⅲ

　　エ　Ⅱ→Ⅲ→Ⅰ　　　　オ　Ⅲ→Ⅰ→Ⅱ　　　　カ　Ⅲ→Ⅱ→Ⅰ

問3　下線部cに関連する記述として，正しいものはどれか，1つ選べ。

　　ア　将軍直属の家臣で1万石未満を旗本・御家人とよび，直参として将軍に謁見を許されていた。

　　イ　譜代大名から選ばれる老中は幕政を統括し，指揮下の三奉行や大番頭などには旗本が就任した。

　　ウ　老中を補佐する若年寄が譜代大名から選任され，旗本・御家人を監察する大目付を指揮下においた。

　　エ　その役職では単独決済できない重要案件は，老中・三奉行・大目付らが合議する評定所で採決された。

　　オ　朝廷統制や西国大名監視を担う京都所司代が二条城に置かれ，所司代は二条城代を兼ねた。

問4　下線部dに関する記述として，正しいものはどれか，1つ選べ。

　　ア　豊臣秀吉の死後，駿府で政務を執り地位を高めた徳川家康と，実務派の石田三成が対立した。

　　イ　豊臣秀吉が建立し後に焼け落ちた方広寺を秀頼が再建した際の，鐘銘問題が戦いの口実となった。

　　ウ　戦いは，石田三成側についた諸大名の西軍が，徳川家康のもとに結集した諸大名の東軍に敗北した。

　　エ　戦いの後，約400万石に及んだ豊臣家は，摂津・河内・和泉の約60万石へと大幅に減封された。

　　オ　戦いの後，徳川家康は征夷大将軍となった直後に死去し，将軍職は秀忠に引き

継がれた。

問5 下線部eに該当する人物名として，誤っているものはどれか，1つ選べ。もし該当するものがなければ，力をマークせよ。
　ア　徳川家康　　　　　　イ　前田利家　　　　　　ウ　宇喜多秀家
　エ　小早川隆景　　　　　オ　上杉景勝

問6 空欄1・2に該当する人名の組み合わせとして，正しいものはどれか，1つ選べ。
　ア　毛利元就・福島正則　　　　　イ　毛利元就・本多正純
　ウ　毛利輝元・福島正則　　　　　エ　毛利輝元・本多正純
　オ　毛利吉元・福島正則　　　　　カ　毛利吉元・本多正純

問7 下線部fに関する記述として，正しいものはどれか，1つ選べ。
　ア　直轄地は天領とも呼ばれ，関東を中心に全国に散在し，旗本から選任された勘定吟味役が管轄した。
　イ　天領の民政を実際に担うのは代官で，とくに広域を担う者は郡代と呼ばれた。
　ウ　江戸には南北の町奉行がおかれ，江戸府内を南北に分割して行政・司法・警察業務を管轄した。
　エ　幕府が直轄するようになった駿府城には城代がおかれ，譜代大名が任命された。
　オ　離れた重要直轄地，長崎・京都・大坂・博多・伏見などには遠国奉行がおかれ，旗本が任命された。

問8 下線部gに関する記述として，誤っているものはどれか，1つ選べ。
　ア　戦国の威風が残るなか，幕府は，活躍の場を失った牢人などの反社会的なかぶき者を弾圧した。
　イ　あいつぐ幕府転覆計画に対して，幕府は改易等による牢人の発生を防ぐ方向に転換した。
　ウ　改易の一大原因であった末期養子の禁を，当主が50歳未満の場合には大幅に緩和した。
　エ　当時さかんに行われていた，主君の死に際して家臣が追腹を切る殉死を禁止した。
　オ　大名とその重臣から人質をとる証人制を廃止し，大名の妻子の帰国を認めた。

解説　近世の政治

関ヶ原の戦い前後から文治政治までを扱った問題。全体的に標準的な出題内容となっている。江戸幕府の職制に関する学習が十分にできているか否かで，点差が開いてしまう可能性が高い。江戸幕府に限らず，職制に関して教科書・用語集などを用いた緻密な学習が必要である。

問1　答：エ ──────────────────────────── 標準

兵学者由井正雪による**慶安の変**（1651年）は，3代将軍徳川家光の死去を契機に起きた。慶安の変は由井正雪が牢人丸橋忠弥らと幕府転覆を企てた事件。変の後，**幕府は牢人発生を防ぐ政策を展開していく。慶安の変発生時は，将軍が不在である**ことにも注意しよう。

なお，オは承応の変（1652年）と称される老中襲撃計画。首謀者の戸次（別木）庄左衛門は未然に捕縛され処刑された。

問2　答：ア ──────────────────────────── 易

Ⅰは武家諸法度元和令（1615年：2代将軍**徳川秀忠**）の一節。Ⅱは武家諸法度寛永令（1635年：3代将軍**徳川家光**）の一節。Ⅲは武家諸法度天和令（1683年：5代将軍**徳川綱吉**）の一節。

問3　答：エ ──────────────────────────── 標準

エ－○　評定所は幕府の最高司法機関で，**三奉行**（寺社奉行・勘定奉行・町奉行）が独自で決裁できない事案などを，**老中や大目付**らも加わり**合議**で採決した。1702年の赤穂事件の際には，擁護・助命論と厳罰処分に意見が二分したが，評定所が切腹の処分を下している。

ア－×　「将軍に謁見を許されていた」が誤り。旗本には謁見が許されていたが，御家人には謁見を認めていなかった。

イ－×　「指揮下の三奉行」が誤り。寺社奉行は将軍直属で，**譜代大名**から選任された。なお勘定奉行・町奉行は老中に直属し，旗本から任命された。

ウ－×　旗本・御家人の監察は目付。大目付は大名の監察で老中に直属していた。

オ－×　京都所司代の建物は，二条城に隣接していたので，「京都所司代が二条城に置かれ」が誤りとなる。また城代は，将軍に代わって城を預かる職で，政務全般を担当したのに対し，京都所司代は朝廷統制や西国大名監視を職務としていることから，「所司代は二条城代を兼ねた」の箇所も誤りとなる。

問4　答：ウ ──────────────────────────── 標準

ア－×　「駿府」が誤り。豊臣秀吉の死後，**徳川家康は五大老筆頭**として，伏見で政務を執り政治的地位を高めた。家康が将軍職を秀忠に譲位後，**大御所**として実

権を握ったときに過ごしたのが駿府。

イー×　**方広寺鐘銘問題**は，関ヶ原の戦いの口実ではなく，**大坂の役**が起きる契機。

エー×　**豊臣秀吉**が所有した直轄領（蔵入地）は約 220 万石であったことから，「約 400 万石」が誤りとなる。

オー×　「征夷大将軍となった直後に死去」が誤り。徳川家康は 1603 年に征夷大将軍となって幕府を開いた後，1605 年に将軍職を**秀忠**に譲位している。

問5　答：カ　———————————————————————　易

アからオのすべてが，豊臣政権の大老に該当する。当初は，徳川家康・前田利家・毛利輝元・小早川隆景・宇喜多秀家・上杉景勝の 6 名であったが，小早川隆景の死後に五大老と呼ばれるようになった。なお五大老は「五人の衆」ともいう。

問6　答：ウ　———————————————————————　標準

空欄　1　の後の「関ヶ原の戦い」「西軍の将」から**毛利輝元**，空欄　2　の後の「広島城の無断修築」「改易」から，**福島正則**とわかる。福島正則は早大では頻出。

問7　答：イ　———————————————————————　標準

イー○　**天領**において耕地調査や年貢徴収などの**民政**を担当したのは**代官**で，その中でも特に**広域の民政**を担当したのが**郡代**である。代官・郡代ともに**勘定奉行**に**直属**している。なお天領は江戸幕府直轄地の俗称で，明治時代以降に一般的に使われるようになった語。当時は御領（御料）などといわれていた。

アー×　「勘定吟味役」が誤り。勘定吟味役は，勘定奉行を補佐しながら貢租・出納業務を行った。

ウー×　南北町奉行は**月番交代**で執務していた。江戸府内を南北に分割したのではない。

エー×　城代には譜代大名ではなく，**旗本**が任命された。城代は駿府城代のほかに，大坂城代・二条城代・伏見城代がある。

オー×　「博多」が誤り。博多は遠国奉行には含まれない。また，伏見奉行以外の**遠国奉行は旗本から任命される**が，**伏見奉行の多くは譜代大名から任命された**。

問8　答：オ　———————————————————————　標準

オー×　大名の妻子に対する江戸居住の強制は，参勤交代が義務付けられたことによるもので，武断政治から文治政治へ転換した際にも参勤交代は継続していることから，誤文と判断しよう。また文治政治への転換にともない，**証人制を廃止**している。

アー○　「かぶき」は「傾く」に由来し，異形・奇行をした。町人出身の町奴や旗本出身の旗本奴らの「かぶき者」が横行し，社会秩序・風俗を乱した。

イー○　武断政治での大名への改易などにより，多くの牢人が発生し，慶安の変などの幕府転覆計画を起こそうとしたことから，牢人の発生に歯止めをかけるため

末期養子の禁などを緩和した。

ウー○　末期養子の禁緩和により，末期養子は **17 歳**以上 **50 歳**未満の大名に認められた。

エー○　殉死の禁止は，4 代将軍**徳川家綱**の治世に老中が**口頭**で禁止を述べ，5 代将軍**徳川綱吉**が，1683 年発布の**武家諸法度天和令**に殉死の禁止の条項を付加した。

解　答

問1 エ	問2 ア	問3 エ	問4 ウ	問5 カ	問6 ウ
問7 イ	問8 オ				

17

◇次の文章とそれに関連する史料を読み，問 1〜10 に答えよ。問 1〜2 については，それぞれの解答を記述解答用紙に記入せよ。問 3〜10 については，それぞれの解答を選び，マーク解答用紙の番号をマークせよ。

　江戸時代の日本では，幕府への権力集中が実現したことから，一方的な強権政治が行われていたとイメージされがちである。しかし実際には，幕府や領主に　A　と呼ばれた訴状が多数，届けられており，権力者がそれらを無視することはできなかった。

　たとえば 1633 年，出羽国白岩郷の百姓が幕府に届けた白岩　A　という訴状がある。白岩一揆と呼ばれる直訴事件の原因は，この地域の領主酒井忠重の暴政であった。百姓たちは将軍　B　が派遣した巡見使に何度も窮状を訴えたが，受け付けてもらえなかったため，幕府に直接，訴え出たのである。この訴状がどのように扱われたかは不明であるが，1637 年に西九州で起こった　C　の影響もあり，その終結直後に，白岩郷は領主から没収され幕府領となった。

　しかし，百姓たちの不満は収まらず騒動は継続したため，隣接する山形藩の藩主で，　B　の異母弟の　D　が裁定した。一揆の指導者 30 数人が処刑され，事件は終結したが，この一揆はその後，長く語り継がれることになる。白岩　A　は多くの写本が作成されるとともに，寺子屋の手習いの手本としても使用されるなど，広く流布したからである。百姓の訴訟能力は，こうした過去の訴状をひな形として蓄えられていった。

　1603 年に出された〈史料 1〉に示されているように，そもそも幕府は当初から，直訴をいっさい認めないという態度ではなかった。直訴は原則として禁止であるが，実務役人に落ち度がある場合は直訴を認めるという方針であった。幕府は，年貢を徴収する対象である百姓を保護するという原則のもと，農政に直接かかわる役人が私欲をはたらかせて百姓の経営を脅かす行為を規制しようとした。

　いくつかの藩では，民衆の訴状を受け付ける制度があった。幕府でも，将軍　E　が訴状を受け付ける箱を設置した。その目的と，直訴するべき内容について記しているのが，1721 年に江戸日本橋に掲げられた高札の〈史料 2〉である。非合法の百姓一揆の際の訴状の他，民の声をすくい上げる合法システムの存在により，実務役人の不正を防止する役割が期待された。もちろん，すべての訴状が取り上げられたのではないし，現実の政治には民の生活を省みない面もあったが，幕藩体制には民の声を無視しない姿勢があった。

〈史料1〉

　一　年貢未進等これあらば，隣郷の取りをもって，奉行所において互いに出入勘定
　　　　ア
せしめ，相済み候上，何方になりとも住居すべき事

　一　地頭(注1)の儀申し上げ候事，その郷中を立ち退くべき覚悟にてこれを申し上げ
　　　イ
るべし，（中略）

　一　免相(注2)の事，近郷の取りをもってこれを相はからうべし，つけたり，年貢高
　　　ウ
下の儀，直に目安上げ候儀，曲事におぼしめす事

　一　惣別目安の事，直にさし上げる儀かたく御法度たり，ただし，人質をとられ，
　　　エ
せんかたなきについては，是非におよばず，まず御代官をもってこれを申し上げる
べし，（中略）

　一　御代官衆の儀，非分これあるにおいては，届なしに直目安申し上げるべき事
　　　オ
　　（注1）地頭：領主　　（注2）免相：年貢率

〈史料2〉

　一　ちかきころは度々所々え，けみやうならびに住所等これなきすてふみいたし，
法外の事共もこれあり候，これによって　　F　　において，当八月より毎月二日十
一日二十一日，　　F　　そとの腰かけの内に，はこ出し置き候間，書付持参のもの，
右のはこへ入れ申すべく候，（中略）

　一　御仕置筋の儀に付，御為になるべき品の事

　一　諸役人をはじめ，私曲ひぶんこれある事

　一　訴訟これある時，役人せんぎをとげず，永々すて置きにおいては，直訴すべき
むね相ことわり候上出すべき事

右の類直訴すべき事

　一　自分ためによろしき儀あるいは私のいこんをもって，人の悪事申すまじき事
（中略）

右の類は取り上げなし，（中略）訴人の名ならびに宿書付これなくは，これまた取
り上げざるもの也

問1　空欄　　A　　に該当する語を，〈史料1〉で使用されている語の中から探して，
　　漢字2字で記せ。

問2　空欄　　F　　には，江戸幕府の最高裁判機関の名称が入る。漢字で記せ。

問3　空欄　　B　　が将軍であったときの出来事でないのはどれか。すべて選べ。
　ア　高山右近がマニラに追放された。
　イ　毎年四月中，大名が参勤交代する制度が，武家諸法度に書き加えられた。

ウ　シャクシャインの戦いが起こった。

エ　オランダ商館が平戸から長崎の出島に移された。

オ　紫衣事件が起こった。

問4　空欄　C　の事件についての説明で，誤っているものはどれか。一つ選べ。

ア　この事件は肥前国を越えて広がらなかった。

イ　一度棄教したキリシタンが再び信仰を表明して武力蜂起した。

ウ　一揆の背景に領主の暴政があった。

エ　松平信綱が事件の処理にあたった。

オ　一揆の指導者は牢人だった。

問5　空欄　D　に該当する人物についての説明で，正しいものはどれか。一つ選べ。

ア　将軍の座をめぐって，　B　と争った。

イ　山形藩主の後，米沢藩主となった。

ウ　徳川家綱の叔父として，家綱政権を支えた。

エ　朱子学を重んじ，主君への殉死を美徳と考えた。

オ　熊沢蕃山を登用して，陽明学を学んだ。

問6　下線部aのほか，江戸時代に庶民が学ぶことのできた施設に郷学がある。そのうち，18世紀に設立されたものはどれか。一つ選べ。

ア　閑谷学校　　　　　　イ　含翠堂　　　　　　ウ　古義堂

エ　日新館　　　　　　オ　弘道館

問7　〈史料1〉の下線部ア〜オのなかで，下線部bのことを述べている条文はどれか。一つ選べ。

問8　空欄　E　が将軍であったとき，〈史料2〉にしたがって行われた投書によって実現したものはどれか。一つ選べ。

ア　公事方御定書の編纂　　　　　イ　足高の制の施行

ウ　相対済し令の発令　　　　　　エ　小石川養生所の設立

オ　上米の制の実施

問9　〈史料2〉に示されていないことはどれか。一つ選べ。

ア　訴訟の際，役人がきちんと吟味をせず，そのまま放置している場合は，直訴することを断った上で，申し出るべきである。

イ　個人的な恨みのために，他人の悪事を申し出ることについては受け付けない。

ウ　役人が自分の利益だけを考えて不正を行っていることを見つけたら，直訴するべきである。

エ　幕府が政治を行っていく上でためになることは，直訴するべきである。

オ　近年，名前と住所のない訴状がところどころに捨て置いてある。歓迎するべき行為なので，訴状を受け付ける箱を設置する。

問10　17世紀に起こった事件で，下線部 c の指導者として処刑された，と伝承されている人物をすべて選べ。

ア　戸次庄左衛門　　　イ　礫茂左衛門　　　　ウ　佐野政言

エ　由井正雪　　　　　オ　佐倉惣五郎

解説　江戸幕府の政治と民意

　史料を用いて，江戸時代の政治・文化を問う出題。問1は，リード文・史料を読み込むことで正解が出せるだろう。問6はやや難。「すべて選べ」という出題も見られるが，全体的に標準レベルである。史料の読解にあまり時間をかけないようにしたい。

問1　答：目安 ──────────────────────────────── 標準

　1つ目の空欄 ☐A☐ の後の「と呼ばれた訴状」から，空欄 ☐A☐ には「訴状」を意味する語句が入ることがわかる。リード文5段落目に，「将軍 ☐E☐ が訴状を受け付ける箱を設置した」という箇所がある。この箱は**目安箱**のことで，これにより「**訴状＝目安**」となり，空欄 ☐A☐ には「目安」が入ると予測がつく。設問文にある「〈**史料1**〉で使用されている語の中から探して」という条件と，〈**史料1**〉中に「目安」という語があることから，「目安」が正解であるとわかる。

問2　答：評定所 ──────────────────────────── 標準

　「江戸幕府の最高裁判機関」から「**評定所**」が正解となる。三奉行が独自で裁決できない重大事案や管轄のまたがる訴訟などを扱い，**老中・三奉行・大目付**らの合議で裁決した。**赤穂事件**の際には，擁護論・助命論・厳罰処分など意見が分かれたが，評定所が裁決している。

問3　答：ア・ウ ──────────────────────────── 標準

　1つ目の空欄 ☐B☐ の2行前に「1633年」とあり，1635年に武家諸法度寛永令が発布されたことを想起すれば，空欄 ☐B☐ は第3代将軍**徳川家光**だとわかる。家光の将軍在職期間は1623〜51年。アは1614年で，将軍は第2代**徳川秀忠**。ウは1669年で，将軍は第4代**徳川家綱**。

問4　答：ア ──────────────────────────────── 標準

　空欄 ☐C☐ の前の「1637年に西九州で起こった」から，空欄 ☐C☐ は「**島原の乱（島原・天草一揆）**」だとわかる。

ア－×　松倉氏城下の島原は肥前，小西・寺沢氏領の天草は肥後。肥後国にも及んでいる。

イ－○　島原・天草はキリシタン大名であった有馬晴信・小西行長の旧領だったので，領民の中にはキリスト教信者が多く，領主らのキリスト教弾圧に反抗して武力蜂起した。

ウ－○　武力蜂起の背景に，領主らの厳しい年貢の取り立てがあった。

エ－○　幕府は「**知恵伊豆**」と称された**松平信綱**を派遣して，**オランダ軍艦**による砲撃などもあり鎮圧に成功した。松平信綱は，この功績により**川越藩**藩主となったほか，**慶安の変（由比正雪の乱）**や明暦の大火後の処理でも活躍した。

オ―○　島原・天草は有馬晴信・小西行長の旧領で，両者亡き後，有馬・小西両氏の家臣が牢人として在地していた。益田（天草四郎）時貞の父も小西行長の旧家臣（牢人）であった。

問5　答：ウ　標準

「空欄　B＝徳川家光　の異母弟」から，空欄　D　は保科正之だとわかる。

ウ―○　保科正之は，会津藩主として藩政を整備し，第4代将軍徳川家綱を支えた。

ア―×　徳川家光と将軍の座をめぐり争ったのは，家光の同母弟である徳川忠長であり，保科正之ではない。

イ―×　「米沢藩主」から興譲館を再興した上杉治憲（鷹山）を想起したい。

エ―×　保科正之が支えた徳川家綱の時期には，文治政治が推進され，殉死の禁止が命じられた。

オ―×　陽明学者の熊沢蕃山を登用したのは，岡山藩主池田光政。

問6　答：イ　やや難

設問文中の「郷学」という条件から，ウ～オが消去できるだろう（ウの古義堂は古学・堀川学派の伊藤仁斎の私塾，エの日新館は会津藩の藩校，オの弘道館は水戸藩の藩校）。アの閑谷学校は，1670年に岡山藩主池田光政が創立した郷学。イの含翠堂は，1717年に民間有志らにより摂津平野に設立された郷学。

●藩校（藩学）・私塾・郷学

主な藩校（藩学）	明倫館（萩：1719） 造士館（鹿児島：1773） 明倫堂（尾張：1783〔再興〕） 明徳館（秋田：1789） 致道館（庄内：1805）	時習館（熊本：1755） 興譲館（米沢：1776〔再興〕） 修猷館（福岡：1784） 日新館（会津：1799） 弘道館（水戸：1841）
主な私塾	花畠教場（岡山：熊沢蕃山） 古義堂（京都：伊藤仁斎） 懐徳堂（大坂：町人有志） 咸宜園（豊後：広瀬淡窓） 洗心洞（大坂：大塩平八郎） 松下村塾（萩：吉田松陰の叔父）	藤樹書院（近江：中江藤樹） 護園塾（江戸：荻生徂徠） 芝蘭堂（江戸：大槻玄沢） 鳴滝塾（長崎：シーボルト） 適々斎塾（大坂：緒方洪庵）
主な郷学	閑谷学校（岡山：池田光政） 有備館（仙台）	含翠堂（大坂）

問7　答：オ　標準

下線部bの「実務役人」「落ち度がある場合」「直訴」が，それぞれ〈史料1〉下線部オの「御代官衆」「非分これある」「直目安」に該当すると判断したい。

問8　答：エ　標準

空欄　E　の後の「訴状を受け付ける箱を設置（目安箱のこと）」から，空欄　E　には第8代将軍徳川吉宗が入る。設問文中の「投書によって実現」に着目

124 第3章　近 世

すれば，目安箱に投書されたことで実現した**小石川養生所**だとわかる。また，**町火消**も目安箱の投書による。なお，目安箱は，江戸だけではなく**京都・大坂の町奉行所前**にも設置されている。

問9　答：オ ─────────────────────── 標準

「けみやうならびに住所等これなきすてふみ」は，「名前や住所等が記載されていない投げ込まれた訴状」という意味。そのような行為を「法外の事」，つまり，非常識としているので，オの「歓迎するべき行為」が誤りとなる。

問10　答：イ・オ ─────────────────── 標準

17世紀に起こった非合法の百姓一揆において，処刑された伝承があるのは，イの**磔　茂左衛門**（上野）とオの**佐倉惣五郎**（下総）。両者は生命・財産をかけて行動したことから**義民**と称された。両者のほかに義民として松本藩の**多田嘉助**（嘉助騒動）も覚えておこう。

アの**戸次庄左衛門**は，老中襲撃を画策した**承応の変**の首謀者。ウの**佐野政言**は，老中**田沼意知**（田沼意次の子）を殺害し，民衆からは「世直し大明神」と称された。エの**由井正雪**は，幕府転覆未遂事件である**慶安の変**の首謀者。

解　答

問1　目安	問2　評定所	問3　ア・ウ	問4　ア	問5　ウ	
問6　イ	問7　オ	問8　エ	問9　オ	問10　イ・オ	

18

◇次の史料とそれに関連する文を読み，下記の設問（A～J）に答えよ。解答はもっとも適当なものを1つ選び，解答記入欄のその番号をマークせよ。

（史料）

極西　イ　著

今の日本人が全国を鎖して，国民をして国中・国外に限らず，あえて異域の人と通商せざらしむる事は，実に所益あるによれりや否の論，（中略）かつて異国人の為に風俗をそこなわれ，財宝をぬすまる，これその通交を絶つ所以也，然らば　ロ　の一件元よりこれ大に義あり，利あるの務めたり，明君頼りに起り給いて，この事決定成就し給うに至る，（下略）

　江戸時代の対外関係の仕組みを表す語として，「　ロ　」が使用されるようになるのは，この史料をもって初見とされる。逆にいえば，それ以前の人々は，この時代の対外関係の仕組みを「　ロ　」と認識していなかったということを意味する。実際，東アジアのレベルでは貿易や交流は活発であった。
　そうした交流の機会の一つが，朝鮮使節の来航である。もともと，この使節は　ニ　と呼ばれ，日本からの国書（実は対馬藩による偽書）への対応と，豊臣政権による朝鮮侵略の際，日本へ連行された朝鮮人捕虜の返還を企図した使節であった。そして，日本がさらなる出兵を企図しているかどうかを探る国情視察の意図もあったとされる。その後，この使節は「信」を通じるという意味の　ホ　と呼ばれ，友好を目的に来航するようになる。明暦元年（1655）の回以降は，明確に将軍襲職祝賀が目的となった。この使節には，当時の朝鮮を代表する学者や文人が随行し，　ホ　が通過する沿道では，日本の学者・文人との交流が見られた。財政難を理由に対馬にて使節を迎える儀礼を行った，文化8年（1811）の回を最後に使節派遣は停止されたが，江戸時代を通じて，この使節が日朝関係の安定に寄与したことは間違いない。
　一方，「　ロ　」の語が使用され始めたころ，日本列島の近海にはしばしば西洋の外国船が出現するようになった。北方で一時，ロシアとの間で緊張状態が生じたほか，長崎でも外国軍艦が侵入するなど，「　リ　」と呼ばれる状況が形成されるようになった。幕府は諸藩に海岸警備を命じるなど，外国船に対する警戒を強化したが，支配層にとってその不安が払拭されることはなかった。こうしたなかで，嘉永6年（1853）6月にアメリカ東インド艦隊司令長官ペリーが浦賀沖に現れ，幕府に開国を求めていくことになる。

問A 空欄イに当たる人物は誰か。

1 稲村三伯　　　　2 シーボルト　　　　3 志筑忠雄

4 渡辺崋山　　　　5 ケンペル

問B 江戸時代の空欄ロという状態について，正しく説明しているものはどれか。

1 外国船が入港する港では，人々はそこへ行けば自由に外国商人と取り引きできた。

2 多くの藩では貿易による収益を見込めず，専売制の採用など藩政改革によって財政を補った。

3 宗門改制度が成立したのは，空欄ロの語が使われ始めた後である。

4 空欄ロの状態は，この時代が終わるまでは，幕府にとって否定されるべきものであった。

5 江戸時代の人々は，ヨーロッパの思想に触れる機会はなかった。

問C この史料の大意として，ふさわしいものはどれか。

1 日本はこれまで東アジアの諸国と密接な関係を保ってきた。

2 日本は南蛮人を通じて，東アジア諸国と中継貿易を行っていた。

3 日本は外国人との間で通商関係を結ばなかったため，外国の新しい知識が入ってこなかった。

4 日本がこれまで外国人との間で通商関係を結ばなかったのは，利のあることであった。

5 日本が外国人のために風俗をそこなわれたことは，かつてなかった。

問D 下線部ハの窓口として，当てはまらないものはどれか。

1 新 潟　　　　2 松 前　　　　3 対 馬

4 長 崎　　　　5 鹿児島

問E 空欄ニと空欄ホに入る語の組み合わせとして，正しいものはどれか。

1 ニ―回答兼刷還使　　　ホ―謝恩使

2 ニ―回答兼刷還使　　　ホ―通信使

3 ニ―慶賀使　　　ホ―回答兼刷還使

4 ニ―慶賀使　　　ホ―通信使

5 ニ―慶賀使　　　ホ―謝恩使

問F 下線部ヘに関連して，17世紀末期から18世紀前期にかけて対馬藩の儒者として重要な役割を果たした人物は誰か。

　1　雨森芳洲　　　　　2　木下順庵　　　　　3　熊沢蕃山
　4　野中兼山　　　　　5　伊藤仁斎

問G　下線部トはその後しばらくして緩和された。日本・ロシア関係の緊張状態が解
　消される契機となった事件の，当事者の組み合わせとして，正しいものはどれか。
　1　ゴローニン・高田屋嘉兵衛　　　　2　ラクスマン・間宮林蔵
　3　レザノフ・近藤重蔵　　　　　　　4　ゴローニン・間宮林蔵
　5　レザノフ・高田屋嘉兵衛

問H　下線部チは，どこの船を追って長崎湾に入港してきたか。
　1　イギリス　　　　　2　アメリカ　　　　　3　オランダ
　4　ロシア　　　　　　5　日　本

問I　空欄リに入る語としてふさわしいものはどれか。
　1　攘　夷　　　　　　2　内　憂　　　　　　3　外　患
　4　尊　王　　　　　　5　善　隣

問J　下線部ヌを契機に実施された安政の改革について，誤っているものはどれか。
　1　阿部正弘が中心となって行われた。
　2　徳川斉昭が幕政に参加した。
　3　江戸湾に台場が築かれた。
　4　五品江戸廻送令が発令された。
　5　大船建造の禁が解かれた。

解説　江戸時代の対外関係

早大頻出の鎖国を中心とした外交に関する出題。初見史料を交えた早大らしい出題内容。史料の大意を問うものが含まれているが，当時の状況などをふまえていれば容易だろう。全体的に標準的な内容なので，失点は避けたい。

問A　答：5　　　　　　　　　　　　　　　　　　　　　　　　　　標準

史料中の「全国を鎖して」「異域の人と通商せざらしむる事」などから，孤立的・閉鎖的な外交の状態を述べていることがわかる。空欄　ロ＝鎖国　の語が使用されるようになったのは，その状態を**ケンペル**が『**日本誌**』の一部に著述し，それを 1801 年に**志筑忠雄**が「**鎖国論**」と題して訳したことが始まり。なお，ケンペルは**オランダ商館医**として来日した**ドイツ人**で，志筑忠雄は『**暦象新書**』を訳述して，**地動説を紹介した蘭学者**。

問B　答：2　　　　　　　　　　　　　　　　　　　　　　　　　　標準

空欄　ロ　には「鎖国」が入る。

2－○　鎖国は，幕府が貿易を統制下において，**貿易の利潤を独占**することを目的としていたことから，多くの藩では貿易による収益を見込めず，専売制などで財政を補填した。なお**対馬藩や薩摩藩**などは，**朝鮮や琉球王国との貿易**により収益があった。

1－×　人々が自由に外国商人と取り引きできる環境ではなかった。日本に来航する貿易船は，**オランダ船と中国船のみ**としたほか，貿易港を**長崎1港に限定**し，長崎奉行の厳しい監視のもとで貿易が行われた。

3－×　宗門改制度は 17 世紀に成立しており，鎖国の語が使われ始めたのは 1801 年以降（19 世紀）なので，後ではなく前になる。

4－×　鎖国の状態は欧米列強にとって否定されるべきものであったが，幕府にとって幕藩体制を維持するには有効なものであった。

5－×　**西川如見**が『**華夷通商考**』で海外事情などを紹介したり，**漢訳洋書輸入の禁緩和**により，**洋学が発達**したりしたことを考慮すれば，「ヨーロッパの思想に触れる機会はなかった」の箇所が誤りだとわかるだろう。

問C　答：4　　　　　　　　　　　　　　　　　　　　　　　　　　易

史料中の「かつて異国人の為に風俗をそこなわれ，財宝をぬすまる，これその通交を絶つ所以也」の一文から，通商関係を結ばなかったことは利のあることだという 4 が正解とわかる。

問D　答：1　　　　　　　　　　　　　　　　　　　　　　　　　　標準

貿易・交流の窓口（四つの窓口）である「**長崎・対馬・薩摩・松前**」は基本事項

である。長崎は**オランダ・中国**，対馬は**朝鮮**，薩摩は**琉球王国**，松前は**蝦夷地**との貿易・交流の窓口であった。

問E　答：2　　　　　　　　　　　　　　　　　　　　　　　　標準

　江戸時代には朝鮮からの使節が 12 回来日しており，当初は朝鮮人捕虜の返還などを企図して「**回答兼刷還使**」と呼ばれていたが，4 回目の使節から「**通信使（朝鮮通信使・朝鮮信使）**」と呼ばれた。通信使は主に**新将軍就任の慶賀**で来日した。

　通信使は**江戸に参府**したが，経費削減などの理由から 1811 年（11 代将軍徳川家斉の襲職祝賀）に江戸から**対馬へ変更**している（易地聘礼）。なお「**慶賀使**」「**謝恩使**」は琉球王国からの使節。

問F　答：1　　　　　　　　　　　　　　　　　　　　　　　　標準

　雨森芳洲は**木下順庵**の門下生で，木下順庵の推挙で**朝鮮外交を担当する対馬藩**に仕えた。雨森芳洲は**新井白石**とは同門で，通信使の待遇簡素化問題で両者は対立している。

　2の**木下順庵**は，京学の朱子学者。加賀藩主**前田綱紀**に招かれ朱子学の振興をはかった。3の**熊沢蕃山**は，陽明学者で岡山藩主**池田光政**に仕えた。『**大学或問**』で幕政を批判したことで**下総古河**に幽閉された。4の**野中兼山**は南学の朱子学者。5の**伊藤仁斎**は，『論語』『孟子』などの原典研究を行う**古義学**をとなえ，京都堀川に**古義堂（堀川塾）**を開いた。

問G　答：1　　　　　　　　　　　　　　　　　　　　　　　　標準

　「**緊張状態**」とは，1811 年の**ゴロー（ウ）ニン事件**のことをさす。日露が互いに拘留していたゴローニンと**高田屋嘉兵衛**を釈放したことで，緊張状態が解消された。この事件より前から，ラクスマンやレザノフの来航によって日露関係は悪化していた。

問H　答：3　　　　　　　　　　　　　　　　　　　　　　　　標準

　下線部チ「**長崎でも外国軍艦が侵入する**」は，1808 年の**フェートン号事件**をさす。この事件は，**イギリス軍艦フェートン号**が，**オランダ船捕獲**を目的に長崎に侵入して薪水・食料を強奪し退去したもので，長崎奉行の**松平康英**は引責自殺し，警備担当であった**佐賀（肥前）藩主**も処罰された。

問Ｉ　答：3　　　　　　　　　　　　　　　　　　　　　　　　標準

　空欄　リ　の前後の「**外国船が出現**」「**外国軍艦が侵入**」「**外国船に対する警戒を強化**」などに着目したい。「外からの影響を受けたことで　リ　の状況が形成された」と考えれば，最も相応しいのは，「外国や外部からの圧力や攻撃を受ける恐れ」を意味する「**外患**」である。

　当時，欧米列強が日本に通商などを求める一方，国内では大飢饉や一揆が発生し，大坂町奉行元与力の**大塩平八郎**が蜂起するなど，国内も不安定な状態（**内憂**）にあった。この「**内憂外患**」に対処するための意見書を，水戸藩主**徳川斉昭**が「戊戌

封事」としてまとめて12代将軍徳川家慶に提出した。

問J　答：4　　　　　　　　　　　　　　　　　　　　　　　　　　　　標準

　1860年の五品江戸廻送令は，安政の改革で実施されたものではない。五品江戸廻送令は，1859年の貿易開始の影響下に，問屋を保護し流通経済を統制するために出された。五品は雑穀・水油（菜種油）・蠟・呉服・生糸を指す。

　安政の改革を含む「幕末三大改革」の内容も確認しておこう。

安政の改革（1854～60年）老中阿部正弘が中心	文久の改革（1862年）勅命で実施	慶応の改革（1866～67年）徳川慶喜が主導
①前水戸藩主徳川斉昭が参画 ②江戸湾品川に台場を築造 ③大船建造の禁を解く ④江戸に洋学所を設立 ⑤長崎に海軍伝習所設置 ⑥伊豆韮山に反射炉を築造	①職制改革 　将軍後見職：徳川慶喜 　政事総裁職：松平慶永 　京都守護職：松平容保 ②参勤交代緩和（3年1勤） ③西洋式軍制の採用 ④オランダへ留学生派遣 ⑤蕃書調所─→洋書調所改編	①ロッシュ（仏公使）の意 　見を採用 ②横須賀製鉄所の建設 ③職制・組織改革

解　答					
問A　5	問B　2	問C　4	問D　1	問E　2	問F　1
問G　1	問H　3	問I　3	問J　4		

19

◇次の文章と史料を読み，下記の問１〜９に答えよ。問１〜３については，それぞれの解答を記述解答用紙に記入せよ。問４〜９については，それぞれの解答を選び，マーク解答用紙の記号をマークせよ。

　江戸時代では，身分の移動がまったくなかったのではないが，武士でも百姓でも，多くの場合，出身の家柄がその人の将来に大きな影響を与えた。性差別や被差別民も存在し，そうした差別を覆すのは容易ではなかった。そうした江戸時代の秩序は，儒教や仏教などの教えや，勤勉・分相応に生活することが美徳とされる道徳観念によって支えられた。
　　　　　　　　　　　　　　　　a

　これらにより，江戸時代の人々は厳しい身分制度のもと，生まれながらにして不平
　　　　　　　　b
等であったことを受け入れていたように思われがちである。しかし，18 世紀に入り，
　　　　　　　　　　　　　　　　　　　　　　　　　　　　　　　　　　c
災害や飢饉などを契機に社会問題が起きるようになると，既存の秩序に対する違和感から，格差の是正や平等を求める思想の萌芽が見られるようになる。富士講のような
宗教活動の活発化はその一つの表れである。また，東北地方の厳しい飢饉を経験し，
　　　　　　　d
既存秩序とそれを支える教えを根底から否定する　　A　　のような思想家が登場したことは，注目すべきことである。もちろん，そのような思想がこの時代の主流になることはなかったが，平等を求める感覚は民衆社会の底流に存在し，19 世紀に入ると，下記の史料のような考えが百姓身分の者から表明されるに至る。

　史料１は，1821 年に上野国川越藩前橋分領で起こった百姓一揆未遂事件の指導者として，永牢処分となった林八右衛門が，獄中で自らの半生を振り返りながら家族に
　　　　　e
宛てて書いた教訓書である。八右衛門は，川越藩江戸藩邸に減免を要求して出訴しようとした百姓らを説得して途中で思い止まらせたが，藩により頭取と見なされ，かえ
　　　　　　　　　　　　　　　　　　　　　　　　　　とうどり
って永牢を申し渡された。八右衛門は，藩の面目のために犠牲になったということになる。

　史料２は，備中国浅口郡の百姓によって 1859 年に開かれた，　　B　　教の教義書である。ここでは，『古事記』『日本書紀』に登場する神々も，それに連なる天皇も，百姓もみな同じ人間であるとされ，すべての人々は平等に尊重されるべきであることが説かれている。

　このように，江戸時代の秩序への違和感は，近世後期から幕末期において徐々に，民衆社会から発せられるようになっていった。

（史料１）

上御一人ヨリ下万人ニ至ルマデ，人ハ人ニシテ，人ト云字ニハ別ツハナカルベシ。最トモ貴賤上下ノ差別有リトイエドモ，是政道ノ道具ニシテ，天下ヲ平ラカニ成サシメンガ為ナルベシ。士農工商夫々ノ家業有レバ，其業ヲ大切ニ守ルベシ。

（史料２）

伊邪那伎（いざなぎ），伊邪那美（いざなみ）の命（みこと）も人間，天照（てんしょう）大神（だいじん）も人間なら，そのつづきの天子様も人間じやろうがの。　Ｃ　の神も同じ事じや。神とは云ふけれども，皆，天地の神から人体を受けて居られるのじや。天地の調（ととの）へた五穀を頂かれねば，命（いのち）がもつまいがな。して見れば，矢張り皆，天が父，地が母じやろうが。

問１　下線部ａのような道徳観念を基盤に，百姓出身の農政家の指導により農村復興の手段として，19世紀に広く実施された仕法を何というか。漢字で答えなさい。

問２　空欄　Ａ　に入る人物の氏名を漢字で答えなさい。

問３　空欄　Ｂ　に入る語を漢字で答えなさい。

問４　下線部ｂに関連して，江戸時代の身分に関する説明で，正しいものはどれか。
　ア　農業に従事する，かわた身分の者はいなかった。
　イ　農業・漁業・林業にかかわる百姓のほか，多様な身分が存在した。
　ウ　賤民身分の人々を束ねる組織は一本化されていた。
　エ　百姓身分の者が苗字帯刀を許されることはなかった。
　オ　家柄の影響は強固であったが，戸主の権限は弱かった。

問５　下線部ｃについて，当てはまらないものはどれか。
　ア　天明の飢饉　　　　イ　浅間山の噴火　　　ウ　享保の飢饉
　エ　富士山の噴火　　　オ　寛永の飢饉

問６　下線部ｄのほかにも，江戸時代の民衆社会では多くの民俗的な行事があった。それに当てはまらないものはどれか。
　ア　日　待　　　　　　イ　虫送り　　　　　　ウ　天長節
　エ　庚申講　　　　　　オ　彼岸会

問７　下線部ｅより以後のことを，すべて選べ。
　ア　株仲間解散令が発令された。
　イ　庄内藩・長岡藩・川越藩の三方領知替が発令された。

ウ　初めて金位の銀貨が発行された。

エ　人足寄場が設置された。

オ　尊号一件が起こった。

カ　学問吟味という試験が開始された。

問8　史料1で八右衛門が主張していることはどれか。

ア　人々の貴賤上下は，士農工商の生業と結びついて自然に生まれたものである。

イ　身分の上の人から下の人まで，みな人という字には変わりないので，現実社会に差別はない。

ウ　身分の上の人から下の人まで，みな人という字には変わりないが，差別のもととなる士農工商の生業を務めていくのは無駄だ。

エ　人々には貴賤の上下はあるが，これはみな政治上，作為されたものである。

オ　人々に貴賤の上下があるのは，もともとの出自がそうであるからである。

問9　空欄　C　は，　B　教とは別の民衆宗教を開教した教祖の名前が入る。この空欄　C　に入る人名はどれか。

ア　宗忠　　　　　イ　なお　　　　　ウ　惣五郎

エ　篤胤　　　　　オ　梅岩

解説　江戸時代の身分秩序と社会

　江戸時代の身分秩序と社会に関する知識・理解・読解力を問う出題。問3・問4は詳細な知識が求められており，用語集等の活用がしっかりできていないとやや苦戦するだろう。その他は，標準的な出題である。

問1　答：報徳仕法　標準

　下線部aの「勤勉・分相応……道徳観念」，設問文の「農政家の指導」「農村復興の手段」などから，二宮尊徳（金次郎）が提唱した報徳仕法だとわかる。報徳仕法は，勤労・倹約を中心とした農村復興を説く内容であることを覚えておこう。なお，二宮尊徳と同じ18世紀末に登場した農政家の大原幽学は性学（道徳と経済の調和）を説き，先祖株組合を作るなどの相互扶助による農村復興を特徴とした。

問2　答：安藤昌益　標準

　空欄　A　前後の，「東北地方の厳しい飢饉を経験」「既存秩序とそれを支える教えを根底から否定」「思想家」などの箇所から，八戸の医者の出身で，階級制社会を否定し（封建社会を批判），「万人直耕」の自然の理を理想とした安藤昌益を導きたい。安藤昌益は，『自然真営道』で「万人直耕」の自然の理を説いた。

問3　答：金光　難

　空欄　B　前後の，「1859年」「教の教義書」等の箇所から，幕末に誕生した民衆宗教（のちの教派神道）だとわかる。受験生の知る民衆宗教（教派神道）は，天理教・黒住教・金光教のいずれかになるだろう。

　天理教は，1838年に中山みきが大和国で創始した。空欄　B　の前に「備中国」とあることから消去できる。黒住教は，1814年に黒住宗忠により創始されており，空欄　B　の前の「1859年」に合致しないため消去できる。金光教は，1859年に川手文治郎（赤沢文治）により創始されている。

●幕末の民衆宗教（のちの教派神道）

黒住教（1814年）	黒住宗忠（備前）	天照大神信仰
天理教（1838年）	中山みき（大和）	天理王命が教神
金光教（1859年）	川手文治郎（備中）	天地金乃神の尊信

問4　答：イ　やや難

ア−×　かわた（えた）身分の者は，皮革処理や牢屋の牢番・行刑役などを主な生業としたが，農業に従事する者もいた。

ウ−×　賤民身分を束ねる「えた頭」「非人頭」などの組織が存在していた。

エ−×　苗字・帯刀は武士の特権であったが，農工商の者でも特別に認められるこ

とがあった。

オ−×　戸主の権限は強かった。

問5　答：オ ——————————————————————————————— 易

　オの「寛永」の元号から，参勤交代を制度化した1635年の武家諸法度寛永令を想起したい。これにより「寛永＝17世紀」とわかり，下線部cの「18世紀」という条件に合致しないこともわかるだろう。

問6　答：ウ ——————————————————————————————— 易

　天長節は，明治天皇の誕生日（11月3日）にあたり，神武天皇の即位日とされた紀元節（2月11日）とともに，明治政府の神道国教化政策に基づき設定された祝日。なお明治政府は，紀元節・天長節を祝日とする際に，庶民の伝統的な行事である五節句を法令上廃止した。

問7　答：ア・イ ——————————————————————————— 標準

　アの株仲間解散令は，1841年の水野忠邦による天保の改革期に該当する。イの三方領地替は1840年に発令されたが，翌年に撤回している。ウの初めての金位の銀貨は南鐐二朱銀のことで，田沼意次の時期で1772年。エの人足寄場の設置は1790年，オの尊号一件は1789年で，ともに寛政の改革の時期。カの学問吟味は，1792年から昌平坂学問所で行われた学術試験。

問8　答：エ ——————————————————————————————— 標準

　史料1の「貴賤上下ノ差別有リトイエドモ，是政道ノ道具ニシテ」の箇所から正解が導きだせる。

問9　答：ア ——————————————————————————————— 標準

　イの「なお」は出口なおで，大本教の教祖。大本教は1892年に創始されており，リード文や史料1・2の時期には存在していない。ウの「惣五郎」は義民で有名な佐倉惣五郎。エの「篤胤」は国学者の平田篤胤。オの「梅岩」は心学を始めた石田
梅岩ばいがん。

解　答
問1　報徳仕法　　問2　安藤昌益　　問3　金光　　問4　イ
問5　オ　問6　ウ　問7　ア・イ　問8　エ　問9　ア

20

◇次の【史料】(1), (2)を読み，下記の問いＡ，Ｂに答えよ。

【史料】(1)

　この【史料】(1)は，1667（寛文7）年頃に刊行され，その後，長く読みつがれた『子孫鑑』である。100余の短い話を集めてあり，17世紀後半期の江戸の暮らしぶり
①
を窺わせる読み物である。

　浅草観音詣乗合船中物語之聞書，ある人のいはく，「米穀の高きも，理也。……
②　　　　　　　　　　ことわり
あるさうしにいはく，御城は二十町四方と云。御籏本大名町は不レ及レ云，本町〔通り
　　　　　　　　　　　　　　いうにおよばず
③
筋の町〕は八百八町，諸商人・諸職人，裏棚に医者衆，旅人・諸浪人衆，万細工
④　　　　　　　　　　⑤
人・日用人，小商人・細民居住す。尺地〔わずかな土地〕も不レ闕，其外方々々の町は
　　　　　　　　　　　　　　　　　あかず
かぞふるにいとまあらず。又西のとしの大火事より以来，十ヶ年中にひろさ倍せり。
⑥　　　　　　　　　　　　このかた
……此川〔隅田川〕筋，ゆさんぶねや諸国の商舟，出る舟入舟，其外大小舟数いく千
⑦
万といふ数をしらず。」

【史料】(2)

　この【史料】(2)は，ある豪商の当主が，子孫への教戒のために，没落した商人の具
⑧
体例を書き綴った書で，享保期に完成したものと思われる。

　銀座……三十年来，元禄御吹替の節より此十二三年巳前までに，五度日本国の銀吹
⑨　　　　　　　　　　　　　　　　　　　　　　　　　　⑩
改り，其時其時吹ちん申請候。積りあらかた考申時……一度に弐万四千貫目也。是
を五たび合せ申時は，十弐万貫目に成り申候。然るにわづか十年計の内に，銀座中
　　　　　　　　　　　　　　　　　　　　　　　　ばかり
家財〔家と財産〕ともに沽却し，末末は大かた今日も続がたく，或は下京辺にてあさ
ましき切子灯籠を細工いたし，又は一向〔ひたすら〕浄瑠璃をかたりて渡世致者も候
　　　　　　　　　　　　　　　　　　　　　　⑪
よし。

Ａ　下記の問いｉ～ⅷの答えをそれぞれ a ～ e から選び，マーク解答用紙に記せ。
　問ｉ　下線部①について正しいものはどれか。
　　a　後北条氏がもっとも中心的な居城を置いた。
　　b　16世紀中期に太田道灌が城を築いた。
　　c　1590（天正18）年に徳川家康が織田信長の命令により関東に入り，拠点とした。

d 徳川政権によって，海面埋め立てなども行われ，城下町が建設された。
e 京都・博多と合わせて三都と呼ばれていた。

問ii 下線部②の生産において，害虫駆除のために用いられたものはどれか。
a 鯨 油　　　　　b 竜骨車　　　　　c 干 鰯
d こき箸　　　　　e 千石簁

問iii 生涯，仕官せず，民間の下線部⑤であった名古屋玄医は，その当時，主流で
あった医学を批判した。彼が唱えた医学説を何と言うか。
a 洋医方　　　　　b 後世方　　　　　c 和 方
d 古医方　　　　　e 漢蘭医方

問iv 下線部⑥はいわゆる振袖火事である。この時の将軍の在位期間の出来事はど
れか。
a 江戸時代最初の改暦　　　　b 田畑永代売買禁止
c 殉死禁止　　　　　　　　　d 米穀先物取引公認
e 閑院宮家創設

問v 下線部⑧の説明でないものはどれか。
a 江戸店持ち京商人　　　　b 泉 屋
c 呉服商　　　　　　　　　d 大元方
e 同族経営

問vi 下線部⑨から宝永期における貨幣政策に反対し，これを止めさせた人物の著
作はどれか。
a 本朝通鑑　　　　b 古史伝　　　　　c 群書類従
d 日本外史　　　　e 読史余論

問vii 下線部⑩の単位はどれか。
a 匁　　　b 文　　　c 朱　　　d 両　　　e 銭

問viii 下線部⑪について間違っているものはどれか。
a 室町時代に始まる語り物で，やがて三味線を伴奏楽器とするようになった。
b 慶長期前後の時期に，操り人形と結びつき，人形浄瑠璃が成立した。
c 竹本義太夫が新しい曲風を創り，京都の竹本座で人気を博した。
d 豊竹若太夫が大坂に豊竹座を起こし，竹本座と並ぶ勢力となった。

　　e　上方から江戸にも伝わり，常磐津節・富本節・清元節などの流派が生まれた。

B　下記の問いix〜xiの答えを記述解答用紙に漢字で記せ。
　問ix　将軍に直属する家臣で，知行高一万石未満の者を直参と呼び，その中で，お
　　　およそ御目見得以上を下線部③という。御目見得以下を何というか。

　問x　大坂屋伊兵衛の提唱により1694（元禄7）年に江戸で結成された下線部④
　　　の仲間の連合体を何というか。

　問xi　伊勢国に生まれ，江戸で商人となり，その後，下線部⑦のための東廻り・西
　　　廻り海運の整備，ならびに，畿内治水の功により幕臣に取り立てられた人物は誰
　　　か。

解説 江戸時代の社会経済と文化

初見史料を用いての江戸時代の社会経済全般と文化に関する出題。Aの問ⅴ以外は，全て基本に忠実な出題となっている。

A

問ⅰ　答：d 　━━━━━━━━━━━━━━━━━━━━━━━━━━━━ 易

- a－×　後北条氏の中心的居城は小田原。
- b－×　太田道灌（おおたどうかん）は，1456 年に江戸城の築城を開始し，1457 年に完成させたので，16 世紀中期ではなく，15 世紀中期になる。
- c－×　徳川家康の関東入封は，豊臣秀吉の命令によるものである。
- e－×　江戸・京都・大坂を合わせて三都という。

問ⅱ　答：a 　━━━━━━━━━━━━━━━━━━━━━━━━━━━━ 易

　　害虫駆除には鯨油（げいゆ）が用いられた。水田に鯨油を入れうんか（稲の害虫）を払い落とし，窒息させた。また害虫の被害を避けるため，松明や旗を持ち鐘や太鼓を鳴らし，村はずれで松明や旗を焼いたりする稲作儀礼（虫送り）も行われた。

- b　竜骨車は中世から使用された中国伝来の揚水機で，18 世紀半ばに足踏み式で小型の踏車が使用されるようになった。
- c　金肥の一種である干鰯（ほしか）は，鰯・鰊（にしん）を日干しにしたもので，速効性があった。なお干鰯を含む金肥は，商品作物栽培に用いられた。金肥の「ほしか」と俵物の「ほしあわび」を混同しないようにしたい。
- d　こき箸は脱穀具で，元禄期には「後家倒し」と称された千歯扱（せんばこき）にかわった。
- e　千石簁（せんごくどおし）は選別具で，「万石簁（まんごくどおし）」ともよばれた。

問ⅲ　答：d 　━━━━━━━━━━━━━━━━━━━━━━━━━━━━ 標準

　　古医方（こいほう）は，名古屋玄医（なごやげんい）が唱えた医説。元・明代の医学の空理空論を廃し臨床実験を重視した。日本最初の解剖図録『蔵志』を著した山脇東洋も古医方を学んだ。

問ⅳ　答：c 　━━━━━━━━━━━━━━━━━━━━━━━━━━━━ 標準

　　振袖火事とは明暦の大火（1657 年）のことで，4 代将軍徳川家綱（将軍在職期間 1651～1680 年）のときに発生した。cの殉死禁止は，徳川家綱在職中のことである。殉死の禁止は口頭で発表され（殉死禁止令），徳川家綱による武家諸法度寛文令には含まれていないことに注意しよう。なお殉死の禁止が武家諸法度に盛り込まれたのは，徳川綱吉の武家諸法度天和令からである。

- a　江戸時代最初の改暦は，5 代将軍徳川綱吉の時代で，渋川春海（安井算哲）が貞享暦（じょうきょう）を作成した。
- b　3 代将軍徳川家光のときに田畑永代売買の禁令が発布された。

　　d　米穀先物取引公認は堂島米市場公認のことで，8代将軍徳川吉宗の時期。

　　e　閑院宮家創設は，6代将軍徳川家宣の時期。

問v　答：b　　　　　　　　　　　　　　　　　　　　　　　　　　難

　　【史料】(2)は，1728年に刊行された三井高房の『町人考見録』からの引用。【史料】(2)の著者が三井家の人物だと知っていなければ正解を出すことは困難。

　　三井家は，三井高利を創業者とする豪商で，江戸時代には江戸と京都の呉服店と両替商の二つを柱にした。正解のbの泉屋は，住友家の屋号で，住友家は銀と銅を分離する南蛮吹を導入し，銅の精錬を行ったほか，伊予の別子銅山を経営した。

問vi　答：e　　　　　　　　　　　　　　　　　　　　　　　　標準

　　下線部⑨の「元禄御吹替」，問題文の「貨幣政策に反対」から，元禄小判の鋳造により物価騰貴を招いたことに反対した新井白石だとわかる。新井白石は『読史余論』で九変五変の説を唱えて，徳川政権の正統性を主張した。

　　a　『本朝通鑑』は，林羅山・鵞峰父子による歴史書。

　　b　『古史伝』は平田篤胤の著。

　　c　『群書類従』は塙保己一が古書古文を分類・収録したもの。また塙保己一は
　　　　幕府の許可を受けて和学講談所を設立した。

　　d　『日本外史』は頼山陽の著。

問vii　答：a　　　　　　　　　　　　　　　　　　　　　　　　易

　　銀貨は重量を計測して価値を決定する秤量貨幣であることから，重量を表す単位である匁が用いられた。

問viii　答：c　　　　　　　　　　　　　　　　　　　　　　　標準

　　c－×　竹本義太夫は，大坂に竹本座をおこしたので，「京都」が誤りになる。

B

問ix　答：御家人　　　　　　　　　　　　　　　　　　　　　　易

　　直参の中で，御目見得以上を旗本，御目見得以下を御家人という。

問x　答：十組問屋　　　　　　　　　　　　　　　　　　　　　易

　　「仲間の連合体」「江戸で結成」から荷受問屋の十組問屋が正解になる。同じ頃，大坂では荷積問屋の二十四組問屋が結成された。

問xi　答：河村瑞賢（瑞軒）　　　　　　　　　　　　　　　　　易

　　東廻り・西廻り航路を整備したのは河村瑞賢（瑞軒）。

解　答

A	問i　d	問ii　a	問iii　d	問iv　c
	問v　b	問vi　e	問vii　a	問viii　c
B	問ix　御家人	問x　十組問屋	問xi　河村瑞賢（瑞軒）	

21

◇次の文を読んで，問に答えなさい。

　江戸時代には，幕府などが交通網を整備し，各地で諸産業が発展した。陸上交通としては五街道などが整備され，水上交通では　A　が，東廻り海運および西廻り海運を確立させた。交通網とともに，貨幣が発行され，この時期の物流経済を支えた。

　大坂は「天下の台所」とよばれ，諸藩の蔵屋敷を中心に，諸国の物資が集積され，堂島の米市場や，　B　の青物市場では活発な取引がおこなわれた。大坂へは他の地域から物資が集積されるだけではなく，江戸などへむけて船による輸送がおこなわれた。

　主要都市ばかりではなく，各地においても特産物が登場もしくは発展した。酒や醬油などの醸造業のほか，織物，陶磁器，漆器など現在も有名であるものが多い。手工芸品のほかは，赤穂を中心とした瀬戸内海地域では，海水を砂浜に散布するのではなく，土木技術を駆使することにより潮の干満を利用して海水を引き込み，製塩をする　C　（式）塩田がひろがり，生産量が増大した。漁業もさかんにおこなわれ，各地でさまざまな海産物が水揚げされ，商品に加工された。

　このように，江戸時代には各地で諸産業が発展することにより，特産品が供給され，水陸の交通網など，その流通を支える環境も整えられた時代という一面がある。

問1　下線 a に関して，誤っているものはどれか。1つ選び，マーク解答用紙の該当する記号をマークしなさい。
　ア　いずれも江戸の日本橋を起点としている。
　イ　甲州道中の江戸から下諏訪までは，中山道と同一の行程である。
　ウ　東海道は，歌川広重によって，その風景が浮世絵に描かれた。
　エ　東海道の新居や中山道の木曽福島などに関所が設けられた。
　オ　17 世紀なかば以降，道中奉行によって管轄された。

問2　空欄Aに入る人名を漢字4字で記述解答用紙の解答欄に記入しなさい。

問3　下線 b に関して，正しいものはどれか。1つ選び，マーク解答用紙の該当する記号をマークしなさい。
　ア　豊臣政権による天正大判は，日本国内で発行された最初の金貨であった。
　イ　慶長小判は，正徳年間に改鋳されたことで金の含有量が低下し，物価の高騰を

招いた。

ウ　銀貨のうち，丁銀や豆板銀は計数貨幣であり，個数により金額が数えられた。

エ　銭座は，江戸のほか近江坂本などにも設置され，寛永通宝を鋳造した。

オ　幕府発行の通貨を補完するため，すべての藩が藩札を発行した。

問4　空欄Bに入る地名を漢字2字で記述解答用紙の解答欄に記入しなさい。

問5　下線cに関して，誤っているものはどれか。1つ選び，マーク解答用紙の該当する記号をマークしなさい。

ア　松前や東北地方日本海側などから大坂へ物資を海路で輸送した船を，高瀬船という。

イ　川船の港を河岸といい，各地に存在し，市場と結びつくものもあった。

ウ　菱垣廻船は，積荷が落ちにくいように工夫がほどこされ，概して樽廻船より大型であった。

エ　大坂と江戸をつなぐ航路を南海路という。

オ　大坂では，米や青物だけではなく魚市場があり，取引きがおこなわれた。

問6　下線dに関して，誤っているものはどれか。1つ選び，マーク解答用紙の該当する記号をマークしなさい。

ア　絹織物のなかでは，京都（西陣）や桐生で作られたものがとくに有名である。

イ　有田焼は，長崎から貿易品として輸出された。

ウ　漆器の産地としては，輪島・九谷・会津などが有名である。

エ　美濃や越前などでは製紙がさかんにおこなわれた。

オ　醤油は，銚子や野田のほか，龍野など西日本でもつくられていた。

問7　空欄Cに入る語句を漢字2字で記述解答用紙の解答欄に記入しなさい。

問8　下線eに関して，正しいものはどれか。1つ選び，マーク解答用紙の該当する記号をマークしなさい。

ア　鰹は，土佐や佐渡などでさかんに獲られ，鰹節に加工されるなどした。

イ　捕鯨は，紀伊・肥前・丹波などで，網と銛を使用してさかんにおこなわれた。

ウ　鰊や昆布は，薩摩でさかんに獲られ，北前船で江戸へ運ばれた。

エ　鰯は，九十九里浜の地曳網漁などでさかんに獲られ，肥料に加工され，流通した。

オ　鮑・いくら・フカヒレなどは俵物とよばれ，長崎から中国へ輸出された。

解説　江戸時代の交通と諸産業の発達

　江戸時代の交通と諸産業の発達に関する出題。入試に必要な基礎的な知識で正解が出せるだろう。多くの受験生が，特産品と特産地の組み合わせを不得意としているので，教科書や図説等で，特産品と特産地の組み合わせ，特産地を地図で指摘する出題なども予想して学習しておきたい。

問1　答：イ ──────────────────────────── やや難

　イ－×　甲州道中と中山道は**下諏訪で合流**する。両街道は，江戸から下諏訪までは同一ではない。教科書等に図が記載されているが，普段から注視していないと厳しい出題。なお，途中まで**同一の行程**なのは**日光道中と奥州道中**で，**宇都宮**で分かれる。

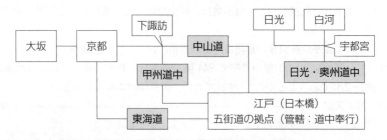

街道名	東海道	中山道	甲州道中	日光道中	奥州道中
区　間	江戸～京都	江戸～草津	江戸～下諏訪	江戸～日光	江戸～白河
関　所	箱根 新居（今切）	碓氷 木曽福島	小仏	栗橋	
人馬数	100人・100疋	50人・50疋	25人・25疋		

問2　答：河村瑞賢（瑞軒） ──────────────────── 標準

　空欄Aの後の「東廻り海運および西廻り海運」に着目すれば，即答できるだろう。**江戸の商人**である河村瑞賢（瑞軒）は，**明暦の大火**（1657年）の際に，材木を商って巨利を得た。

問3　答：エ 標準

エ―〇　銭座は，寛永期に江戸・近江坂本など全国10カ所に設置され，**寛永通宝**が鋳造された。なお金座・銀座は江戸に統一されるが，銭座は江戸に統一されないので，正誤判定問題の際に注意しよう。

金貨（東日本中心）	銀貨（西日本中心）	銭貨（全国で流通）
金座 江戸・京都，のちに 江戸に統一	銀座 伏見・駿府，のちに 江戸に統一	銭座 江戸・近江坂本など 全国10カ所に設置
計数貨幣	秤量貨幣	計数貨幣

ア―×　日本最初の金貨は，760年に鋳造された**開基勝宝**。天正大判は，世界最大級の金貨で，豊臣秀吉が京都の彫金師**後藤徳乗**につくらせた金貨。

イ―×　「金の含有量が低下し」たことで，「物価の高騰を招いた」のは，元禄年間に鋳造された**元禄小判**。元禄小判は，勘定吟味役荻原重秀の意見により発行された。

ウ―×　丁銀や豆板銀等の**銀貨**は，計数貨幣ではなく，**秤量貨幣**である。

オ―×　藩札は，1871年の段階で**244藩**から発行されている。江戸時代の藩数が260〜270であることから，「すべての藩」の箇所が誤りと判断したい。

問4　答：天満 標準

「大坂」「　Ｂ　の青物市場」から，「天満」が正解となる。

	大　坂	江　戸
米市場	堂島米市場	
魚市場	雑喉場魚市場	日本橋魚市場
青物市場	天満青物市場	神田青物市場

問5　答：ア 標準

ア―×　「高瀬船」は北前船の誤り。北前船は，**西廻り海運**を航行した船で，蝦夷地や東北の物資を下関を経由して大坂に輸送した。高瀬船は，代表的な小型の川船で，河川や湖沼の水上運送に広く用いられた。北前船については，15年度文化構想学部，12年度法学部で出題されている。

エ―〇　南海路（大坂〜江戸間の航路）を航行した船は，**菱垣廻船・樽廻船**で，ともに定期的に運航し，大坂から木綿・油・醬油などを江戸へ輸送した。菱垣廻船は到着が遅いこともあり，1841年の株仲間解散令後は樽廻船が圧倒した。なお大坂から江戸にもたらされる物資を総称して「**下り物（下り荷）**」という。「下り物（下り荷）」に関しては，13年度文化構想学部で出題されている。

問6　答：ウ 標準

ウ―×　九谷（加賀）は，漆器ではなく陶磁器の産地。

アー○ 西陣・桐生・足利などでは絹織物生産が盛んで，高級絹織物は高機という機織具で生産された。

イー○ 有田焼は，李参平が創始し，酒井田柿右衛門の赤絵でさらに発達した。

エー○ 製紙は，越前の鳥の子紙・奉書紙，美濃紙，播磨の杉原紙などの高級紙のほか，美濃や土佐などで日用紙が生産された。

オー○ 醤油の産地としては，銚子（下総）・野田（下総）・龍野（播磨）の3カ所をおさえておきたい。

問7 答：入浜 ━━━━━━━━━━━━━━━━━━━━━━ 標準

従来の揚浜法から入浜（式）塩田が本格的に発展し，瀬戸内海沿岸を中心に生産量が増大した。

問8 答：エ ━━━━━━━━━━━━━━━━━━━━━━━━ 標準

エー○ 鰯は干鰯（金肥の一種）に加工され，綿などの商品作物生産が発達した関西地方に肥料として供給された。

アー× 鰹漁は，土佐のほか，薩摩・志摩・伊豆・紀州・房総など，太平洋沿岸でおこなわれているので，「佐渡」の箇所で誤文と判断したい。

イー× 捕鯨は，紀伊・土佐・肥前・長門などで盛んにおこなわれていた。丹波は含まれていない。

ウー× 鰊や昆布は，薩摩ではなく蝦夷地が産地。

オー× 俵物は，俵につめた中国向けの海産物で，「ふかひれ・干し鮑・いりこ（なまこの干物）」が含まれる。田沼意次は，俵物を積極的に輸出し，金銀の輸入増加をはかった。

```
解 答

問1 イ    問2 河村瑞賢（瑞軒）    問3 エ    問4 天満

問5 ア    問6 ウ    問7 入浜    問8 エ
```

22

◇次の文を読み，後の問に答えなさい。

　近世社会は，「家」の観念を中心に編成された身分社会であった。それは，一般的
には，士農工商と呼ばれる各層によって構成されるものであり，これに天皇・公家を
はじめとする朝廷の人々，長吏・かわたといった人々などを加えると，諸身分の全体
像を把握することができると考えられがちであった。しかし，身分秩序の現実は，こ
のような図式的な見方によっては捉えられない。実際には，上のような身分秩序の周
縁に位置する者，たとえば，僧侶や神職，陰陽師，修験者，儒者，芸能者などの多様
な人々が，多様な集団を形成していた。
　村落・都市社会のありようも多彩であった。まず，村に目を向けてみると，百姓と
よばれる身分にも様々なものがみられた。幕府は，質流地禁止令（質流し禁令）を発
するなどして田畑売買を禁じたが，ほどなくしてこれが撤廃されると質地地主の台頭
が本格化するようになり，やがて豪農として在地における社会的権力を掌握するもの
が現れた。こうした展開からうかがわれるように，18 世紀には，農民の間にも格差
が拡がっていった。都市の様子も一様ではない。たとえば，商人についてみると，税
収の増強を図った幕府は，株仲間を積極的に公認し，これに鑑札の交付を認めて，営
業の独占を許すようになった。また，商人のなかにも，店舗をもたない零細なものか
ら，江戸の呉服屋である三井越後屋のような大店に至るまで，多様な形態がみられる
ようになっていった。
　以上のような経緯で，豪農や大規模商人の影響は，次第に村落・都市のような地縁
的な共同体を越えて，政治・経済以外の様々な場面にも及ぶこととなる。たとえば，
学問の面では，都市における商人・町人が主体となって開設される教育機関が数多く
現れた。好学の商人の出資によって大坂に開設された懐徳堂は，その代表的なものの
一つである。一方，文化の面でも，歌舞伎や戯作に代表されるように，都市の民衆を
基盤とする新たな芸能や出版が盛んになった。

問1　下線 a について。17 世紀後半に至ると，朝廷儀式の再興などを通じて朝廷と
　　幕府との間に協調関係が築かれた。1710 年には，幕府が費用を献じて新宮家が創
　　設されている。この宮家の名称を，記述解答用紙に漢字で記入しなさい。

問2　下線 b について。17 世紀には，宗派の中心寺院に特権を与えて，一般寺院を
　　その統制下に置くことによって組織化する制度が幕府によって行われるようになっ

た。この制度の名称を，記述解答用紙に漢字で記入しなさい。

問3　下線 c について。当時の村の特徴に関する次の記述のうち，正しいものはどれか。2つ選び，マーク解答用紙の該当記号をマークしなさい。

あ　村の運営の中心となる名主・組頭・百姓代の村役人（村方三役）は，入れ札とよばれる選挙によって選ばれることを常とした。

い　百姓は，士農工商の「農」にあたる身分であるが，実際には，田畑をもちながら漁業や林業に従事する者なども含んでいた。

う　本百姓に課された本途物成は，原則として貨幣によっておさめるべきものとされた。

え　村の形態としては，中心部に田畑，林野，入会地を配置して，これらを囲むようにして集落が点在するものが一般的になった。

お　近世の村は，基本的には中世までの惣村・郷村を分割するなどしてつくられたものであり，その数は全国で6万余りにも及んだ。

問4　下線 d の禁令が発せられた前後約10年間に生じた次の各事実を古いものから順に並べたとき，2番目と4番目になるものはどれか。2つ選び，マーク解答用紙の該当記号をマークしなさい。

あ　天候不順とうんかの影響により，全国にまで拡がる大飢饉が生じた。

い　大坂堂島の米相場所が公認された。

う　評定所門前に目安箱が設置された。

え　海舶互市新例が発せられた。

お　上げ米の制が廃止された。

問5　下線 d の禁令と同時期に行われた改革において，幕府は，年貢増徴の方策として，税率の決定方法を改めた。旧来の方法を改めて広く採用された税率決定の方式を何というか。その名称を，記述解答用紙に漢字3字で記入しなさい。

問6　下線 e について。当時の都市の特徴に関する次の記述のうち，正しいものはどれか。2つ選び，マーク解答用紙の該当記号をマークしなさい。

あ　城下町は，武家地・寺社地・町人地に分けられ，居住する地域が身分ごとに明確に区分されていた。

い　江戸では武家地と町人地の人口が同程度であったが，町人地の面積は武家地の面積の半分あまりを占めたにすぎない。

う　江戸では，防火の必要から，土蔵造とよばれる建築様式を用いることが奨励された。

え　三都と呼ばれた江戸，京都，大坂は，18世紀前半には，いずれも人口100万
　　人に達する大都市に成長していた。

お　町人足役や町入用などの負担は，家持の町人のみならず，借家・店借にも等し
　　く課された。

問7　下線fの同業組織について幕府が採用した政策に関する説明として，誤ってい
　　るものはどれか。1つ選び，マーク解答用紙の該当記号をマークしなさい。

あ　18世紀前半に仲間組織の結成が命じられる以前には，同業仲間による組合の
　　結成はむしろ禁じられていた。

い　18世紀後半には，冥加収入を期待して多くの株仲間が認可されたが，冥加の
　　負担は，新興商人が株仲間に参加する際にはしばしば不利にはたらいた。

う　18世紀後半における株仲間の奨励は，幕府の収入源の確保とともに，物価統
　　制の役割を果たすことを期待して行われたものであった。

え　19世紀半ばには，物価騰貴を解消するために株仲間の解散が命じられ，物価
　　抑制の成果を挙げた。

お　19世紀半ばに，幕府が株仲間再興令を発したのは，新興商人をも統制機構に
　　取り込むためであった。

問8　下線gについて。仲買などから生鮮食品や日用品を仕入れ，これを天秤棒で担
　　いで売り歩いた商人を何というか。その総称を，記述解答用紙に漢字3字で記入し
　　なさい。

問9　下線hの学塾の学頭となり，その著作『草茅危言』によって松平定信による幕
　　政改革に意見を献じた人物の姓名を，記述解答用紙に漢字4字で記入しなさい。

問10　下線iについて。当時の代表的な文芸につき，作者・作品名と，作者または
　　作品の特徴に関する説明とを正しく組み合わせたものはどれか。1つ選び，マーク
　　解答用紙の該当記号をマークしなさい。

	作　者	作　品	作者または作品の特徴
あ	恋川春町	金々先生栄花夢	能の作品を種本に，舞台を遊郭におきかえて創作した出世夢物語であり，黄表紙として初めて世に送られた。
い	鶴屋南北	仮名手本忠臣蔵	近松門左衛門に師事した浄瑠璃作者であり，浄瑠璃劇場「竹本座」の座元ともなった。
う	宿屋飯盛	春色梅児誉美	花柳界を舞台に，好色の主人公，丹次郎と女との愛欲を描いた人情本。

え 大田南畝 　浮世風呂 　　　江戸庶民の軽妙な会話や人物の描写を通じて，
　　　　　　　　　　　　　　　庶民生活の様子を活写した滑稽本。

お 山東京伝 　仕懸文庫 　　　式亭三馬に入門し，人情本の第一人者として
　　　　　　　　　　　　　　　活躍した作者であり，講釈師などもした。

解説 江戸時代の政治・社会・文化

　身分制度・村落・都市社会を中心に，江戸時代の政治・社会・文化を問う出題。問4は難問だが，その他は標準的なレベルの出題である。問10などは，単なる作者と作品名の組合せだけではなく，内容も把握していないと正解を出すのは難しい。

問1　答：閑院宮家 ―――――――――――――――――――――――― 標準

　「幕府が費用を献じて新宮家が創設」から，閑院宮家創設だとわかる。これにより宮家は，伏見宮・有栖川宮・京極宮（桂宮）・閑院宮の四宮家となった。また閑院宮家の創設により朝幕関係が変化したこともおさえておこう。

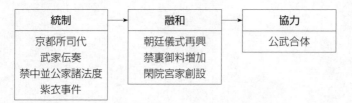

```
┌──────────────┐      ┌──────────────┐      ┌──────────────┐
│    統制      │ ───→ │    融和      │ ───→ │    協力      │
├──────────────┤      ├──────────────┤      ├──────────────┤
│  京都所司代  │      │  朝廷儀式再興 │      │  公武合体    │
│  武家伝奏    │      │  禁裏御料増加 │      │              │
│ 禁中並公家諸法度│    │  閑院宮家創設 │      │              │
│  紫衣事件    │      │              │      │              │
└──────────────┘      └──────────────┘      └──────────────┘
```

問2　答：本山末寺制度（本末制度） ―――――――――――――――――― 易

　宗派の中心寺院に特権を与えて，一般寺院を統制下においた江戸幕府による寺院統制策を本山末寺制度（本末制度）という。

問3　答：い・お ――――――――――――――――――――――――― 標準

い―○　百姓は，土地を検地帳に登録されて百姓身分とされたが，百姓身分には，田畑を所有しながら商工業に従事する在郷（在方）商人や，漁業・林業に従事する者なども含まれていた。

お―○　中世の惣村・郷村を基礎として，村の区域を確定したものを村切という。17世紀末には6万3000余りもの村が存在した。

あ―×　村の長である名主は世襲が多く，地域によっては持ち回りや入れ札（選挙）により選任されたので，「入れ札とよばれる選挙によって選ばれることを常とした」ことにはならない。

う―×　本百姓に課された本途物成（本年貢）は，米納が原則であった。税率は当初は四公六民（40％）であったが，享保期頃から五公五民程度へと変わっていった。

え―×　江戸時代の村の構造は，集落を中心に，その周囲に田畑・林野・入会地が配置されていた。家屋と田畑は高請地（本田畑）として検地帳に登録され，年貢が賦課された。

問4　答：2番目—う　4番目—お ─────────────── 難

　下線dの「質流地禁止令（質流し禁令）」は享保の改革の時期の政策で，えが新井白石による政策だとわかり，あも「うんかの影響」から享保の飢饉だとわかる。その他の選択肢は全て享保の改革による政策であるが，年代の幅が狭いためかなり厳しい。え：海舶互市新例（1715 年）→う：目安箱の設置（1721 年）→い：大坂堂島の米相場所公認（1730 年）→お：上げ米の制廃止（1731 年）→あ：享保の飢饉（1732 年）の順となる。

問5　答：定免法 ───────────────────── 易

　享保の改革期に，年貢徴収法が**検見法**から**定免法**へと改められた。従来の検見法は，手続きが複雑であったほか，不正を誘発したため，税率を一定にする定免法が採用された。

問6　答：あ・う ───────────────────── 標準

あ—○　城下町は，城郭を核に武家地・寺社地・町人地など，身分ごとに居住地域が明確に区分されており，城下町の大部分を城郭と武家地が占めていた。

う—○　土蔵 造（どぞうづくり）は，倉庫などの外周を土や漆喰（しっくい）で塗り固める様式で，防火上，享保以後に江戸に発達した。

い—×　人口は同程度であったが，江戸の総面積の 6 割が武家地で，2 割が町人地だったので，「町人地の面積は武家地の面積の半分あまりを占めた」が誤文となる。

え—×　18 世紀前半の江戸の人口は 100 万人前後と推定されるが，京都は 40 万人程度，大坂は 35 万人程度であった。

お—×　町人足役や町入用などの負担は，地主・家持（家主）にのみ課された負担で，借家・地借には課されなかった。

問7　答：え ────────────────────── 標準

え—×　物価騰貴の原因は，株仲間による商品流通の独占ではなく，生産地から上方市場へ商品が届く前に，下関の**越荷方**や**内海船（尾州廻船）**などにより商品が売買されるなど，**商品流通量が減少**したことに原因があったため，成果はなかった。なお 10 年後の 1851 年に老中阿部正弘が，株仲間再興令を発布したこともおさえよう。

問8　答：棒手振 ───────────────────── 標準

　「天秤棒で担いで売り歩いた商人」「漢字 3 字」から棒手振が正解になる。中世の頃には振売と呼ばれていた。

問9　答：中井竹山 ─────────────────── やや難

　下線hの懐徳堂の学頭から，中井竹山（ちくざん）と判断したい。中井竹山（朱子学者・陽明学者）は，参勤交代の廃止など大胆な武士階級への批判のほか，国家制度・経済・治水・寺社・民間風俗等の改革案を『草茅危言（そうぼうきげん）』にまとめて松平定信に献上した。

なお懐徳堂と同じく，大坂に緒方洪庵が開いた蘭学塾適々斎塾（適塾）も合わせて吸収しておこう。

問 10　答：あ ──────────────────────────────── 標準

あ−○　恋川春町の黄表紙『金々先生栄花夢』は，江戸で一稼ぎしようと田舎から出てきた若者が，うたた寝をしたときの夢の中で栄華を極めてしまうという内容の物語。寛政の改革で弾圧。

い−×　『仮名手本忠臣蔵』の作者は竹田出雲。鶴屋南北（四世）は，怪談物を得意とし，代表作に『東海道四谷怪談』がある。

う−×　人情本『春色梅児誉美』の作者は，式亭三馬に入門した為永春水。天保の改革で弾圧。狂歌師の宿屋飯盛は，本名を石川雅望といい，主著に『万代狂歌集』がある。

え−×　『浮世風呂』の著者は式亭三馬。他著に『浮世床』がある。大田南畝は狂歌師。

お−×　山東京伝の洒落本『仕懸文庫』は，『曽我物語』を題材に，深川の遊女を描いた物語を内容としている。この選択肢の内容は為永春水の説明になっている。なお山東京伝の黄表紙『江戸生艶気樺焼』もおさえておこう。

解　答

問1　閑院宮家　　問2　本山末寺制度（本末制度）　　問3　い・お

問4　2番目：う　4番目：お　　問5　定免法　　問6　あ・う

問7　え　　問8　棒手振　　問9　中井竹山　　問10　あ

23

◇次の文章を読み，問1～8に答えよ。

　17世紀の日本では，農業を中心とする生産活動の拡大にともなって，裕福な商人が増加し，貨幣経済は農村地域にまで浸透した。とりわけ港湾都市における商人の成長が著しく，藩の財政に影響を及ぼすまでに成長した。しかし，18世紀に入ってから幕府の運営をめぐる環境が変化した。1716（享保元）年徳川吉宗が8代将軍に就くと，行き詰まった政治，経済状況を打開すべく一連の改革を実施した。また，商取引や金銀貸借をめぐる訴訟に効果的に対応するために，当事者間で解決させる政策を打ち出した。吉宗は『御触書寛保集成』をはじめとする法令の編纂につとめ，幕政の刷新を目指した。また，火災から江戸を守ることや，庶民の生活を安定させるための都市政策の充実も改革の重点の一つであった。しかし，改革以後の年貢増徴策により，小百姓たちの生活が圧迫され，百姓一揆が頻繁に発生した。11代将軍徳川家斉の補佐として老中に就任した松平定信も，大胆な改革を行った。寛政の改革と呼ばれる一連の政策は，幕府の権威を高めることを目的としたが，民衆の反発を招いた。12代将軍家慶のもとでも，水野忠邦を中心に再度の改革を展開して内憂外患に対応したが，幕府権力の衰退を阻止することはできなかった。

問1　下線部(1)に関連する記述として，不適切なものはどれか。1つ選べ。
　イ　耕地の拡大にともなって米の生産が増加した。
　ロ　質地小作が増大した。
　ハ　米価をはじめ，諸物価は低迷した。
　ニ　内職で生計を維持する下級武士が現れた。
　ホ　多数の農民が参加する強訴が増えた。

問2　下線部(2)に関連して，徳川吉宗の時代の政策として，不適切なものはどれか。1つ選べ。
　イ　側用人による側近政治を中止した。
　ロ　人材登用のために，役職に就任する者の家禄を引き上げた。
　ハ　大名の参勤交代の在府期間を半減した。
　ニ　大坂堂島の米市場を公認した。
　ホ　漢訳洋書の輸入制限を緩めた。

問3　以下は下線部(3)に関連して制定された「相対済し令」の抜粋である。┌A┐～
┌D┐に入るものの組み合わせはどれか。1つ選べ。

　近年，┌A┐段々多く成り，┌B┐の節も此儀を専ら取扱ひ，┌C┐は末に
罷<ruby>成<rt>まかりなり</rt></ruby>，評定の本旨を失ひ候。借金銀・┌D┐等の儀は，人々相対の上の事に候得
ば，自今は三奉行所にて<ruby>済口<rt>すみくち</rt></ruby>の取扱ひ致す間敷候。

　イ　A：買懸り　　　　　　　　　　　　B：金銀出入
　　　C：評定所寄合　　　　　　　　　　D：公事訴訟
　ロ　A：公事訴訟　　　　　　　　　　　B：評定所寄合
　　　C：金銀出入　　　　　　　　　　　D：買懸り
　ハ　A：評定所寄合　　　　　　　　　　B：公事訴訟
　　　C：買懸り　　　　　　　　　　　　D：金銀出入
　ニ　A：金銀出入　　　　　　　　　　　B：評定所寄合
　　　C：公事訴訟　　　　　　　　　　　D：買懸り
　ホ　A：公事訴訟　　　　　　　　　　　B：買懸り
　　　C：金銀出入　　　　　　　　　　　D：評定所寄合

問4　以下は下線部(4)に収められた「上米の令」の抜粋である。┌E┐に入るもの
はどれか。1つ選べ。

　左候ハねば御家人の内数百人，御扶持召放さるべきより外は之無く候故，御恥辱
を顧みられず仰せ出され候。高一万石ニ付八木┌E┐石積り差し上げらるべく候。

　イ　百　　　　　　　　ロ　二　百　　　　　　　　ハ　三　百
　ニ　五　百　　　　　　ホ　千

問5　下線部(5)に関連して，松平定信の時代に行われた政策として，正しいものはど
れか。1つ選べ。
　イ　はじめて定量の計数銀貨を鋳造させた。
　ロ　ロシア人との交易の可能性を探るため，最上徳内を蝦夷地に派遣した。
　ハ　銅座を創設した。
　ニ　印旛沼，手賀沼の大規模な干拓工事を始めた。
　ホ　棄捐令を出して，困窮する旗本，御家人を救済した。

問6　下線部(6)に関連して，寛政の改革で行われた政策として，不適切なものはどれ
か。2つ選べ。
　イ　上方の酒の江戸への流通を奨励した。
　ロ　豪商を勘定所御用達に登用した。
　ハ　正業を持たないものを農村に帰らせるための資金を提供した。

　　二　無宿人に技術を身につけさせるための施設を設けた。

　　ホ　町費節約分の3割を積み立てさせて，貧民救済の体制を整えた。

問7　下線部(7)に関連して，天保の改革の内容として，不適切なものはどれか。1つ
　　選べ。

　　イ　倹約令を出して，贅沢品を禁じた。

　　ロ　株仲間の解散を命じた。

　　ハ　飢饉に備えて各地に社倉・義倉などの施設を創設した。

　　二　札差に低利の貸出しを命じた。

　　ホ　財政の安定をはかるため，江戸・大坂周辺を直轄地にする計画を立てた。

問8　下線部(8)に関連して，幕府が計画した三方領知替の失敗は幕府の弱体化を象徴
　　する出来事であった。この転封計画に関わった藩として，不適切なものはどれか。
　　2つ選べ。

　　イ　水戸藩　　　　　　ロ　長岡藩　　　　　　ハ　川越藩

　　二　会津藩　　　　　　ホ　庄内藩

解説 江戸時代の三大改革

　早大に限らず，頻出の三大改革。設問で引用されている史料も頻出史料なので，失点は避けたい。全体的に基本的・標準的な出題となっている。

問1　答：ハ ────────────────────────────────── 標準

　ハ―×　18世紀には，「米価安の諸色高」という状況にあり，米価は低迷していたのに対して，米以外の諸物価は高価であった。

問2　答：ロ ────────────────────────────────── 標準

　ロ―×　「家禄を引き上げた」という部分が誤り。享保の改革では人材登用のために足高の制が設けられたが，足高の制は，役職の基準となる石高（役料）に満たないものが役に就く際に，不足分の石高を在職期間中のみに支給するものであり，家禄を引き上げるものではない。例として，町奉行の石高は3000石で，大岡忠相は1920石で町奉行に就任したため，不足分の1080石（3000 – 1920）が在職中に支給された。

　イ―○　側近政治にかわり，新設された御用取次を介して将軍の意志を幕政に反映させた。

　ハ―○　上げ米の実施により参勤交代の在府期間が半減されたが，1731年に上げ米が廃止されると，参勤交代も元に戻された。

問3　答：ニ ────────────────────────────────── 標準

　この出題は空欄Aと空欄Cに入る語句がわかれば正解が出る。空欄Aと空欄Cに関しては，相対済し令が金公事（金銭貸借）に関わる訴訟の激増により，それ以外の訴訟を行うことができなくなっている状況に対処するために出された法令だと理解していれば，空欄Aには，「段々多く成」っている金銀出入（金銭に関する訴訟）が入り，空欄Cには，「末に罷成」っている公事訴訟（一般の訴訟）が入ることがわかる。なお空欄Bの「評定所寄合」は評定所の会議，空欄Dの「買懸り」は商品を掛け（つけ）で買うことを指す。

問4　答：イ ────────────────────────────────── 易

　上米の令は，大名に高1万石につき米100石を臨時に上納させることを内容とした。なお上米の令を実施する際に，幕府内部では，参勤交代の在府期間の半減により，大名の在地支配が強化されることと，将軍への忠誠心が希薄になるということの懸念から反対意見があった。

問5　答：ホ ────────────────────────────────── 標準

　ホ―○　札差に対して棄捐令により旗本・御家人の貸金を放棄させ，生活資金のために貸金会所を設置して低利貸付を行った。

イ－×　はじめての定量計数貨幣である**明和五<ruby>匁<rt>めい わ</rt></ruby><ruby>銀<rt>ご もんめぎん</rt></ruby>**が鋳造されたのは，田沼意次のとき。なお田沼意次の時期には，定量計数貨幣の**<ruby>南鐐二朱銀<rt>なんりょう に しゅぎん</rt></ruby>**も鋳造されている。

ロ－×　最上徳内を蝦夷地に派遣したのは田沼意次。

ハ－×　銅座の創設は 1738 年で，徳川吉宗の享保の改革の時期にあたる。なお銅座は一度，廃止されるが，1766 年に専売制のもとで田沼意次により再興された。

ニ－×　<ruby>印旛沼<rt>いん ば</rt></ruby>・手賀沼の干拓工事を始めたのは田沼時代。工事はほぼ完成に近づいたが，利根川の大洪水で挫折した。

問6　答：イ・ホ ——————————————————　標準

イ－×　嗜好品である酒の流通を奨励することは，寛政の改革で出された倹約令と矛盾しているため，誤文と判断できる。また他の選択肢の正誤が容易なので，消去法でも誤文と判断できる。

ホ－×　七分積金（七分金積立）は，**町費（町入用）節約分の 7 割**を積み立てる制度であり，「3 割」ではない。

ロ－○　**<ruby>勘定所御用達<rt>かんじょうしょ ご ようたし</rt></ruby>**は，幕府に登用された両替商を中心とする豪商で，**米価の調節や江戸町会所の運営**を行った。10 名から構成された。

ハ－○　旧里帰農令と呼ばれるもので，天保の改革で実施された**強制的な帰農策である人返しの法（人返し令）と区別**しておこう。

ニ－○　石川島に人足寄場を設けて，無宿人を強制的に収容して，正業に就くための技術指導を行った。人足寄場設置に尽力したのは**長谷川平蔵**で，講師には**中沢道二**が就任した。

問7　答：ハ ————————————————————　標準

ハ－×　**社倉・義倉**などの施設を創設したのは，寛政の改革を推進した松平定信で，**<ruby>囲米<rt>かこいもみ</rt></ruby>（囲籾）**の米穀を貯蔵するためにつくられた。

イ－○　天保の改革による倹約令は，将軍や大奥も対象とし，贅沢品や華美な服装も禁止された。また庶民の風俗も厳しく取締り，**高価な菓子・料理を禁止**したほか，歌舞伎の江戸三座（中村座・市村座・森田座）を場末の浅草のはずれに移転させた。

ロ－○　株仲間外の商人や，江戸周辺の**在郷商人らの自由取引による物価引下げ**を期待して株仲間の解散を命じた。

ニ－○　寛政の改革と同様に，天保の改革でも棄捐令が出されている。

ホ－○　財政安定・対外防備強化を目的に，江戸・大坂周辺の知行地（十里四方／約 50 万石）を直轄地にしようとする**<ruby>上知<rt>じょうち</rt></ruby>（地）令**が出されたが，譜代大名や旗本に反対され実施できなかった。この上知（地）令は水野忠邦が失脚する契機となった。

問8 答：イ・二 ——————————————————————————— 標準

　三方領知（地）替は，1840年，**相模の海岸防備を担当していた川越藩の財政援**助のために，**川越・庄内・長岡藩の封地を入れ替える**（転封）ことを命じたものである。結果的に，領民の反対もあり（三方領知（地）替反対一揆），翌年に撤回された。

解 答

問1 ハ　問2 ロ　問3 ニ　問4 イ　問5 ホ
問6 イ・ホ　問7 ハ　問8 イ・ニ

24

◇次の文を読んで，問に答えなさい。

　江戸時代には 15 人の将軍がいた。このうち徳川家斉は，1787 年（天明 7）4 月から 50 年の長きにわたり 11 代将軍の座にあった。家慶に将軍職を譲った後も，大御所として幕政の実権を握り，69 歳で死去している。天明から天保に及ぶその治世をみてみよう。

　三卿の一橋家に生まれた家斉は 10 代将軍徳川家治の養子になり，薩摩藩の 8 代藩主島津重豪の娘で近衛家の養女となった茂姫を，正室に迎えた。のちに，重豪の曽孫にあたる薩摩藩 11 代藩主　　A　　は，養女の篤姫をさらに近衛家の養女にして，13 代将軍家定に輿入れさせた。徳川家光以降，将軍の正室になった武家の女性 2 人は，ともに島津家出身だったことになる。家斉は歴代将軍の中で最も多くの子女を儲けた。12 代将軍となった家慶を除き，彼らと養子・縁組した大名家は，金銭の下賜，加増，官位上昇などを認められたが，これは，それまでの大名間の家格秩序が崩れることを意味していた。

　朝廷との関係では，尊号一件と呼ばれる事件が起きている。また，幕府がロシア使節レザノフを追い返したことから，レザノフの部下らが樺太や択捉島を襲撃する　B　露寇事件が発生し，幕府は朝廷へ対外情勢を報告した。ロシアとの関係はその後，改善されたが，異国船が日本近海に出没して，幕府はその対応に苦慮している。

　諸藩では藩政改革が実施された。藩校や郷校（郷学）や私塾で教育活動が行われ，経世家や学者がさまざまな思想を唱えた。

　日本列島への外圧が徐々に高まり，天保の飢饉で国内も不安定になる中，家斉は 1841 年（天保 12）に死去する。幕府はその前年，川越藩を庄内藩へ，庄内藩を長岡藩へ，長岡藩を川越藩へ移す　C　を計画したが反対にあい，家斉死去後に撤回した。老中水野忠邦が，内憂外患に対処すべく天保の改革に着手するが，その時にはすでに，幕府の衰退に対して朝廷や雄藩が浮上しつつあった。

　1868 年（慶応 4），鳥羽・伏見の戦いをきっかけに戊辰戦争が始まった。薩摩藩島津家から将軍家定の正室となり，当時は落飾して天璋院と称していた篤姫は，14 代将軍家茂正室の静寛院宮（和宮）とともに，徳川家救済を嘆願した。そして，薩摩藩士で東征大総督府下参謀の西郷隆盛と，旧幕府陸軍総裁の勝海舟との交渉で，江戸城は無血開城し，15 代将軍徳川慶喜は水戸，ついで駿府に移った。徳川家斉亡き後，四半世紀ほどで幕藩体制は終わりを迎えることになったのである。

〔問〕

1 下線 a の翌月，江戸や大坂などで打ちこわしが起きた。これは天明の飢饉による
 ものである。この飢饉に関する記述として正しいものはどれか。1つ選び，マーク
 解答用紙の該当する記号をマークしなさい。

 ア 浅間山の大噴火が飢饉の一因であった。

 イ 西日本一帯のいなごやうんかの大量発生が凶作をもたらした。

 ウ 幕府は東北地方へ大量の米を廻送したので，全国の餓死者は数万人でおさまっ
   た。

 エ 甲斐国では郡内一揆が起きた。

 オ 関東取締出役により治安維持強化がはかられた。

2 空欄Aには，集成館を設け，将軍継嗣問題では一橋慶喜を推した人物が入る。そ
 れは誰か。漢字4字で記述解答用紙の解答欄に記入しなさい。

3 下線 b に関する記述として誤っているものはどれか。1つ選び，マーク解答用紙
 の該当する記号をマークしなさい。

 ア 光格天皇は閑院宮典仁親王に太上天皇の尊号を贈ろうとした。

 イ 閑院宮典仁親王は光格天皇の養父である。

 ウ 閑院宮典仁親王は皇位についていなかった。

 エ 松平定信は尊号宣下に反対した。

 オ 松平定信はこの事件などもあって老中職から退いた。

4 空欄Bには，この事件が起きたときの元号が入る。それは何か。漢字2字で記述
 解答用紙の解答欄に記入しなさい。

5 下線 c に関する記述として正しいものはどれか。1つ選び，マーク解答用紙の該
 当する記号をマークしなさい。

 ア 長州藩の日新館では，幕末になると洋式兵学も教授された。

 イ 中井竹山は江戸の懐徳堂で学主をつとめた。

 ウ 会津藩では保科正之が明倫館を設立した。

 エ 閑谷学校は17世紀に創立された岡山藩の藩校である。

 オ 大村益次郎は適塾で学んだ経験を持つ。

6 下線 d に関して，著者と作品の組み合わせを記した①から⑤のうち，正しいもの
 2つの組み合わせはどれか。1つ選び，マーク解答用紙の該当する記号をマークし
 なさい。

① 佐藤信淵―『経済要録』　　② 海保青陵―『稽古談』

③ 会沢正志斎―『柳子新論』　　④ 藤田幽谷―『弘道館記述義』

⑤ 本多利明―『海国兵談』

ア ①と②　　イ ①と③　　ウ ②と④　　エ ③と④　　オ ④と⑤

7　下線 e に関して，国内でとられた対応として誤っているものはどれか。1つ選び，マーク解答用紙の該当する記号をマークしなさい。

ア　1811年（文化8）に朝鮮通信使が派遣されたが，江戸ではなく対馬で応接した。

イ　異国船打払令は，迷うことなく打ち払うようにという意味の文言が入っていることから，無二念打払令とも言われる。

ウ　宇和島藩は福岡藩と隔年で，長崎警備を命じられた。

エ　フェートン号事件後も異国船が出没したため，台場を設けて海防につとめた。

オ　高島秋帆はオランダ人に西洋砲術を学び，高島流砲術を確立した。

8　空欄 C に該当する言葉は何か。6字で記述解答用紙の解答欄に記入しなさい。

解説 徳川家斉の時代

徳川家斉治世の文化・文政期を中心に，政治だけでなく外交や文化などにわたる総合問題。丁寧な学習をしていれば全問正解が可能である。問4はやや難だが，ほかは標準レベル。記述式（字数制限）の解答もあるので，誤字には注意。

問1 答：ア ──────────────────── 標準

　天明の飢饉は，浅間山の大噴火のほかに長雨・冷害・水害などが重なったことが要因で，全国的な大飢饉であった。特に東北地方での被害が甚大で，餓死者は仙台藩だけで約30万人といわれている。

イ─× 西日本一帯で，いなごやうんかの大量発生を原因としたのは享保の飢饉。

ウ─× 「全国の餓死者は数万人でおさまった」が誤り。天明の飢饉で東北・関東を中心に約92万人の死者を出したので，「数万人でおさまった」が誤りとなる。

エ─× 甲斐国で郡内一揆が発生したのは，天保の飢饉の時。

オ─× 関東取締出役（八州廻り）は，農民の耕作放棄や荒廃地の増大，博徒・無宿人の出現で，悪化した農村の治安改善のために設置された。天明の飢饉が原因ではない。

●江戸時代の三大飢饉

享保の飢饉（1732） 8代将軍徳川吉宗	・長雨といなご・うんかの害が原因 ・死者約1.2万人 ・米価高騰 ・1733年に江戸で最初の打ちこわしが発生
天明の飢饉（1782） 10代将軍徳川家治 田沼意次	・1782～87年の長雨や浅間山の噴火などが原因 ・東北・関東を中心とした全国的飢饉 ・死者約92万人 ・百姓一揆・打ちこわしが多発
天保の飢饉（1833） 11代将軍・大御所 徳川家斉	・1833～39年の天候不順・冷害などが原因 ・死者約20～30万人 ・百姓一揆・打ちこわしが多発 ・大塩の乱や生田万の乱が発生した

問2 答：島津斉彬 ──────────────────── 標準

　空欄 A の前の「薩摩藩11代藩主」，設問文の「集成館を設け」「一橋慶喜を推した」から，島津斉彬とわかる。

　藩営の集成館は，兵器製造を中心とした洋式工場群で，反射炉・溶鉱炉・ガラス製造工場などが設けられている。

問3　答：イ ━━━━━━━━━━━━━━━━━━━━━━━━━━━━━━━ 標準

　尊号一件（尊号事件）は，光格天皇が皇位についていない父閑院宮典仁親王に
太上天皇（上皇）の称号を贈ろうと幕府に打診したが，松平定信の反対で実現しな
かった事件（1789 年）。

　イ－×　「養父」が誤り。閑院宮典仁親王は，光格天皇の実父である。

　オ－○　尊号一件の対処をめぐる徳川家斉との対立もあり，松平定信は老中職を退
　　いた。

問4　答：文化 ━━━━━━━━━━━━━━━━━━━━━━━━━━━━ やや難

　空欄　 B 　の前の「ロシア使節レザノフを追い返した」に着目しよう。レザノ
フは 1804 年に長崎に来航し通商を求めたが，幕府に拒否されて翌年に退去してい
る。それを受けて幕府は，1806 年に異国船の穏便な帰帆や食料や燃料を支給する
文化の薪水給与令（文化の撫恤令）を出している。これが想起できれば「文化」
が正解ではないかと予測できるだろう（問 7 の選択肢アに「1811 年（文化 8）」と
あり，レザノフ来航の 1804 年とも近いので，「文化」ではないかと予測もしたい）。

　文化露寇は，ロシア軍艦蝦夷地襲撃事件とも呼ばれ，通商要求を拒否されたレザ
ノフの部下らが中心となって，樺太・択捉・利尻島などを襲撃した事件。

問5　答：オ ━━━━━━━━━━━━━━━━━━━━━━━━━━━━━━━ 標準

　オ－○　大村益次郎は，大坂にある緒方洪庵の適塾（適々斎塾）で学んでいる。適
　　塾では，福沢諭吉や橋本左内も学んでいる。

　ア－×　日新館は会津藩の藩校。明倫館は萩藩の藩校。尾張藩の明倫堂と区別して
　　おこう。

　イ－×　中井竹山は，大坂の懐徳堂で学主をつとめた。懐徳堂の設立に尽力したの
　　は中井甃庵で，初代学主は三宅石庵。

　ウ－×　保科正之は明倫館ではなく，稽古堂を設立した。

　エ－×　閑谷学校は，岡山藩の藩校ではなく，藩主池田光政が設立した郷学。

問6　答：ア ━━━━━━━━━━━━━━━━━━━━━━━━━━━━━━━ 標準

　①－○　佐藤信淵は，『経済要録』で産業振興・国家専売・貿易展開を主張した。
　　また他著に『農政本論』がある。

　②－○　海保青陵は，江戸後期の経世思想家。『稽古談』で流通経済の仕組みや，
　　藩営専売を富国の源泉であると説いた。

　③－×　会沢正志斎は水戸学者。主著『新論』により攘夷論を主張した。『柳子新
　　論』は明和事件で死罪となった山県大弐の著書。

　④－×　藤田幽谷は水戸学者で，彰考館総裁として『大日本史』の編纂にあたった。
　　『弘道館記述義』は，藤田幽谷の子藤田東湖の著書。

　⑤－×　本多利明は，『西域物語』や開国交易を主張した『経世秘策』を著した。
　　『海国兵談』は，林子平の著書で海防の重要性を説いた。

問7　答：ウ ──────────────────────── 標準

ウ－×　「宇和島藩（愛媛県）」ではなく佐賀藩が正解。長崎と愛媛という地理的条件や，フェートン号事件（1808年）の際に，長崎奉行の**松平康英**が責任をとって自刃し，長崎警護の義務が課されていた**佐賀藩主も処罰された**という知識などを活かしたい。

ア－○　1811年に徳川家斉将軍襲職祝賀を目的に朝鮮通信使が派遣されたが，国書交換を江戸から対馬に変更され（易地聘礼（えきちへいれい）），将軍への謁見もなかった。

イ－○　「無二念」は「迷うことなく打ち払う」という意味である。

エ－○　1808年のフェートン号事件後，1810年に江戸湾防備のために台場が築造されている。ペリー来航を機に設置された品川台場が最初ではない。

オ－○　**高島秋帆（しゅうはん）**は，オランダ人に砲術を学び，**江川太郎左衛門（英龍）**に砲術を伝えた。

問8　答：三方領知（地）替え ──────────────── 標準

空欄 │ C │ の前の「川越藩を庄内藩へ，庄内藩を長岡藩へ，長岡藩を川越藩へ移す」から即答できるだろう。転封政策でもある**三方領知（地）替え**に対して**庄内藩領民の反対**もあり，**撤回**された。なお，庄内藩領民の反対運動は，暴力をともなわない**合法的**なものであった。

解　答

問1　ア　　問2　島津斉彬　　問3　イ　　問4　文化　　問5　オ
問6　ア　　問7　ウ　　問8　三方領知（地）替え

25

◇次の【史料】を読み，下記の問いA，Bに答えよ。

【史料】大槻平次上書

　私義，昔年　①　を編著仕候大槻玄沢と申者次男に御座候所，魯西亜国の義は……文化年中，使節レサノット〔レザノフ〕え論文御渡し……。
②　　　　　　③

　我国は……孤立せる一大島国にして，四面皆敵を受たり。若魯西亜え隣好御結被レ成候者ならば，無二此上も一与国外援にて，万世の後迄も，堅固長久の道に叶ひ可レ申哉……。然る所，不レ計も此節彼国より使節渡来，通信等再願申立候は，実に我国の大幸とも可レ申。……昨今，筒井〔政憲〕・川路〔聖謨〕・荒尾〔成允〕諸賢公，古賀
④　　　　　　　　　　　　　　　　　　　　　　　　　　　　　　　　　　⑥
〔謹一郎〕博士迄御選択に相成，遥々崎陽迄被二差遣一候……。
⑤　　　　　　　　　　はるばる

　万一此度も……通信等一切御断に相成候歟，又は御代替吉凶御大礼等の廉を以，一
　　　　　　　　　　　　　　　　　　　　　　　　⑦
両年も御猶予被二仰入一候様の事にも候はゞ，乍レ恐機会も後れ候て，彼等心中如何変り可レ申も難レ計，其内には米利幹は勿論，英吉利等迄も，通商願に事寄，連々近海え渡来仕候事も候ては，実以多端の義，一日も御安堵の期は有二御座一間敷候。……
　　　　　　　　もって

　尚又此国と交易の道御開被レ成候に於ては，御国地より生産仕候物品に限らず，愚
　　　　　　　⑧
存には，御府内空隙の地え，広大の工作場を御建立相成，諸職人等夫々御召抱，其内にて青貝細工・蒔絵・塗物・流金道具，其外……惣て外国不足の品，年々の様御製造に相成候様の御仕法相立候はゞ，金銀銅鉄等の御国宝を損じ候義曾て無レ之，屹度御
　　　　　　　　　　　　　　　　⑨
永続の交易相調可レ申。……

　抑祖宗の旧法を大切に被二思召一，御改革被レ遊兼候義も候はゞ，此間大船製造の
　そもそも　　　　　　　　　　　　　　　　　　　　　　　　　　　　　　⑩
義被二仰出一，変通の御趣意を以，寛永以前の旧制に御復し被レ遊，邪宗門御禁制の掟さへも，愈厳重に被二仰付一候はゞ，敢て御祖法に違候筋にも有レ之間敷，此迄通商の唐・阿蘭陀迄も，同様の御義歟と奉レ存候。
⑪

A　下記の問い i 〜viiiの答えをそれぞれa〜eから選び，マーク解答用紙に記せ。

　問 i　空欄①に入るものはどれか。

　　a　『環海異聞』　　　　　　　　　b　『采覧異言』

　　c　『新訂万国全図』　　　　　　　d　『航海遠略策』

　　e　『辺要分界図考』

　問ii　下線部②に成立した文芸・工芸作品はどれか。

　　a　「七難七福図」　　　　　　　　b　「春色梅児誉美」

c 「東海道五十三次」   d 「椿説弓張月」

e 「野ざらし紀行」

問iii 下線部③についての記述として誤っているものはどれか。

a フィンランド湾から大西洋を渡り，アメリカ大陸南端を通過，ハワイを経由してカムチャッカに至る大航海を経て日本に到達した。

b 長崎に来航し，通商を求めた。

c 津太夫らの日本人漂流民を送還したが，幕府はその受け入れを拒否した。

d 幕府に要求を拒絶された報復として，帰路，樺太や択捉島などの日本人入植地を攻撃した。

e ロシアの宮廷につかえ，また，露領アメリカ会社の総支配人でもあった。

問iv 下線部⑥の祖父は古賀精里である。精里がかかわった寛政異学の禁についての記述として誤っているものはどれか。

a 当時，古学派儒学や折衷学派も影響力を保持しており，異学の禁に対する反対論が起った。

b 頼春水や西山拙斎などの活動が，幕府の文教政策に影響を及ぼしていた。

c 異学の禁を契機に，朱子学を教授する藩校が増加した。

d 林家の門人で，異学の禁後に幕府の儒臣となった佐藤一斎は，陽明学への関心を持ち続け，「陽朱陰王」と言われた。

e 幕府は，林家の学問所や各地の私塾における朱子学以外の学問の教授を禁止した。

問v 下線部⑦で将軍に就いたのは誰か。

a 徳川家斉   b 徳川家定   c 徳川家継

d 徳川家茂   e 徳川家慶

問vi 1859年から1868年の期間における下線部⑧についての記述として正しいものはどれか。

a 日本の輸入品の中心は，生糸・茶などであった。

b 貿易相手国は，第一位がアメリカ，第二位がイギリスであった。

c 貿易開始後に起った日本からの金貨の大量流出を食い止めるため，幕府は銀貨を改鋳し，金に対する銀の相対価値を引き上げた。

d 輸出入取扱量は，横浜と神戸がほぼ拮抗していた。

e 日本の貿易収支は，基本的には，黒字であった。

問vii　下線部⑨の主要な産地（現在の県）として誤っているものはどれか。

a　金―岐阜　　　　　　b　銀―秋田　　　　　　c　銅―愛媛

d　鉄―岩手　　　　　　e　金―新潟

問viii　幕府による下線部⑩の禁止と同時に行われたものはどれか。

a　ポルトガル船来航の禁止　　　　　b　京都所司代の設置

c　参勤交代の制度化　　　　　　　　d　田畑永代売買の禁止

e　諸社禰宜神主法度の発布

B　下記の問いix　x　xiの答えを記述解答用紙に記せ。

問ix　下線部④は誰か。

問x　下線部⑤の両名が 1855 年 2 月（安政元年 12 月）に下田で調印した条約は何
か。漢字で記せ。

問xi　幕府の留学生として下線部⑪で学び，明治維新後は兵部省に出仕し，徴兵令
制定に関与した人物が，旧幕府系洋学者らと結成した思想団体を何というか。漢
字で記せ。

解説 『魯西亜議』——江戸時代の文化・外交・政治・経済

早大必出の初見史料を素材とした出題。問ⅰ〜問ⅲが難問で，他は標準的な出題となっている。細かな出題も見られるので，常に用語集を手元に置いて知識の充実につとめていこう。

A　問ⅰ　答：a　　　　　　　　　　　　　　　　　　　　　　　　　　　難

大槻玄沢の著書が問われている。

a　『環海異聞』は，大槻玄沢が，大黒屋光太夫（幸太夫）・間重富らの知識をかりて著した漂流記。

b　『采覧異言』は，新井白石がシドッチに尋問して著した世界地理書。

c　『新訂万国全図』は，天文方の高橋景保による蘭学系世界図で，亜欧堂田善が銅版印刷した。高橋景保はシーボルトに御禁制の日本地図を渡したことが発覚し，処罰されている（**シーボルト事件**）。なお父の高橋至時に伊能忠敬が測地・暦法を学んでいる。

d　『航海遠略策』は，長州藩の長井雅楽による日本の対外進出を推進する政策論。

e　『辺要分界図考』は，近藤重蔵による択捉島などの記録書。

問ⅱ　答：d　　　　　　　　　　　　　　　　　　　　　　　　　　　難

下線部②の「文化年中」と設問の文芸・工芸作品から，化政文化期に該当するものを検討する方法と，下線部②の「文化年中」から，1806年の文化の薪水給与令（文化の撫恤令）を想起し，1806年前後と判断して検討する方法があるが，成立・刊行年を把握していない限り，正解を出すのは困難である。

正解はdの『椿説弓張月』で，曲亭（滝沢）馬琴が文化4（1807）年に刊行した。

aの『七難七福図』は，円山応挙の作品で，円山応挙は，宝暦・天明期に活躍した。bの為永春水による『春色梅児誉美』，cの歌川広重による『東海道五十三次』はともに天保3（1832）年の作品。eの松尾芭蕉による『野ざらし紀行』は元禄文化期の作品で，d以外は，文化期に該当しない。

問ⅲ　答：c　　　　　　　　　　　　　　　　　　　　　　　　　　　難

レザノフは1804年に津太夫ら4人の日本人漂流民を伴って来航し，幕府は漂流民を引き取っている。

問ⅳ　答：e　　　　　　　　　　　　　　　　　　　　　　　　　　標準

寛政異学の禁は，聖堂学問所において朱子学以外の講義を禁止したもので，各地の私塾での朱子学以外の学問の教授を禁止したものではない。なお寛政異学の禁を契機に，幕府直轄の機関となった昌平坂学問所もおさえておこう。

問v　答：b ━━━━━━━━━━━━━━━━━━━━━━━━━━━━━ 標準

　下線部④の使節が，レザノフ来航以降の大船建造禁止が解かれた時期に来航していることから，下線部④の使節はプチャーチンだとわかり，その時期の将軍は13代徳川家定である。

問vi　答：e ━━━━━━━━━━━━━━━━━━━━━━━━━━━━━ 標準

　e−○　1860年以降，幕末の貿易額は急増し，1866年まで**輸出超過（黒字）**であった。1866年の改税約書で税率が引き下げられると，1867年には輸入額が輸出額を上回った（**輸入超過＝赤字**）。

　a−×　生糸・茶などは，日本からの輸出品。日本は毛織物・綿織物・武器などを輸入した。

　b−×　貿易相手国は第一位がイギリス。日本との貿易に最も積極的であったアメリカは，**南北戦争**のため日本との貿易に出遅れることになった。

　c−×　幕府は金貨の大量流出を防ぐために，1860年に**金貨の品質を大幅に引き下げる貨幣改鋳（万延小判）**を行って，金に対する銀の相対価値を引き下げた。結果的にこの貨幣改鋳により，**急激な物価上昇**をもたらした。

　d−×　横浜の取引が圧倒的に多く，神戸と拮抗していない。

問vii　答：a ━━━━━━━━━━━━━━━━━━━━━━━━━━━━ 標準

　a−×　岐阜には金山が存在しないので，金の産出は不可能である。

　b−○　秋田には院内銀山がある。

　c−○　愛媛には別子銅山がある。**別子銅山は江戸時代最大の銅山**で，大坂泉屋（住友家）の経営。明治以後も産銅し，**住友財閥の母体**となった。

　d−○　岩手には釜石鉄山がある。**日本最初の鉄鉱石の採掘を行った鉱山**でもある。

　e−○　新潟には佐渡（相川）金山がある。佐渡奉行のもと採掘が盛んに行われた。のちに三菱に払い下げられた。

問viii　答：c ━━━━━━━━━━━━━━━━━━━━━━━━━━━━ 標準

　大船建造の禁止が規定されたのは，1635年の武家諸法度寛永令で，その中で同時に**参勤交代の制度化**が規定されている。大船建造禁止に関しては，当初は五百石積み以上の船は建造禁止であったが，のちに緩和されて，商船に限り五百石以上の船の建造が認められていることに注意しよう。

武家諸法度寛永令（1635年）	五百石以上の大船建造禁止
徳川家綱（4代）	商船に限り大船の建造可
徳川家定（13代）	大船建造を届出制で許可

B　問ix　答：プチャーチン（プゥチャーチン） ━━━━━━━━━━━━ 標準

　問vの解説から，プチャーチンだとわかる。

問 x　答：日露和親条約（日露通好条約）━━━━━━━━━━━━　標準

　　筒井政憲・川路聖謨がプチャーチンと下田で，日露和親条約（日露通好条約）を調印した。

問 xi　答：明六社　━━━━━━━━━━━━━━━━━━━━━━━　標準

　　1862年の文久の改革後にオランダに派遣された留学生として西周（にしあまね）・津田真道らがいる。設問文の「徴兵令制定に関与」「思想団体」と関係があるのは，西周である。西周は，明六社に参加したほか，軍人勅諭の起草，西洋哲学の紹介，国際法を訳した『万国公法』を刊行するなど，多くの業績を残している。なお津田真道も明六社に参加しており，日本初の西洋法学書『泰西国法論（たいせい）』を翻訳している。

解　答

A	問 i　a	問 ii　d	問 iii　c	問 iv　e				
	問 v　b	問 vi　e	問 vii　a	問 viii　c				
B	問 ix	プチャーチン（プゥチャーチン）						
	問 x	日露和親条約（日露通好条約）						
	問 xi	明六社						

第4章 近代

26

◇次の文章を読み，問1～10に答えよ。解答はマーク解答用紙の該当する記号をマークせよ。

　近代史を考えるにあたって，そもそも「近代」とはなにか，という問いも必要であろう。同様に「近代化」という状況についてもさまざまな議論がある。ここではとりあえず，世界中の多くの地域において，科学技術による「産業化」と，同質性を前提とするナショナリズムにより帰属意識を喚起させる「　1　国家」の成立を鍵概念として，政治・経済・社会・生活が大きな変容を遂げてきたありさま，とまとめておきたい。

　日本の近代化は，時期的にも地政学的にも国際社会のなかで自立した国家（地域）へいち早く転換する必要を，当時の為政者が意識するなかで，欧米の制度と知識・文物を急速に移植していく試行錯誤のもとに行われた。そのため，幕末の開国前後に始まった幕府や雄藩のさまざまな新技術導入のとりくみをもって「近代」の始まりと捉える教科書も多い。幕末に日本の開国を求めて来航した東インド艦隊司令長官　2　が，日本人の好奇心に驚き，帰国後の報告書に「実際的および機械的技術において日本人は非常に巧緻……ひとたび文明世界の過去・現在の技能を有したなら……機械工業の成功をめざす競争者のひとりになるであろう」と記したことも，その後を予見させる何かが当時の日本にあった証拠としてよくとり上げられる。一方，幕末の攘夷運動や明治維新後の近代国家建設への動きに対する反発に代表されるように，欧米を範とした近代化への動きが必ずしも内発的・自発的ではない面もあり，明治政府による急速な推進を「上からの近代化」と表現することもある。このような藩閥を中心とした強権的な政策実行に対する反発も大きく，欧米の影響に基づく立憲制の導入と議会政治を求める自由民権論も広がりをみせた。

　明治期に推進された近代化が一応の達成を見せた日露戦争における勝利により，国民の間では「一等国」意識が芽生えていった。このような変化は，人々に新しい政治や社会の実現を期待する動きとなり，大正デモクラシーの時期に展開する個人観や生活改善への要望につながっていった。その一方，夏目漱石は，小説『　3　』の代助に「無理にも一等国の仲間入りをしやうとする。だから，あらゆる方向に向かって奥行を削つて，一等国丈の間口を張つちまつた。なまじい張れるから，なほ悲惨なものだ」と言わせている。イギリス留学の経験がある漱石の目から見た当時の日本の政治・経済・社会・文化は，まだまだ未熟な近代であり，ハリボテじみて「奥行」がないことへの憂慮と文明批評の対象であった。また，この時期の日本では，都市部で生

活の洋風化・近代化が始まる一方，農村部においては，洋灯（石油ランプ）が急速に普及するなどの変化はあったものの，交通や通信の発達もさほど進まず，多くの点で近世の延長線にその暮らしがあった。

問1　空欄1に該当する語として，正しいものはどれか，1つ選べ。
　　ア　帝国主義　イ　国民　ウ　資本主義　エ　専制　オ　社会主義

問2　下線部aに関する記述として，正しいものはどれか，1つ選べ。
　　ア　廃藩置県の断行により旧藩主を知藩事とし，明治政府は全国の軍事・租税の権利を握った。
　　イ　封建的身分制度は解体され，居住や職業，結婚の自由が認められて，実質的に差別は解消した。
　　ウ　経済制度の統一が図られ，地券の発行により土地は不動産となったが自由に売買はできなかった。
　　エ　ボアソナードが起草した旧民法は施行が延期され，戸主権を重視した新民法が公布された。
　　オ　西洋の学問・技術の移植を図るため，工部省のイギリス人技師ベルツなどの外国人教師が招かれた。

問3　下線部bに関連して，明治政府による技術導入の記述として，誤っているものはどれか，1つ選べ。
　　ア　富国強兵を実現するために，近代産業の保護育成を図る「殖産興業」のスローガンを掲げた。
　　イ　内務省は，産業技術発展への寄与を目的として，内国勧業博覧会を開催した。
　　ウ　外務省は，重要な輸出品である生糸の増産を図るため，富岡製糸場などを官営模範工場とした。
　　エ　政府は，工部省を新設して旧幕府の軍需工場や造船所や，旧幕府・諸藩の鉱山を官営とした。
　　オ　新橋・横浜を結ぶ官営鉄道のために海上につくられた高輪築堤が，近年，東京都心部で発掘された。

問4　空欄2・3に該当する語の組み合わせとして，正しいものはどれか，1つ選べ。
　　ア　2　プチャーチン・3　田舎教師　イ　2　ペリー・3　田舎教師
　　ウ　2　プチャーチン・3　我が輩は猫である
　　エ　2　ペリー・3　我が輩は猫である
　　オ　2　プチャーチン・3　それから　カ　2　ペリー・3　それから

問5　下線部cに関して述べた記述Ⅰ～Ⅲの正誤の組み合わせとして，正しいものはどれか，1つ選べ。

　　Ⅰ　年貢収入を減らさない方針の地租改正に対し，負担軽減を求めて伊勢暴動などが起こった。

　　Ⅱ　身分制度解体に伴う国民皆兵の方針に反発した農民らによる一揆が起こった。

　　Ⅲ　熊本鎮台を攻撃した秋月の乱の背景に，相次ぐ新政策により特権を失った士族の不平があった。

　ア　Ⅰ正・Ⅱ正・Ⅲ誤　　　イ　Ⅰ正・Ⅱ誤・Ⅲ正　　　ウ　Ⅰ誤・Ⅱ正・Ⅲ正

　エ　Ⅰ誤・Ⅱ誤・Ⅲ正　　　オ　Ⅰ誤・Ⅱ正・Ⅲ誤　　　カ　Ⅰ正・Ⅱ誤・Ⅲ誤

問6　下線部dの風潮のなか，河野広中らにより福島県で設立された政社はどれか，1つ選べ。

　ア　自助社　　　イ　立志社　　　ウ　愛国社　　　エ　嚶鳴社　　　オ　石陽社

問7　下線部eに関連して起こった動きⅠ～Ⅲを，古いものから並べたとき，正しい組み合わせはどれか，1つ選べ。

　　Ⅰ　日本政府推薦の財政・外交顧問をおくことを強要する，第1次日韓協約を結んだ。

　　Ⅱ　講和問題同志連合会の計画により，講和反対国民大会が開かれた。

　　Ⅲ　幸徳秋水と堺利彦は平民社を結社し，平民新聞を創刊して非戦論を展開した。

　ア　Ⅰ→Ⅱ→Ⅲ　　　　　イ　Ⅰ→Ⅲ→Ⅱ　　　　　ウ　Ⅱ→Ⅰ→Ⅲ

　エ　Ⅱ→Ⅲ→Ⅰ　　　　　オ　Ⅲ→Ⅰ→Ⅱ　　　　　カ　Ⅲ→Ⅱ→Ⅰ

問8　下線部fの意味として，もっともふさわしいものはどれか，1つ選べ。

　ア　国際連盟の常任理事国　　　　　　イ　政党内閣と普選が実現した立憲国家

　ウ　国際関係のなかの列強国　　　　　エ　人権尊重と差別解放が進んだ模範国

　オ　軍事力が卓越した高度国防国家

問9　幕臣として下線部gを経験し，帰国後は明六社に参加し，スマイルズやミルの翻訳に活躍したのは誰か，1人選べ。

　ア　福沢諭吉　　イ　西周　　ウ　加藤弘之　　エ　中村正直　　オ　津田真道

問10　下線部hに関して，明治期の都市や農村についての記述として誤っているものはどれか，1つ選べ。

　ア　都市部では，ガス灯の街灯設置を皮切りとして，やがて電灯の利用も始まった。

　イ　馬車・人力車などの移動手段は，しだいに動力機械を持つ路面電車などに替わ

り始めた。

ウ　都市人口の増加と鉄道の普及により，農作物の商品化は進んだが，工業に比べ農業の発展は鈍かった。

エ　欧米から太陽暦を採用した後も，農村部では農作業の関係で太陰太陽暦を併用していた。

オ　大規模な機械制工業に変化した紡績業の工場労働者は，女性から男性を中心とするようになった。

解説 明治時代の政治・外交・文化

> 明治時代の政治・外交・文化の全般を問う出題。問2・問3・問10で廃藩置県・地租改正・文明開化に関する基本的な出題がなされており，確実に得点したい。問4がやや難だが，ほかは標準レベル。年代配列や正誤の組み合わせなど，総合力が試されている。

問1　答：イ ——————————————————————————————————— 標準

　　空欄　1　の前の「同質性を前提」「ナショナリズムにより帰属意識を喚起」などから「国民」が正解となる。

問2　答：エ ——————————————————————————————————— 標準

エ－○　ボアソナードが起草した民法は，穂積八束や梅謙次郎ら法学者による**民法典論争**により施行が延期され，**戸主権**を重視した新民法が公布された。

ア－×　「旧藩主を知藩事」としたのは**版籍奉還**。廃藩置県により**知藩事が罷免**され，中央から**府知事・県令**が派遣され地方行政にあたった。全国の軍事・租税の権利は，徴兵令・地租改正により政府が掌握した。

イ－×　**四民平等**により**封建的身分制度は解体**されたほか，1871年に**解放令**が布告されたが，差別が解消することはなかった。

ウ－×　1872年に田畑永代売買禁令が解かれたことで，**土地**は地券所有者が自由に処分できる私有財産となり，土地の**売買**が可能になった。

オ－×　ベルツはイギリス人技師ではなく，**ドイツ人医師**。

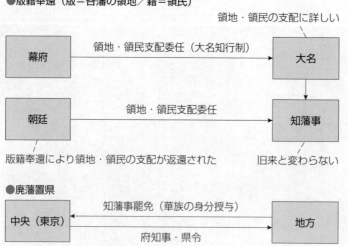

●版籍奉還（版＝各藩の領地／籍＝領民）

●廃藩置県

問3　答：ウ　標準

ウ－×　官営模範工場などの管轄は外務省ではなく内務省。

イ－○　**内国勧業博覧会は大久保利通の主唱で開催された。**初回は西南戦争中の1877年に東京上野公園で開催された。5回まで開催され，第4回は**京都**，第5回は**大阪**で開催された。

問4　答：カ　やや難

空欄　2　の前の「日本の開国を求めて来航」「東インド艦隊司令長官」から，空欄　2　には**ペリー**が入る。また，空欄　3　の前に「夏目漱石」とあることから，**エ・カ**に絞ることができる（『田舎教師』は田山花袋（かたい）の作品）。夏目漱石が小説の代助に「なほ悲惨なものだ」と批判的に言わせていることから，空欄　3　は『**それから**』が正解だとわかる。夏目漱石は『**それから**』の中で，**日本の近代化は西洋の模倣にすぎないとし，皮相的な近代化を痛烈に批判している。**

問5　答：ア　標準

Ⅰ－○　地租改正に対する負担軽減を求めて，**三重・愛知・岐阜・堺**の4県にまたがる大規模な**伊勢暴動**が起こった。

Ⅱ－○　国民皆兵を実現するには，**兵農分離に基づく封建的身分制度を解体**する必要があった（**四民平等・身分解放令**）。また，徴兵に反対する**血税反対一揆（徴兵反対一揆）**が起こった。

Ⅲ－×　熊本鎮台を攻撃したのは**敬神党（神風連）の乱**。秋月の乱は，宮崎車之助らが福岡県で起こした反乱。

問6　答：オ　標準

オの石陽社は，1875年に河野広中らが福島県に設立した政社。アの自助社は小室信夫（民撰議院設立建白書に連署）が徳島に結成した政社。イの立志社は，1874年に板垣退助・片岡健吉らが土佐で設立した政社。ウの愛国社は，1875年，立志社を中心に全国の有志が大阪で結成した政社。エの嚶鳴社は1878年，沼間守一（ぬまもりかず）らが東京で結成した政社。

問7　答：オ　標準

Ⅰの第1次日韓協約調印は1904年。Ⅱの講和反対国民大会が開かれたのは1905年。Ⅲの平民新聞創刊は1903年。Ⅲ→Ⅰ→Ⅱが正解となる。

問8　答：ウ　標準

「一等国」とは，国際上優位な地位にあると同時に列強と対等性を堅持できる国を指すので，**ウ**が正解となる。アの「国際連盟の常任理事国」は大正時代に実現している。リード文が明治時代までに限定されていることから正解にはならない。

問9　答：エ　標準

明六社に参加して，スマイルズやミルの翻訳をしたのは**中村正直**。中村正直はスマイルズの『自助論』を『**西国立志編**』，ミルの『自由論』を『**自由之理（ことわり）**』と翻

訳した。

　ア～オの人物はすべて明六社に参加している。イの西周 は西洋哲学を紹介。軍人勅諭の起草にも関与。ウの加藤弘之は東京大学初代綜理。著書に『真政大意』『人権新説』がある。オの津田真道は幕末にオランダ留学の経験を持つ。著書に西洋法学書『泰西国法論』がある。

問10　答：オ ────────────────────────── 標準

オ-×　紡績業などの繊維産業には，女性労働者が多く従事していた。鉱山業・運輸業などには男性労働者が多く従事していた。

ア-○　最初ガス灯は横浜で使用され，ついで東京の銀座通りに点灯された。1884年（明治17年）には電灯も利用された。

イ-○　移動手段として鉄道馬車や人力車が利用されていたが，路面電車へと転換した。路面電車は最初1895年に京都で開通し，1903年に東京で開業した。

ウ-○　明治期は農業従事者がなお半数をこえる農業社会であったこともあり，工業に比べると農業の発展は鈍かった。

エ-○　西洋諸国にならい太陰太陽暦を廃して太陽暦を採用した。しかし，旧暦に則った風俗・習慣も続いていた。

解　答

問1　イ　　問2　エ　　問3　ウ　　問4　カ　　問5　ア　　問6　オ
問7　オ　　問8　ウ　　問9　エ　　問10　オ

27

◇次の史料Ⅰ・Ⅱを読んで，下記の設問（A〜J）に答えよ。

（史料Ⅰ）

　その頃我輩は偉い権力のある役人で，その上書生気風が抜けておらぬから図太い事をいう。　ロ　もまた偉そうな事をいって，役人などは詰まらぬ人間のようにいう。両方で小癪に触るので一時は衝突しておったものだ。ところが明治六年であったと思う。上野の天王寺辺の薩摩人の宅で落ち逢うことになった。（中略）その時我輩は三十五，六，先生は四十になるかならぬかだ。（中略）話し込んでみると元来傾向が同じであったものだから犬猿どころか存外話が合うので，喧嘩は廃そう，むしろ一緒にやろうじゃないかという訳になって，爾後大分心易くなった。それから義塾の矢野文雄，故藤田茂吉，犬養毅，箕浦勝人，加藤政之助，森下岩楠などいう連中が我輩の宅に来る様になって，到頭何時の間にか我輩の乾児になってしまった様な訳だ。

（史料Ⅱ）

　新島氏とは久しく会う機会もなく，初めて会ったのは明治十五年であった。（中略）君が　ヘ　を　ト　に創立されたのはたしか明治八年頃と聞いているが，君は非常なる苦心を以て漸次これを発展せしめ，ついにこれを基礎として私立大学を設立するの計画を立てて，明治二十年頃よりその準備運動に着手せられ（中略）明治二十年頃，今の井上〔馨〕侯が外務大臣をしていた時，侯は条約改正の必要上我が社会の各方面の改良を企て，いわゆる文明的事業に対しては極力尽力せられた。依って新島君はまず井上侯に向ってその目的と計画とを話されて尽力を請われたそうである。井上侯は君の精神に感動して大いに尽力するつもりでいたが，二十年の暮に突然内閣を退くこととなり，翌二十一年の春その代りとして我輩が外務大臣となった。（中略）〔井上は〕事務引続と共に新島君の依頼された件を我輩に紹介し，君が非凡の人物なる事，教育に対して熱烈なる精神を有する事，私立大学設立の計画を立てた事などをことごとく我輩に話して，かくの如き人物によりて企てられたるかくの如き事業は是非とも成功せしめたいから，共に尽力してくれという話であった。

　我輩は既に十五年以来数度会ってその人物も知っている。ことに教育は我輩生来の嗜好でもあり，且つ我輩も当時は既に数年間東京専門学校経営の経験があったので深く新島君に同情し，直ぐにこれを承諾して大いに尽力しようという事を約した。

問A　史料Ⅰ・Ⅱは同一人物による回想であるが，下線部イについて，この人物が
「偉い権力のある役人」であった時代に行われた事業について述べた文として，誤
っているものを2つマークせよ。

1　華士族の秩禄が政府にとっての大きな財政的負担であったため，これを廃止した。

2　土地所有権の確認のため，地租改正を行って金禄公債証書を発行した。

3　新橋—横浜間に鉄道を敷設した。

4　円・銭・厘を単位とする十進法の統一的貨幣制度を布いた。

5　西南戦争の戦費支出のために太政官札を発行した。

問B　空欄ロに入る人物が著した書籍名として，誤っているものを2つマークせよ。

1　『西洋事情』　　　　　　　　　　2　『西国立志編』

3　『学問のすゝめ』　　　　　　　　4　『自由之理』

5　『文明論之概略』

問C　下線部ハの年に起きた出来事について述べた文として，正しいものを2つマー
クせよ。

1　板垣退助らは征韓論を退けられたため下野した。

2　欧米に派遣されていた大久保利通が帰国した。

3　内務省が設置され木戸孝允が初代内務卿となった。

4　徴兵令が発布され戸主を含む国民全員が徴兵対象となった。

5　地租改正反対を主目的とする血税一揆がおこった。

問D　下線部ニの人物について述べた文として，誤っているものを2つマークせよ。

1　第一次護憲運動に参加し「憲政の神様」と呼ばれた。

2　革新倶楽部を組織した。

3　憲政会・政友本党とともに護憲三派内閣を組織した。

4　立憲政友会を与党とする内閣を組織した。

5　二・二六事件で暗殺された。

問E　下線部ホの人々が結成した政党について述べた文として，正しいものを2つマ
ークせよ。

1　1882年に，政府を支持する立場から結成された。

2　参加者は農民が中心で，都市知識人層はごく少数であった。

3　イギリス流の政党政治を理想とした。

4　機関紙として『東洋自由新聞』を発行した。

5　国会開設後は「民党」と呼ばれる側に属した。

問F　空欄ヘと空欄トに当てはまるものはどれか，正しいものを1つマークせよ。
1　関西学院 ― 神戸
2　関西学院 ― 大阪
3　同志社 ― 京都
4　同志社 ― 大阪
5　熊本洋学校 ― 熊本

問G　下線部チの人物について述べた文として，正しいものを2つマークせよ。
1　薩摩藩の出身で，幕末にイギリスに留学した。
2　条約改正交渉のため，鹿鳴館に象徴される欧化政策を進めた。
3　条約改正に反対する人物によって爆弾を投げつけられた。
4　二度にわたって内閣を組織した。
5　元老として首相の選定に関与した。

問H　下線部リに関連して述べた文として，正しいものを2つマークせよ。
1　岩倉使節団は条約改正の予備交渉を目的の一つとしていた。
2　寺島宗則外務卿は関税自主権の回復を目指したが，交渉に応じない国があり成立しなかった。
3　ノルマントン号事件により，関税自主権欠如の問題点が明らかとなった。
4　青木周蔵外務大臣は，領事裁判権の撤廃に成功した。
5　陸奥宗光外務大臣は，関税自主権の完全回復に成功した。

問I　下線部ヌに関して，この外務大臣が進めた条約改正交渉について述べた文として，誤っているものを2つマークせよ。
1　大審院に外国人判事を任用することを認めた。
2　大津事件の勃発により交渉は中止に追い込まれた。
3　日英通商航海条約の調印にこぎつけた。
4　黒田清隆首相の下で改正交渉をすすめた。
5　改正案に対する反対運動が高まり，外相が襲撃された。

問J　下線部ルおよびその後身の学校について述べた文として，正しいものを1つマークせよ。
1　学制発布と同じ年に設立された。
2　政府の官僚養成を目的に設立された。
3　中津藩邸に設置された洋学塾が前身である。
4　原内閣下で制定された法令によって，私立大学として認可された。
5　戦後，教育基本法の施行により新制大学となった。

解説　大隈重信の回想文

　大隈重信の回想文を用いて，明治政府の諸政策を問う出題。基本となる教科書学習の重要性を痛感させる。出題内容は標準的な内容だが，標準的なだけにミスは回避したい。文化史の出題も含まれており，しっかりとした文化史学習が合否を大きく左右する。

問A　答：2・5 ─────────────────────────── 標準

2－×　「金禄公債証書」が誤り。地租改正の際に，土地所有権の確認のために地券が発行された。1872年に発行された壬申地券には，地租額（地租：1873年の地租改正により定められた土地に対する金納の固定税。いわゆる地価の3％）の記載がないことに注意しよう。

5－×　太政官札は，1868年に由利公正の建議により発行された不換紙幣で，戊辰戦争の戦費調達などのために発行された。西南戦争の戦費支出のために発行された紙幣ではない。なお明治政府は，太政官札のほかに，1869年に不換紙幣の民部省札も発行している（両紙幣は同年の発行ではない）。

問B　答：2・4 ─────────────────────────── 易

　著者を知っていれば，容易に正解が出せる。1・3・5の著者は，福沢諭吉（空欄ロは福沢諭吉）。2の『西国立志編』と4の『自由之理』は，明六社に参加した中村正直の翻訳書。

問C　答：1・2 ─────────────────────────── 標準

　明治六年は1873年。

3－×　初代内務卿は大久保利通。

4－×　徴兵令は国民皆兵を掲げているが，戸主は兵役免除とされていたので，「戸主を含む」の箇所が誤りとなる。なお，戸主のほかに，戸主の跡継ぎ，官吏・学生，代人料270円上納者などが兵役免除の対象となった。

5－×　血税一揆は，徴兵令に反対して発生したもの。

問D　答：3・5 ─────────────────────────── 標準

3－×　「護憲三派内閣」は，憲政会・立憲政友会・革新倶楽部の3党の連立内閣で，政友本党は含まれない。政友本党は，1924年に立憲政友会から分離した政党で，貴族院を基盤とする清浦奎吾内閣を支持した。なお政友本党の中心は，床次竹二郎。

5－×　犬養毅は，五・一五事件で暗殺された。二・二六事件で暗殺されたのは，内大臣斎藤実・大蔵大臣高橋是清・陸軍教育総監渡辺錠太郎ら。

	自由民権運動	立憲改進党
犬養毅（木堂） 慶應義塾中退	第一次護憲運動	立憲国民党
	第二次護憲運動	革新俱楽部
	内閣組織	立憲政友会

問E　答：3・5　　　　　　　　　　　　　　　　　　　　　　標準

　下線部ルの前後の「我輩も……東京専門学校経営」の箇所から，史料Ⅰ・Ⅱは大隈重信によるものであるとわかり，史料中の「我輩」も大隈重信をさすことになる。

1－×　大隈重信が結成した立憲改進党は，民権派の政党（民党）であって，政府を支持する立場（吏党）にあったのではない。

2－×　立憲改進党は，都市の知識人や実業家（特に三菱）を基盤としていた。

4－×　立憲改進党の機関紙は『郵便報知新聞』である。『東洋自由新聞』は中江兆民を主筆とした民権派の新聞。

問F　答：3　　　　　　　　　　　　　　　　　　　　　　標準

　史料Ⅱの冒頭に「新島氏」とあることや，空欄ヘ・トを含む文に「私立大学」とあることから，新島襄による同志社英学校だとわかる。

問G　答：2・5　　　　　　　　　　　　　　　　　　　　標準

1－×　井上馨は薩摩藩ではなく長州藩の出身で，イギリスに留学ではなく，イギリスに密航した。

3－×　条約改正の最中，爆弾を投げつけられたのは大隈重信。

4－×　井上馨は，内閣を組織したことはない。

問H　答：1・2　　　　　　　　　　　　　　　　　　　　標準

3－×　ノルマントン号事件は，領事裁判権撤廃の世論形成の重要な契機となった。

4－×　領事裁判権撤廃に成功したのは，陸奥宗光外相。日清戦争直前の1894年に日英通商航海条約が調印され，領事裁判権撤廃に成功した。

5－×　関税自主権の完全回復実現は，1911年で，外務大臣は小村寿太郎。

問Ｉ　答：2・3　　　　　　　　　　　　　　　　　　　　標準

　問Eの解説から下線部ヌの「我輩」は大隈重信であることがわかる。

2－×　大津事件の勃発により交渉が中止に追い込まれたのは，青木周蔵外相。大津事件（1891年）とは，来日中のロシア皇太子ニコライが大津市内で警備の津田三蔵に切りつけられ，負傷した事件。日本は皇族への大逆罪を適用して津田を死刑にしようとしたが，大審院長児島惟謙が反対し，司法の独立を守った。

3－×　日英通商航海条約の調印は，睦奥宗光外相。この条約の調印により，領事裁判権が撤廃されたほか，関税自主権の一部が回復した。日英通商航海条約は，1894年，日清戦争の直前に調印され，その後，他の列強とも同様の条約締結に合意した（陸奥条約ともいわれる）。条約発効は1899年で，有効期間は12年と

された。なお，陸奥宗光の外交回顧録として『蹇蹇録』がある。

問J 答：4 ─────────────────────────────────── 標準

東京専門学校の創立は1882年。

1－×　学制発布は1872年。

2－×　政府の官僚養成を目的としたのは東京大学。なお1877年に設立された東京大学は，**東京大学**（1877年）→**帝国大学**（1886年：帝国大学令）→**東京帝国大学**（1897年）と名称が変化するので注意しよう。

3－×　中津藩は福沢諭吉の出身藩で，「中津藩」「洋学塾」から慶應義塾の説明である。

5－×　1947年の教育基本法ではなく，同年の**学校教育法の施行**により，新制早稲田大学となった。

解 答

問A	2・5	問B	2・4	問C	1・2	問D　3・5
問E	3・5	問F	3	問G	2・5	問H　1・2
問I	2・3	問J	4			

28

◇次の史料を読み，後の問に答えなさい。なお，引用した史料は一部書き改めたところがある。

(1)　副島伯の誕生されたのは，文政の末年である。其の時の日本は泰平の極度に達して，最も豪奢を極めた　A　将軍の時代であつたが，その末路は天下大困窮の時代で，遂に水野越前守の如き人を喚起して大改革を為さしむるに立到つた。また初めて外交の端を発すると云ふ時代で，林子平，間宮林蔵らの国防家が現れた。その影響で副島伯も他日，日本の国権を張らうと云ふ観念を起された。

(2)　私は，副島伯と共に長崎に学校を建て，フルベッキを雇つて教師にし，英学を修めた。それから暫くして明治維新となり，副島伯も官吏になられた。明治維新は薩摩と長州の両藩の力に依て成立つた。そこで，政府の中心の権力と云ふものは薩摩と長州に帰して居る。そのため薩長以外で且つ武勲も無い者が，明治政府の政権に携さはつても，種々の妨げに出会つて，目的を達することが出来なかつた。国家に対する，社会に対する自分の理想を行はんとして行ふ能はざるの不平が出てきた。

(3)　副島伯は，外交，官制改革，或は詔勅文の起草，刑法編纂，若くは支那の使節，民撰議院の建白など，奮然として行はれたが，明治六年には征韓論と云ふのが起つた。私は副島伯とは反対の位置に立つて居つた。国権を主とすると云ふのと，内治を主とすると云ふ位の違ひで，不幸にして副島伯は，此の征韓論の為に野に下らるゝ訳になつたのである。

(4)　其の翌年，台湾遠征が起つた。露西亜の侵略を防ぐには支那の力ではいかない。どうしても日本の力でなければいかない。又一方は朝鮮を日本の勢力の下に置く。又一方の台湾は到底支那では治めることは出来ぬ。併し支那が捨てゝ置けば外国に取られる。外国に台湾を取られると其の権力を支那に及ぼされるから，台湾を日本の権力の下に置いて，半月形に支那を囲んで東洋の覇権を握つて，露西亜の侵略を防がうと云ふのが其の時分の書物に顕はれて居る。

(5)　（それから三十年。）副島伯は東邦協会の会頭となつて，東邦の平和のために尽力して来られた。今度の戦争に於ても，開戦前に在ては果して勝敗どうであるかと云ふことは国民等しく憂慮した。戦ひは早晩局を結ぶに相違ない。局を結んだ暁に東邦の

平和，東邦の文明，世界の安寧幸福と云ふことに対して，始めて副島伯の理想を実現することが出来ると云ふ時になつたのである。唯，副島伯がそれを見ずして此世を去られたのは実に千載の遺憾である。

(6)　世の進むに従ひ，世間で段々副島伯の人格を聞き伝へるやうになつた。枢密院に居られる当時は，政治上からは少しく忘れられたが，社会に於ける名声及社会から受けた尊敬は，勝伯と共に非常なものであつたことは，勝伯といひ副島伯といふ偉大なる両人傑が居られると云ふことだけを以て，世人が枢密院に余程重きを置いた一事でも能く分るのである。而して，其性格相似たる所の両伯は既に亡くなられた。併しながら両伯の精神は必ず永く世に存し，両伯の偉大なる感化は，将来長へに日本の人心を支配すると云ふことを深く信じて疑はぬのである。

問1　　　A　　に該当する人物は誰か。1人選び，マーク解答用紙の該当記号をマークせよ。

　　ア　家　治　　　　　イ　家　斉　　　　　　ウ　家　慶

　　エ　家　定　　　　　オ　家　茂

問2　下線部aの著作として，正しいものはどれか。2つ選び，マーク解答用紙の該当記号をマークせよ。

　　ア　『海国兵談』　　　イ　『華夷通商考』　　ウ　『赤蝦夷風説考』

　　エ　『戊戌夢物語』　　オ　『三国通覧図説』

問3　下線部b出身者として誤っている人物は誰か。1人選び，マーク解答用紙の該当記号をマークせよ。

　　ア　森有礼　　　　　イ　西郷隆盛　　　　　ウ　松方正義

　　エ　大山巌　　　　　オ　谷干城

問4　下線部c出身者で，第1回帝国議会開会時の総理大臣であった人物は誰か。その氏名を漢字4字で記述解答用紙に記入せよ。

問5　下線部dに関わった人物として，誤っている人物は誰か。2人選び，マーク解答用紙の該当記号をマークせよ。

　　ア　木戸孝允　　　　イ　古沢滋　　　　　　ウ　加藤弘之

　　エ　後藤象二郎　　　オ　江藤新平

問6　下線部 e に関連する記述として，誤っているものはどれか。1つ選び，マーク
　　解答用紙の該当記号をマークせよ。
　　ア　日本は江戸時代，対馬の宗氏を介して朝鮮と外交を行なっていた。
　　イ　明治政府は朝鮮に国交樹立を求めたが，朝鮮側は交渉に応じなかった。
　　ウ　副島種臣・西郷隆盛らは征韓論を主張した。
　　エ　大隈重信・板垣退助らは，征韓論に反対した。
　　オ　日本の軍艦雲揚は，江華島事件を起こした。

問7　下線部 f に関連する記述として，誤っているものはどれか。1つ選び，マーク
　　解答用紙の該当記号をマークせよ。
　　ア　琉球の漁民 50 余名が台湾先住民に殺されたことに端を発する。
　　イ　清国は，現地住民の殺害行為には責任を負わないとした。
　　ウ　西郷従道が軍勢を指揮して，台湾の一部を制圧した。
　　エ　清国は日本の行動を批判したが，フランス公使の調停に従うことにした。
　　オ　清国が事実上の賠償金を日本に支払うことで，問題は収束した。

問8　下線部 g に関連する出来事を，年代順に並べたものはどれか。1つ選び，マー
　　ク解答用紙の該当記号をマークせよ。
　　ア　ハーグ密使事件→伊藤博文暗殺事件→韓国保護条約→日韓議定書→韓国併合条
　　　　約
　　イ　日韓議定書→韓国保護条約→ハーグ密使事件→伊藤博文暗殺事件→韓国併合条
　　　　約
　　ウ　伊藤博文暗殺事件→日韓議定書→韓国併合条約→ハーグ密使事件→韓国保護条
　　　　約
　　エ　韓国保護条約→ハーグ密使事件→韓国併合条約→日韓議定書→伊藤博文暗殺事
　　　　件
　　オ　韓国併合条約→ハーグ密使事件→伊藤博文暗殺事件→韓国保護条約→日韓議定
　　　　書

問9　下線部 h に関連する次の記述として，誤っているものはどれか。2つ選び，マ
　　ーク解答用紙の該当記号をマークせよ。
　　ア　北清事変終結後も，ロシアは満州を占領していた。
　　イ　ロシアは北清事変後，親露政権の大韓帝国を成立させた。
　　ウ　東京帝国大学教授戸水寛人やジャーナリスト徳富蘇峰らは主戦論を唱えた。
　　エ　キリスト教徒や社会主義者たちの一部が非戦論・反戦論を唱えた。
　　オ　西園寺内閣は，イギリスやアメリカの支援を得て，開戦に踏み切った。

問10 下線部 i に関連する次の記述として，誤っているものはどれか。1つ選び，
マーク解答用紙の該当記号をマークせよ。

ア 最初，憲法などの重要草案を審議するために設けられた。

イ 初代の議長は伊藤博文であった。

ウ 憲法では，天皇の最高諮問機関として位置付けられていた。

エ 顧問官は元老と呼ばれた。

オ 日本国憲法施行まで存続した。

解説 副島種臣に関する史料問題

　早大が得意とする初見史料をベースに，幕末から明治期の政治・外交を問う出題。すべて基本事項が出題されている。早大とはいえ，基本が大切であることがわかるだろう。全問正解をめざしたい。

問1　答：イ ──────────────────────── 標準

　史料文(1)の「文政」，空欄 　A　 の前の「最も豪奢を極めた」の箇所から，**イ**の家斉が正解となる。**文化・文政時代**は，11代将軍徳川家斉が大御所として実権を掌握した時代（**大御所時代**）でもある。この時代は，将軍・大奥の生活が華美になり，財政は窮迫した状況にあった。

問2　答：ア・オ ──────────────────── 標準

　林子平は，『**海国兵談**』で海防の重要性を説き，『**三国通覧図説**』で日本と周辺の**朝鮮・琉球・蝦夷地**の3国を図示し，特に**蝦夷地の開発によりロシアの侵略に対抗しうること**を主張した。なお両著とも，発禁処分となっている。

問3　答：オ ─────────────────────── やや難

　谷干城（たにたてき）は，土佐藩の出身。第1次伊藤博文内閣で，農商務相に就任した。閣内の国権派として欧化政策を批判し，**井上馨外相の条約改正案に反対し**，辞職した。以後，貴族院議員として地租増徴に反対するなど，独自の政治活動を展開した。なお西南戦争の際には，熊本鎮台を堅守したこともおさえておこう。

問4　答：山県有朋 ──────────────────── 標準

　第1回帝国議会開会（1890年）の時の総理大臣は，山県有朋。民党が**政費節減・民力休養**を主張したのに対して，山県有朋は施政方針演説で，「**主権線・利益線**」のための**軍備増強**を主張した。なお主権線＝国境，利益線＝朝鮮は基本となる。

問5　答：ア・ウ ──────────────────── 標準

　民撰議院設立建白書には，明治六年の政変で下野した征韓派参議が関与しているので，**エ**の後藤象二郎と**オ**の江藤新平は消去できる。**ア**の木戸孝允は，民撰議院設立建白書が左院に提出（1874年）された後の**台湾出兵に反対して政府を下野している**ので正解となる。**イ**の古沢滋は，板垣退助の依頼で民撰議院設立建白書の起草に関わったので消去できる。

　よって，**ア・ウ**が正解となる。**ウ**の加藤弘之は，『**真政大意**』『**国体新論**』で天賦人権論を啓蒙したが，のちに『**人権新説**』を著して，天賦人権論を否定した。

問6　答：エ ─────────────────────── 標準

　板垣退助は，留守政府において**征韓論を主張した**のであり，反対したのではない。**ア**は正文。文禄・慶長の役以来，国交が断絶していた朝鮮とは，**対馬の宗氏を介して**

国交が回復した。1609 年に朝鮮と宗氏の間で己酉約条が結ばれ，貿易が行われた。宗氏は，年に 20 隻の歳遣船（貿易船）を朝鮮に派遣し，釜山に設置された倭館において貿易を行った。

問7　答：エ 　標準

　フランス公使ではなく，イギリス公使ウェードの調停に従い，和議が成立した。全権は大久保利通で，交渉が不調のため帰国を決意したが，ウェードの調停により，日清互換条款を調印して和議が成立した。

　琉球漂流民（宮古島の漁民）殺害事件を受けて，政府は漂流民を「日本国属民」と主張したのに対して，清が台湾先住民を「化外の民（王化の及ばない地域の住民）」として，責任を回避したことで，台湾出兵（征台の役）となった。なお台湾出兵は，征韓論却下による軍の不満を緩和させる要因もあった。台湾出兵は，13 年度社会科学部，11 年度法学部・教育学部でも出題が見られる。

問8　答：イ 　標準

　韓国併合条約で，韓国の併合が完了するので，正解はアかイに絞ることができる。併合の第一歩は，日露戦争開戦直後の日韓議定書締結なので，これにより正解はイとなる。

　韓国保護条約は，第二次日韓協約（乙巳条約・乙巳保護条約）とも呼ばれ，外交権を接収して，漢城に統監府を設置した。初代統監には伊藤博文が就任した。なおハーグ密使事件の結果，高宗が退位し，純宗が即位した点に注意しよう。

問9　答：イ・オ 　標準

イ—×　大韓帝国の成立は 1897 年なので，北清事変（1900 年）の前になる。下図
　　　参照。

オ—×　日露戦争の開戦は，第 1 次桂太郎内閣の時，イギリス・アメリカの支援を
　　　受けて行われた。

問10　答：エ 　標準

　元老は，大日本帝国憲法（明治憲法）の下で，首相の推薦や内外重要政策に関して助言・決定権を有する非公式な地位で，藩閥勢力の擁護や民主勢力阻止など，絶大な影響力を持った。枢密院とは関係がない（元老院とも関係がない）。なお最後の元老は，西園寺公望である。

　枢密院は，憲法草案審議を目的に 1888 年に設置され，初代枢密院議長には伊藤博文が就任した。政党政治が行われるようになると，しばしば内閣と対立した。敗戦後の 1947 年 5 月 2 日，日本国憲法の施行を前に廃止された。

29

◇次の文は，大野哲弥『通信の世紀─情報技術と国家戦略の 150 年史』（新潮選書刊），
武田晴人編『日本の情報通信産業史』（高橋清美「2 つの世界」）からの抜粋である
（中略，句読点の追加など，一部に修正がされている）。これを読んで，後の問に答えなさ
い。

1　1872 年 1 月 17 日，使節団が最初の寄港地，サンフランシスコから長崎県令（知
事）あてに打った英文の電報がグレートノーザン電信会社長崎局に到着した。この
電報はサンフランシスコからアメリカ大陸を横断し，大西洋ケーブルで英国を経由，
さらに欧州大陸，アジアを経て，地球の 4 分の 3 にあたる 3 万キロ以上を回って長
崎に届いた。使節団が打った電報は，サンフランシスコから長崎までほぼ 1 日で届
いているが，長崎から東京まで実に 10 日もの時間を要している。

2　日露戦争において日本海軍は，海底ケーブル敷設，無線利用など情報戦を積極的
に展開した。中でも日本海海戦で用いられた「タタタタ　モ 203」という無線電報
は有名である。これは，仮装巡洋艦信濃丸が打った「敵の第二艦隊見ゆ，地点
203」を示す暗号である。略符号を使って，信濃丸は対馬に停泊していた巡洋艦厳
島を中継して，朝鮮半島南部の鎮海湾で待機していた戦艦三笠に「敵艦見ゆ」を伝
えることができたのである。

3　電話に関する施設の拡充計画がスタートした 1937 年度は，100 万もの電話加入
申込需要があったが，「電話の戦時特例」ならびに「電報の戦時特例」によって，
一般民需向けの拡充は中断された。1938 年「電話加入申込に関する件」公布は，
軍事上または国家総動員上必要と認めたものにかぎり受理開通するものである。日
本は，防衛関係の需要増加を可能とするため，一般の公衆通信の利用に制限を加え，
防衛通信網を建設していった。

4　日本の歴史上で，もっとも議論された電報は，日米開戦時，外務省本省がワシン
トン DC の日本大使館に打った「対米最終覚書」であろう。「対米最終覚書」（第
902 号電）は長文であったため，14 分割して打電されていた。日本大使館には 13
本目まで通告の前日に届いていたが，14 本目だけは当日の朝に着いた。

問 1　下線 a に関する記述のうち，正しいものはどれか。2 つ選び，マーク解答用紙

の該当記号をマークしなさい。

あ　使節団には，木戸孝允，大久保利通，山口尚芳，板垣退助らが加わった。

い　安政の諸条約は，1870年から改正交渉ができることになっていた。

う　不平等条約改正の予備交渉を本格的に行った。

え　記録係の久米邦武が『特命全権大使米欧回覧実記』を編纂した。

お　政府部内で強まっていた征韓論は，使節団一行の帰国後，強い反対にあった。

問2　下線aの使節団には，5人の女子留学生が含まれていた。そのうち，帰国後，社会事業や女子教育の発展に尽力するとともに，鹿鳴館で社交界の中心として活躍した者は誰か。その姓名を漢字で記述解答用紙に記入しなさい。

問3　下線aの使節団の帰国後，1876年からのアメリカとの関税自主権回復の交渉は，ほぼ成功したが，イギリス，ドイツなどの反対で無効となった。その当時の外務卿は誰か。その姓名を漢字で記述解答用紙に記入しなさい。

問4　下線bに関連する記述のうち，誤っているものはどれか。2つ選び，マーク解答用紙の該当記号をマークしなさい。

あ　国内で初めての電信線は，東京・横浜間に架設された。

い　電信線は，1874年には長崎と宇都宮まで延ばされた。

う　長崎と上海の間の海底電線は，1871年に開通していた。

え　飛脚にかわる官営の郵便制度を建議したのは，岩崎弥太郎であった。

お　日本は，1877年に万国郵便連合条約に加盟した。

問5　下線cの戦争終結のために結ばれた講和条約に関する記述として，誤っているものはどれか。1つ選び，マーク解答用紙の該当記号をマークしなさい。

あ　ロシアは，韓国に対する日本の指導・監督権を全面的に認めた。

い　ロシアは，旅順・大連の租借権，長春以南の鉄道とその付属の利権を日本に譲渡した。

う　ロシアは，北緯50度以南の千島列島を譲渡した。

え　日本側の首席全権・小村寿太郎とロシア側首席全権ヴィッテが条約に調印した。

お　日ロ両国とも戦争継続が困難となったため，セオドア・ローズベルト米大統領が講和会議をあっせんした。

問6　下線dと同じ年に起こった出来事でないものはどれか。1つ選び，マーク解答用紙の該当記号をマークしなさい。

あ　政府は，第2次日英同盟協約を結び，韓国保護国化を承認させた。

い　政府は，第2次日韓協約を結び，漢城に統監府を置いた。

う　三民主義を唱える孫文が東京で中国同盟会を結成した。

え　政府は，経済的・軍事的な必要から，主要な私鉄を買収するため，鉄道国有法
を公布した。

お　ポーツマス条約に反対する国民大会が日比谷公園で開かれ，条約破棄を叫んで
暴動化した。

問7　下線eに関連して，国家総動員法に関する記述として，正しいものはどれか。
1つ選び，マーク解答用紙の該当記号をマークしなさい。

あ　同法案を提出したのは，第2次近衛文麿内閣であった。

い　社会大衆党は，社会主義への途に反するものとして同法案に反対した。

う　政府は，この法律によって新聞紙その他の出版物の掲載を制限することはでき
なかった。

え　1939年には，この法律にもとづく国民徴用令によって，国民が軍需産業に動
員されるようになった。

お　政府は，1940年7月7日に七七禁令を施行して，生活必需品の価格統制と配
給制を導入した。

問8　下線eに関連して，物資動員計画を作成し，軍需品を優先的に生産するなど，
「経済の参謀本部」と呼ばれた機関を何というか。その名称を漢字で記述解答用紙
に記入しなさい。

問9　下線fに関連する記述のうち，正しいものはどれか。2つ選び，マーク解答用
紙の該当記号をマークしなさい。

あ　1941年11月の日米交渉で，アメリカ側は日本軍の中国・仏印からの全面的無
条件撤退を提案した。

い　開戦時の首相・陸相・内相である東条英機は，木戸幸一によって推挙された。

う　日本陸軍は，同じ12月8日にオランダ領マレー半島を奇襲攻撃した。

え　日本軍が東南アジアのほとんど全域を制圧するのに開戦から1年以上を要した。

お　第2次世界大戦の開始後，日系アメリカ人のみならず，ドイツ系，イタリア系
のアメリカ人も強制収容所に収容された。

問10　下線gに関して，駐米大使として日米交渉を行った人物は誰か。その姓名を
漢字で記述解答用紙に記入しなさい。

| 解説 | 近代の通信技術と対外関係 |

　著書の一部を抜粋して，近代の通信技術と対外関係を問う出題。正解を複数選ぶ出題や記述式を含んでおり，早大らしい "解き応え" のある出題内容となっている。問4は細かい知識が求められているが，消去法で正解を出したい。

問1　答：え・お ━━━━━━━━━━━━━━━━━━━━━━━━━━━ 標準

え－○　使節団に同行した**久米邦武**が『**特命全権大使 米欧回覧実記**』を編纂したのは重要である。なお久米邦武は後に**帝大教授**となり，1891年発表の論文「**神道は祭天の古俗**」が神道家などから批判を受けて教授を辞職した。その後，早稲田大学教授となっている。

お－○　留守政府の**西郷隆盛・板垣退助**らが主張する**征韓論**に対し，帰国した使節団一行は**内治優先**（国内政治優先）を主張して対立した。閣議では朝鮮への使節派遣が決定したが，天皇が派遣中止を裁可し，**征韓派は一斉に下野**した（明治六年の政変）。

あ－×　板垣退助ではなく，**伊藤博文**。板垣退助は，西郷隆盛らとともに「留守政府」として，**学制公布・徴兵令公布・地租改正条例公布**などの開化政策をおこなった。

い－×　安政の諸条約は，1872年から改正交渉ができることになっていた。

う－×　「本格的に行った」が誤り。下線部aの使節団は「**岩倉遣外使節団**」を指す。使節団は，正式な改正交渉のための予備交渉を使命としていたが，予備交渉は最初の訪問国であったアメリカで断念され，本格的にはおこなわれなかった。

問2　答：山川（大山）捨松 ━━━━━━━━━━━━━━━━━━━━ やや難

　「鹿鳴館で社交界の中心として活躍」がヒント。山川捨松は陸軍大臣などを歴任した**大山巌（いわお）**と結婚し，外国人の接待に尽力したことから，「**鹿鳴館の女王**」「**鹿鳴館の貴婦人**」などと称された。また**赤十字事業**に尽力するなど，社会奉仕の面でも活躍した。

問3　答：寺島宗則 ━━━━━━━━━━━━━━━━━━━━━━━━━ 易

　「イギリス，ドイツなどの反対で無効」の箇所から，**寺島宗則**とわかる。寺島宗則は，条約改正交渉以外に，**台湾出兵，樺太・千島交換条約締結**にも関与している。

問4　答：い・え ━━━━━━━━━━━━━━━━━━━━━━━━━━ やや難

い－×　電信線は，1874年にはすでに，宇都宮までに留まらず北海道にまで延ばされている。

え－×　官営の郵便制度は，**前島密**の建議により発足した。岩崎弥太郎は，三菱の創業者。なお1871年に官営でスタートした郵便制度は，第3次小泉純一郎内閣

の 2005 年に郵政民営化法が成立したことで現在は民営化されている。

あ−○　電信線は，1869 年に東京・横浜間で初めて架設・実用化された。

う−○　1871 年に，海底電線が長崎・上海間で開通しており，国際電信が可能となっていた。

お−○　万国郵便連合条約は，国際間の郵便事業を円滑におこなうことを目的としたもので，日本は 1877 年に加盟したが，1875 年（加盟以前）から国際郵便を扱っていた。

問5　答：う ━━━━━━━━━━━━━━━━━━━━━━━━━━━　標準

う−×　千島列島ではなく，樺太（サハリン）が正解。

あ−○　日露戦争は，韓国及び満州（中国東北部）の支配をめぐる対立が要因であったことから，ポーツマス条約で韓国に対する日本の指導・監督権を認めさせた。

い−○　ポーツマス条約で，旅順・大連の租借権，長春以南の鉄道（東清鉄道南部支線）とその付属の利権が日本に譲渡された。

え−○　ポーツマス条約は，日本全権である外相の小村寿太郎と，ロシア全権のヴィッテにより調印された。

お−○　日本は兵員・兵器の補給や戦費調達が厳しい状況にあり，対するロシアも国内で革命運動が起こるなど，互いに戦争継続が困難な状況にあった。

問6　答：え ━━━━━━━━━━━━━━━━━━━━━━━━━━━　標準

　　日本海海戦（1905 年）は，ロシアのバルチック艦隊を全滅させて，日本の勝利を決定づけた戦い。指揮した司令官は東郷平八郎。

え−×　鉄道国有法は，日露戦争後の 1906 年に第 1 次西園寺公望内閣のもとで公布された。これにより 17 社の私鉄が買収された。

あ−○　1905 年に，日英同盟協約は改定され（第 2 次），日本の韓国保護権が承認されたほか，軍事同盟が強化され，適用範囲をインドまでに拡大した。

い−○　第 2 次日韓協約（1905 年）が結ばれ，漢城に統監府が設置された。初代統監は伊藤博文で，統監府は外交権を持ったほか，内政にも関与した。

う−○　三民主義を唱えた孫文は，東京で中国同盟会を結成した（1905 年）。中国同盟会は，辛亥革命後に国民党に改組された。

お−○　ポーツマス条約で賠償金が得られなかったことへの不満が，暴動を招くこととなった（日比谷焼打ち事件：1905 年）。この暴動により，国民新聞社（徳富蘇峰創刊の新聞を発行）が襲撃された。またこの暴動に対して戒厳令が出されていることに注意しよう。

問7　答：え ━━━━━━━━━━━━━━━━━━━━━━━━━━━　標準

え−○　一般国民を軍需産業に動員する国民徴用令は，1939 年に出された勅令で，国家総動員法第 4 条に基づいており，戦争拡大にともない，徴用規模も拡大した。なお国民徴用令による召集は，徴兵の赤紙に対して，白紙召集とよばれた。

あ－×　「第2次」が誤り。国家総動員法は，1938年，第1次近衛文麿内閣のもと
　　で公布された。

い－×　国家総動員法は，勅令により統制できるように規定されていることから，
　　財界や政党から，自由主義的な資本主義経済を否定するとして強い反対があった
　　が，社会大衆党などの無産政党は，社会主義への途を開くとして国家総動員法支
　　持に動いた。

う－×　国家総動員法第20条に，新聞紙や出版物に関して制限を設けることが規
　　定されている。教科書・史料集等にも記載されているので，確認しておこう。

お－×　七・七禁令は，高級衣料や装飾品などの贅沢品の製造・販売が禁止された
　　もので，価格統制や配給制を導入したものではない。

問8　答：企画院 ━━━━━━━━━━━━━━━━━━━━━━ 標準

　企画院は，日中戦争下，戦争遂行のための物資動員などを計画した。国家総動員
法の制定に関与するなど，「経済の参謀本部」と称された。

問9　答：あ・い ━━━━━━━━━━━━━━━━━━━━━━━━ 標準

あ－○　「1941年11月の日米交渉」から，ハル＝ノートが想起できる。ハル＝ノ
　　ートは，「中国・仏印からの全面的無条件撤退」「満州国・汪兆銘政権の否認」
　　「日独伊三国同盟の実質的廃棄」など満州事変以前の状態に戻すことを提案した。

い－○　木戸幸一内大臣（元老ではない）は，東条英機陸相を首相に推挙し，首相
　　が陸相・内相を兼任する形で東条英機内閣が成立した。

う－×　オランダ領ではなく，イギリス領マレー半島を奇襲上陸した。

え－×　「1年以上を要した」が誤り。1941年12月8日のマレー半島上陸以後，
　　シンガポールのイギリス軍降伏（1942年2月），ジャワのオランダ軍降伏（1942
　　年3月），マニラ・コレヒドール島の米軍撤退（1942年5月）を経て，1942年6
　　月のミッドウェー海戦で敗北という経過からもわかる。

お－×　アメリカの世論は「リメンバー＝パールハーバー（真珠湾を忘れるな）」
　　の標語のもと，日本に対する敵愾心が激しくなり，多くの日系アメリカ人が各地
　　の収容所に収容されることになった。ドイツ系・イタリア系アメリカ人に対して
　　は，このような措置はとられなかった。

問10　答：野村吉三郎 ━━━━━━━━━━━━━━━━━━━━ 標準

　1941年，第2次近衛文麿内閣のもとで，戦争回避を目的に野村吉三郎が駐米大
使として派遣され，国務長官ハルとの間で日米交渉を行った。

解　答

問1　え・お　　問2　山川（大山）捨松　　問3　寺島宗則
問4　い・え　　問5　う　問6　え　問7　え　問8　企画院
問9　あ・い　　問10　野村吉三郎

30

◇次の【史料】1～3を読み，下記の問いA，Bに答えよ。

【史料】1　板垣退助監修『自由党史』より。

　政府は三法を天下に公布し，地方代議制の実施を約せり。而して〔明治〕十二年三
(1)
月，地方議会始めて開設せられしより，政社の勃興と相関聯して，人民の政治思想を
(2)
啓発すること最も著しく，適ま政府が政熱の昂騰を抑へ，民心を緩和せんとせし目
的は，却て意外の形勢を来し，自治制の創立は，政熱誘導の媒を為すに過ぎずして，
政府は自ら蒔ける結果に対して自ら煩悶するの累を避くる能はざりき。

【史料】2　山県有朋「〔　(3)　〕制度及自治制度確立ノ沿革」より。

　明治十四年十月十二日，明治元年ノ五箇條ノ御誓文中ニ『広ク会議ヲ興シ　α
ニ決スヘシ』ト宣セラレシ　大詔ニ基カセラレ，明治二十三年ヲ期シテ，国会ヲ開設
スルノ詔下レリ。予カ内務卿ノ職ニ就キタルハ，其ヨリ一年ヲ隔テ……時恰カモ立憲
政治施行ノ準備ニ忙カハシキ際ニ在リ。然レトモ立憲政治ヲ行フニハ，其ノ基礎トシ
テ先ツ自治制度ヲ施クヲ要ス。……自治制ノ効果ハ，啻ニ民衆ヲシテ其ノ公共心ヲ啓
暢セシメ，併セテ行政参助ノ智識経験ヲ得シムルカ為メ，立憲政治ノ運用ニ資スル所
至大ナリトイフニ止マラス，中央政局異動ノ余響ヲシテ，地方行政ニ波及セサラシム
ルノ利益，亦決シテ鮮尠ナラスト為ス。何トナレハ則チ立憲政治ノ下ニ於テハ，帝国
議会ニ於ケル議院ノ趨向ト関聯シテ，内閣更迭ノ機勢ヲ促カスコト少カラサルヲ以テ
ナリ。……
しゅんぽう
　　……然ルニ憲法調査ノ事ニ従ヘル幾多俊髦ノ中ニハ，国会ノ開設ヲ先ニシ，地方
(4)
自治ノ制度ヲ後ニシテ，綱ヨリ目ニ及ホシ，麤ヨリ細ニ入ルヘシトノ説ヲ抱ク者アリ。
そ
伊藤博文公ノ如キモ，此ノ種論者ノ一人タリ。……予ハ極力憲法発布以前ニ於テ，先
ツ自治制ヲ制定施行スヘキコトヲ主張シ，遂ニ其ノ目的ヲ達シ得タリ。
(5)

【史料】3　古島一雄『一老政治家の回想』より。

　伊藤が　(6)a　結成の勢いを前にして，いち早く内閣を投げ出し，大隈，板垣両人
を奏薦したのは，政党勢力の十分固まりきらぬうちに先手を打ったものとしか考えら
れない。伊藤は多年の経験から，もはや政党政治のほかないとの認識をもつに至った
が，その政党は自分がやって見たい。この時も御前会議で……新政党を作る決意を語っ
たが，山県が真先に反対し，……結局御前会議は不得要領に終り，伊藤は独断で大
隈，板垣を後継内閣の首班に推薦して退いたのだが，伊藤の抱き込もうと思う民間勢

力は初めから　(6)b　で，勢ここに到っては一度天下を　(6)a　に渡すほかないが，いずれは　(6)b　の勢力を土台にして新政党を作り，憲政有終の美を済そう。それには　(6)a　の陣容いまだ整わざるに天下を明渡せば，　(6)b　(6)c　の角突き合いからたちまち混乱に陥ると見てとったのではないかね。はたしてでき上った　(6)a　内閣は第一隈板二伯の性格から反りが合わぬ上に，両派の猟官熱は勢力均衡論となって，初めからいがみ合い，……時も時，尾崎の　β　問題が起り，官僚はここぞとばかり中傷をやる。そこへアメリカから帰って来たのが怪物の星亨であったから，　(6)b　は……一夜のうちに　(6)a　本部を乗取ってしまうという乱暴沙汰が，公然として平気で行われた。……

　　(6)a　内閣の次は山県内閣だが，山県は　(6)a　のお蔭で　(7)　案を通過させておきながら，一旦　(7)　案がパスすると掌を反すようにたちまち文官任用令をこしらえて〔「こしらえて」は「改正して」の意に読み替えること〕，すっかり政党員の猟官の門を閉ざしてしまった。そこで星は憤然として絶縁の腹をきめ，……たちまち伊藤に向かって　(6)a　を献上すると約束し，伊藤も意を決して，いわゆる伊藤の政友会が成立した。……

　　その後，政友会では……内外いろいろの問題があったが，いずれにしても，肝胆相照とか意気投合とかの名の下，ますます繁昌するのに引替え，　(6)d　は万年野党で冷飯生活がつづく。この冷飯生活に対する不満が改革，非改革の争いとなったのである。

A　下記の問い１～７の答えをそれぞれア～オから，問い８，９の答えをそれぞれア～エから選び，マーク解答用紙に記せ。
　問１　下線部(1)が指す個別の法律名の組み合わせとして正しいものはどれか。
　　ア　郡区町村編制法，地方税規則，区町村会法
　　イ　大区小区制，郡区町村編制法，区町村会法
　　ウ　郡区町村編制法，府県会規則，地方税規則
　　エ　大区小区制，府県会規則，地方税規則
　　オ　大区小区制，府県会規則，区町村会法

　問２　下線部(2)ともっとも関係の薄いものはどれか。
　　ア　愛国社　　　　　イ　共同会　　　　　ウ　自治社
　　エ　政教社　　　　　オ　共立社

　問３　空欄　(3)　に関し，山県有朋は自治制度と並んで　(3)　制度の創設者を自任していたとされる。それにあてはまる語句としてもっとも適切なものはどれか。

　　ア　学　校　　　　　　イ　徴　兵　　　　　　ウ　租　税
　　エ　警　察　　　　　　オ　戸　籍

問4　下線部(4)に関し，大日本帝国憲法制定に寄与したいわゆる御雇外国人の人名
　　としてもっとも適切なものはどれか。
　　ア　ロエスレル　　　　イ　メッケル　　　　　ウ　シュタイン
　　エ　ボワソナード　　　オ　グナイスト

問5　下線部(5)に関し，国会開設にも憲法発布にも先立って制定された自治制度の
　　法律名として正しいものはどれか。
　　ア　地方官官制　　　　イ　府県制　　　　　　ウ　郡　制
　　エ　東京都制　　　　　オ　市制・町村制

問6　空欄　(6)a　，　(6)b　，　(6)c　，　(6)d　にあてはまる順に並べた政党名の
　　組み合わせとして正しいものはどれか。
　　ア　憲政会，自由党，進歩党，政友本党
　　イ　憲政党，立憲自由党，立憲改進党，憲政本党
　　ウ　憲政会，立憲自由党，進歩党，憲政本党
　　エ　憲政党，自由党，立憲改進党，政友本党
　　オ　憲政党，自由党，進歩党，憲政本党

問7　空欄　(7)　にあてはまる語句としてもっとも適切なものはどれか。
　　ア　産業組合法　　　　イ　地租増徴　　　　　ウ　治安警察法
　　エ　選挙法改正　　　　オ　政費節減

問8　【史料】1と【史料】2の内容には，矛盾する面がある。その点に関する説
　　明としてもっとも適切なものはどれか。
　　ア　【史料】1は自治制度の整備を利用して自由民権勢力の拡張を図り，やがて
　　　憲法発布や国会開設ののちには中央レベルで政権を掌握する戦略を表明してい
　　　るのに対して，【史料】2は地方レベルでの政党政治の進展を阻止するために
　　　こそ，自治制度の整備が必要だとしている。
　　イ　【史料】1は自由民権派の立場から地方レベルでの自治制度の整備を歓迎し
　　　ているのに対して，【史料】2は藩閥官僚の立場から中央レベルでの集権的な
　　　行政制度の構築が必要だとし，それに反しない限りで，憲法発布や国会開設に
　　　先立って自治制度の整備を進めるべきとしている。
　　ウ　【史料】1は自治制度の整備がかえって地方レベルで政党政治の進展を促し，

政府の行政運営を阻害したとしているのに対して，【史料】2は自治制度の整備をすれば，中央レベルで政党政治が進展しても，その影響が地方の行政運営に及ぶのを防ぐことができるとしている。

エ 【史料】1は自治制度の整備が政府の意図に反して自由民権思想を啓発し，地方レベルで政党政治の進展を招いたとしているのに対して，【史料】2は中央レベルでの政党政治の進展を阻止するためにこそ，憲法発布や国会開設に先立って自治制度の整備を進めるべしとしている。

問9 【史料】3の内容に適合的でない説明はどれか。

ア 民党勢力に対して，伊藤博文は融和的，山県有朋は敵対的な姿勢を示した。

イ 民党勢力の再編成には，星亨が中心人物の一人として役割を果たした。

ウ 民党勢力に対して，山県有朋内閣はいっさい妥協政治を拒否した。

エ 民党勢力を封じ込めるため，山県有朋内閣は官制改革を一つの手段にした。

B 下記の問いα，βの答えを記述解答用紙に記せ。

問α 【史料】2の空欄 α にあてはまる語句を漢字で記せ。

問β 【史料】3の空欄 β にあてはまる語句を漢字で記せ。

_{解説} 明治時代の政治

　初見史料を用いた明治時代の政治内容を問う出題。主に地方自治と政党に関する出題で，地方自治という盲点をついた良問。Aの問8の史料の読解に手間取るが，内容としては他と同様，標準的なレベルである。

A

問1　答：ウ ────────────────────────────── _{標準}

　下線部(1)の「三法」は，「地方代議制の実施」から，地方統治制度の整備を目的とした「三新法」だと判断できるだろう。三新法は1878年制定の「**郡区町村編制法・府県会規則・地方税規則**」の総称のこと。三新法は，1888〜1890年の地方自治制の確立にともない廃止された。地方自治制度の推移をまとめたので，年代配列問題に対応できるよう，しっかり確認しておこう。

```
大区小区制          三新法           市制・町村制        府県制・郡制
（1872年）  →   （1878年）  →   （1888年）   →  （1890年）
```

問2　答：エ ────────────────────────────── _{標準}

　政教社は，**国粋保存主義**を主張した思想団体で，政治活動を主体とする政社ではない。なお政教社は，**三宅雪嶺・志賀重昂・杉浦重剛**らが設立し，機関誌『**日本人**』を刊行した。

問3　答：イ ────────────────────────────── _{標準}

　長州藩出身の山県有朋は，同じく長州藩の大村益次郎が進めていた近代的な軍制度の創設を引き継いで，1873年の徴兵令実現に尽力した。なお山県有朋は，1888年にドイツ人モッセの助言を得て，**市制・町村制**（1888年），**府県制・郡制**（1890年）を公布するなど，地方自治制度を確立させている。

問4　答：ア ────────────────────────────── _{標準}

　ドイツ人顧問の**ロエスレル**は，憲法の起草にあたった**伊藤博文・井上毅・伊東巳代治・金子堅太郎**らに助言した。

　イのメッケルは日本陸軍にドイツ式軍制を導入した御雇外国人。**ウ**のシュタイン（ウィーン大学）と**オ**のグナイスト（ベルリン大学）から伊藤博文はドイツ流の憲法理論を学んだ。**エ**のボワソナードは民法・商法制定に尽力したほか，井上馨の条約改正案に反対した。

問5　答：オ ────────────────────────────── _{標準}

　国会開設（1890年）や憲法発布（1889年）の前に制定されたのは，1888年の市制・町村制になる。なお府県制・郡制は1890年，東京都制は1943年に制定されて

いる。また地方官官制は 1886 年に制定されているが，法律ではなく勅令であるため設問の要求に合致しない。

問6　答：オ　標準

　1898 年に誕生した第 3 次伊藤博文内閣が，地租増徴案を議会に提出すると，**自由党と進歩党が連携して地租増徴案を否決**した。その後，自由党と進歩党が合同して**憲政党**を結成すると，**伊藤博文ら元老は，大隈重信・板垣退助を後継に推挙して総辞職**した。

　このような当時の状況と，「伊藤が ⎣(6)a⎦ 結成の勢いを前にして…大隈，板垣両人を奏薦した」「伊藤は独断で大隈，板垣を後継内閣の首班に推薦して退いた」という箇所が合致しているので，空欄(6) a には大隈重信と板垣退助による**憲政党**が入ることがわかり，**ア**と**ウ**の消去ができる。

　憲政党は**自由党**と**進歩党**の合同によるもので，党内対立や**共和演説事件**により，旧自由党系の**憲政党**と旧進歩党系の**憲政本党**に分裂した。これが【史料】3 の「⎣(6)b⎦ ⎣(6)c⎦ の角突き合いからたちまち混乱に陥る」の箇所と合致する。よって空欄(6) b に自由党，空欄(6) c に進歩党が入ることもわかると同時に，**イ**と**エ**が消去できる。なお立憲自由党・立憲改進党は，自由党・進歩党の前身となった政党である。

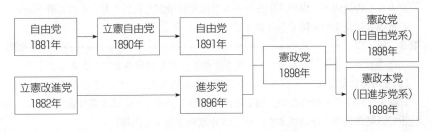

問7　答：イ　標準

　第 2 次山県有朋内閣のときに**憲政党**（分裂後／旧自由党系）の協力を得て，**地租増徴案**が議会を通過し，地租の税率は，1898 年に従来の 2.5％から **3.3％**へアップした。

　日清戦争・三国干渉後，国内では対ロシア強硬の世論が高まり，軍備拡張や産業振興に向けた**財源確保・充実が急務**とされ，そのためには増税，特に地租増徴が要となっていた。地租増徴案可決までの推移をまとめたので吸収しておくこと。

```
┌─────────────────────┐     ┌─────────────────────┐     ┌─────────────────────┐
│ 松方正義内閣（第2次）│────▶│ 伊藤博文内閣（第3次）│────▶│ 山県有朋内閣（第2次）│
├─────────────────────┤     ├─────────────────────┤     ├─────────────────────┤
│ 地租増徴で進歩党と対立│     │ 衆議院で地租増徴案否決│     │ 憲政党と提携         │
│ 衆議院解散           │     │ 衆議院解散           │     │ 地租増徴案可決       │
└─────────────────────┘     └─────────────────────┘     └─────────────────────┘
                                                                    │
                                                                    ▼
                                                         ┌─────────────────────┐
                                                         │ 大隈重信内閣（第1次）│
                                                         ├─────────────────────┤
                                                         │ 初の政党内閣（憲政党）│
                                                         │ 憲政党＝自由党＋進歩党│
                                                         └─────────────────────┘
```

　　山県有朋内閣（第2次）は，地租増徴案可決後，政党の力を抑えるために，**文官任用令改正**（1899年）や**軍部大臣現役武官制**（1900年）を制定した。

　　なお日露戦争が開戦すると，**第1次桂太郎内閣**は，**非常特別税法**で，更なる地租増徴を行った（3.3%→4.3%→5.5%）ほか，**織物消費税・通行税**などが新設された。

問8　答：ウ ━━━━━━━━━━━━━━━━━━━━━━━━━━━━━━ 標準

　　【史料】1の「自治制の創立は…自ら煩悶する」の箇所が，**ウ**の「自治制度の整備がかえって地方レベルで政党政治の進展を促し，政府の行政運営を阻害した」と合致しており，【史料】2の「中央政局異動ノ余響ヲシテ，地方行政ニ波及セサラシムル」の箇所が，**ウ**の「中央レベルで政党政治が進展しても，その影響が地方の行政運営に及ぶのを防ぐ」と合致している。

問9　答：ウ ━━━━━━━━━━━━━━━━━━━━━━━━━━━━━━ 標準

　　「 (6)a＝憲政党 のお蔭で (7)＝地租増徴 案を通過させて」とあることから，「民党勢力に対して，…いっさい妥協政治を拒否した」という表現が明らかな誤りになる。問7でも触れたが，**第2次山県有朋内閣**のときに**憲政党**の協力を得て，**地租増徴案を議会で通過**させている（13年度商学部でも出題）。

B

問α　答：万機公論 ━━━━━━━━━━━━━━━━━━━━━━━━━━━━ 易

　　五箇条の誓文の第一条に「広ク会議ヲ興シ万機公論ニ決スヘシ」と規定されているのは基本中の基本であり，「政治は公議世論に従って行うべきである」と掲げている。なお，1946年1月1日に発せられた「新日本建設に関する詔書」，いわゆる「天皇の人間宣言」の冒頭に五箇条の誓文が掲げられている。

問β　答：共和演説 ━━━━━━━━━━━━━━━━━━━━━━━━━━━ 標準

　　共和演説事件とは，文相**尾崎行雄**が帝国教育会の席上で**金権政治**を批判して，「日本に共和政治が行われたと仮定すれば，三井・三菱は大統領候補となるだろう」と演説し，不敬とされ辞職したもので，後任をめぐり旧自由党系と旧進歩党系が対立した。最終的に後任の文相に旧進歩党系の**犬養毅**が就任したが，内部対立は収束

せず，第 1 次大隈重信内閣崩壊・憲政党分裂の契機となった。

解　答

A　問 1　ウ　　問 2　エ　　問 3　イ　　問 4　ア　　問 5　オ
　　問 6　オ　　問 7　イ　　問 8　ウ　　問 9　ウ
B　問α　万機公論　　問β　共和演説

31

◇次の文章を読み，問1〜8に答えよ。問1〜2については，それぞれの解答を記述解答用紙に記入せよ。問3〜8については，それぞれの解答を選び，マーク解答用紙の記号をマークせよ。

　朝鮮では，1894年，地方官の圧政を契機として，　A　戦争と呼ばれる大規模な農民反乱が広がった。朝鮮政府の要請によって清国が出兵すると，日本軍も大規模な兵を派遣した。農民の蜂起がおさまったのちも，朝鮮の内政改革をめぐって日清両国は対立を深めた。日本は，朝鮮の王宮を占拠し，清国艦隊と交戦状態になり，ここに日清戦争が開始された。

　日本は清国に対して軍事的に優位に立ち，日清間で講和条約（下関条約）を結んだ。日本は，三国干渉により遼東半島を返還したものの，植民地として台湾を獲得し，東アジアの帝国主義国家としての道を歩むことになった。1910年，日本は軍事力を背景に，韓国併合を断行した。

　その後，第一次世界大戦がおき，大戦後にヴェルサイユ条約が結ばれ，民族自決の原則がうたわれると，アジアにも影響を与え，大戦後のアジアでは，民族自決の考えに基づくナショナリズムが高まった。日本統治下の朝鮮でも，1919年3月1日，京城（現ソウル）で朝鮮の独立を宣言する集会とデモが行われ，運動はまたたく間に朝鮮全土に広がった。日本で民衆の工芸に独自の美を発見して民芸と名づけ，朝鮮の陶芸や美術にも関心を寄せていた　B　は，朝鮮におけるこの運動に理解を示した数少ない日本の知識人の一人だった。

　韓国併合後，日本本土の朝鮮人は，1911年には2500人にすぎなかったが，1920年に3万人，1930年に30万人，1940年に110万人，1944年に190万人と増加した。

　戦時下の朝鮮では，「皇民化」政策が進められ，1939年ごろから日本語の使用が強制され，また家族制度や名前を日本式に改める　C　が行われた。

　日本がポツダム宣言を受け入れて降伏すると，東アジアでは独立をめざす運動が勢いを増したが，戦後の冷戦の影響を強く受けた。朝鮮半島では，統一政権の樹立がめざされたものの，1948年，大韓民国と朝鮮民主主義人民共和国にわかれて独立した。1950年，朝鮮民主主義人民共和国の軍隊が北緯38度線を越え，朝鮮戦争が始まった。

問1　空欄　A　にあてはまる語を，漢字で示せ。

問2　空欄　C　にあてはまる語を，漢字で示せ。

問3　下線部 a に関する説明として，誤っているものはどれか。一つ選べ。

ア　下関条約で清は，朝鮮の独立，遼東半島および台湾・澎湖諸島の割譲，賠償金
　　2億両などを日本に約束した。

イ　下関条約調印直後，ロシアは，極東の平和を口実として，イギリス・フランス
　　とともに，日本に遼東半島の清への返還を要求した。

ウ　日清戦争で清が敗れると，列強はあいついで中国に進出し，鉄道敷設や鉱山開
　　発の権利を獲得した。

エ　日清戦争後，朝鮮でロシアの影響力が強まると，日本公使はクーデターを画策
　　し，明成皇后（閔妃）らを殺害した。

オ　閔妃殺害事件は，朝鮮民衆の日本に対する反感を強め，抗日義兵運動が広がっ
　　た。

問4　下線部 b に至る経緯を説明した，以下の①～④の文章を年代順に並べると，正
しいものはどれか。一つ選べ。

①　初代統監をつとめた伊藤博文が暗殺された。

②　韓国皇帝が日本の韓国支配の不当性を国際社会に訴えたハーグ密使事件がお
　　きた。

③　日本は，韓国が日本の要求に従うことを定めた日韓議定書を押し付けた。

④　日本は，韓国支配を認めさせるために，アメリカとのあいだで密約を結んだ。

ア　②→③→①→④　　　　　　　　イ　④→②→③→①

ウ　③→④→②→①　　　　　　　　エ　③→②→①→④

オ　④→③→①→②

問5　下線部 c に関する説明として，誤っているものはどれか。一つ選べ。

ア　パリ講和会議後，国際紛争を平和的に解決する国際機関として国際連盟が設置
　　され，日本は4常任理事国の一つになった。

イ　ヴェルサイユ条約の結果，敗戦国ドイツは，植民地などの放棄，巨額な賠償金
　　の支払いを課せられた。

ウ　ヴェルサイユ条約により，日本は赤道以北の旧ドイツ領南洋諸島を植民地とし
　　て得た。

エ　アメリカ合衆国大統領ウィルソンが14か条の平和原則を提唱し，パリで講和
　　会議が開かれた。

オ　日本は，パリ講和会議に，元首相の西園寺公望を全権大使として派遣した。

問6　空欄　B　の人物はだれか。一人選べ。

ア　鈴木三重吉　　　　　　イ　竹久夢二　　　　　　ウ　山本鼎

エ　柳宗悦　　　　　　　　オ　志賀直哉

問7　下線部dの背景を説明した，以下の①～③の文章について，正誤の正しい組み
合わせはどれか。一つ選べ。

① 　朝鮮総督府が統治する朝鮮では，土地所有権を確定して地税を徴収する土地
調査事業が実施された。

② 　土地調査事業の結果，多くの土地が私有地に編入された。

③ 　日中戦争以降になると，朝鮮の人びとは朝鮮総督府の行政機関や警察の圧迫
のもと，日本本土に強制的に動員された。

ア　①―正　②―正　③―正　　　　　イ　①―正　②―誤　③―誤

ウ　①―正　②―誤　③―正　　　　　エ　①―誤　②―正　③―正

オ　①―誤　②―誤　③―正

問8　下線部eが始まると，GHQ の指令により日本に新設されたものはどれか。一
つ選べ。

ア　保安隊　　　　　　　イ　国連軍　　　　　　ウ　警察予備隊

エ　自衛隊　　　　　　　オ　海上警備隊

解説 近現代の日朝・日韓関係

　近現代の日朝・日韓関係に関する理解・知識を問う出題。日朝・日韓関係は早大では頻出で，他学部の問題にもトライして万全の状態にしておきたい。記述式・正誤判定を交えた早大らしい出題で，特に問6は早大志望者には必須。全体的には標準的な内容なので，失点は致命的。

問1　答：甲午農民　　　　　　　　　　　　　　　　　　　　　　　　　標準

　空欄　A　の前に「朝鮮」「1894年」とあり，さらに読み進めていくと，「日清戦争が開始」とあることから，日清戦争の契機となった甲午農民戦争だとわかる。甲午農民戦争は，全琫準（ぜんほうじゅん）らが「斥倭斥洋（日本と西洋の排斥）」を唱え，農民軍を率いておこした大反乱で，「東学（東学党）の乱」ともいう。東学は崔済愚（さいせいぐ）が創始した民衆宗教。

問2　答：創氏改名　　　　　　　　　　　　　　　　　　　　　　　　　標準

　空欄　C　の前の「皇民化」「名前を日本式に改める」などから，「創氏改名」が正解とわかる。創氏改名は，朝鮮人固有の姓を日本式氏名に変えさせたもので，1940年から行われた。1910年の韓国併合の直後に行われたものではないことに注意しよう。

問3　答：イ　　　　　　　　　　　　　　　　　　　　　　　　　　　　標準

イー×　イギリスではなく，ドイツ。日本に対して遼東半島返還を要求した三国干渉は，南満州進出を計画したロシアが，日本の進出を警戒してドイツ・フランスに呼び掛けたもので，日本はこの勧告を受け入れた。日本は遼東半島返還を受け入れる際に，清国から3000万両（約4500万円）の賠償金を受け取った。一方，国内では対ロシアの感情が高まり，「臥薪嘗胆（がしんしょうたん）」の標語が掲げられると同時に，軍備の拡張につとめた。

アー○　下関条約では，朝鮮の独立，遼東半島および台湾・澎湖諸島の割譲が認められたほか，賠償金2億両（約3.1億円）が支払われた。この賠償金は銀で支払われたが，ロンドンで金とリンクしたポンドに両替され，正貨準備となり金本位制度の確立につながっていることにも注意しよう。

ウー○　1898年にイギリスが九龍半島・威海衛，ドイツが膠州湾，ロシアが遼東半島の旅順・大連，1899年にはフランスが広州湾を租借し，それぞれ鉄道敷設権・鉱山採掘権を獲得した。なおアメリカは門戸開放を宣言して，中国分割に反対する一方で，ハワイやフィリピンを併合・領有した。教科書等の地図で場所の確認もしておこう。

エー○　日清戦争後，ロシアが朝鮮で勢力を伸ばすと，親日政権にかわり明成皇后

（閔妃）らの親露派が台頭した。日本公使は，再び親日派を誕生させるために明成皇后を殺害した。

オー○　一般的に「抗日義兵運動」は，内政権などを吸収した際の第3次日韓協約と関わりがあることが知られている。**イが明らかな誤文なので，正文と判断して**よい。**閔妃殺害事件後，国王はロシア公使館に避難し，親露政権が成立した。**

問4　答：ウ ————————————————————————— 標準

　①伊藤博文の暗殺は1909年。②ハーグ密使事件は1907年。③日韓議定書は日露戦争開戦直後の1904年。④韓国支配に関する**アメリカとの密約**は，1905年の桂・タフト協定。「③→④→②→①」の順が正解となる。

問5　答：ウ ————————————————————————— 標準

ウー×　「植民地」ではなく「**委任統治領**」。委任統治（権）は**国際連盟から委託さ**れて一定地域を統治する権利のこと。1920年に旧ドイツ領南洋諸島の委任統治が認められ，1922年に**南洋庁**を設置して統治した。

アー○　日本は，**イギリス・フランス・イタリアと共に国際連盟の常任理事国**であった。なお**アメリカは上院で否決**されたことで**国際連盟に不参加**であり，常任理事国でもない。のちに**ソ連や敗戦国のドイツの参加**が認められている。

エー○　アメリカ大統領ウィルソンが提唱した「秘密外交の廃止」や「軍備縮小」などを含む14カ条を講和原則として，ヴェルサイユ条約が結ばれた。

オー○　パリ講和会議には，全権として**西園寺公望**のほかに，**牧野伸顕**（父は大久保利通）が派遣された。派遣された代表団の中には，**近衛文麿や吉田茂**などがいた。

問6　答：エ ————————————————————————— 標準

　空欄　B　の前の「民芸」「朝鮮の陶芸や美術にも関心」から，**柳宗悦**が正解とわかる。柳宗悦は，学習院在学中には『**白樺**』の創刊に参加した。また，京城（現ソウル）に朝鮮民族美術館を設立するなど，**朝鮮文化に大きな理解**を示した。

　アの鈴木三重吉は，『千鳥』が夏目漱石に絶賛され文壇にデビューした。その後，児童文学雑誌『**赤い鳥**』を創刊し，生活綴方運動に新しい方向性を示した。

　イの竹久夢二は，大正時代を中心に活躍した抒情画家。憂いに満ちた女性画は多くの人々の心をとらえた。代表作に「**黒船屋**」がある。

　ウの山本鼎は，パリ留学の経験を持つ洋画家。長野県で自分自身の身の回りを描く自由画教育運動を推進した。

　オの志賀直哉は，学習院時代の友人である武者小路実篤らと『白樺』を創刊した。代表作に『暗夜行路』『和解』などがある。

問7　答：ウ ————————————————————————— 標準

　①ー○　土地調査事業は，1910～1918年に実施されたもので，土地所有権の確定や価格の査定などを内容とした。

②—✕　「私有地」が誤り。土地調査事業により，多くの土地が**国有化**された。

③—○　日中戦争以降に，**強制的な性格を持つ国民徴用令**（1939 年）が制定されている。当時，日本の領土であった朝鮮にも国民徴用令が適用された。

問 8　答：ウ ━━━━━━━━━━━━━━━━━━━━━━━━━━━━━━━━ 標準

　冷戦中の **1950 年に朝鮮戦争**が勃発すると，在日米軍が朝鮮半島に出動することは避けられず，その後の**日本国内の治安維持**の必要性から，**警察予備隊**が新設（1950 年）されることとなった。警察予備隊は，1952 年に**保安隊**，1954 年に**自衛隊**へと改編されて現在に至っている。

　オの海上警備隊は，1952 年に新設され，同年**警備隊**と改称し，1954 年，防衛庁の設置に伴い**海上自衛隊**となった。海上警備隊も新設だが，1952 年の新設は，「下線部 e（朝鮮戦争）が始まると」の時期に合わない。

解　答
問 1　甲午農民　　問 2　創氏改名　　問 3　イ　　問 4　ウ
問 5　ウ　　問 6　エ　　問 7　ウ　　問 8　ウ

32

◇次の文章を読み，問1〜10に答えよ。解答はマーク解答用紙の該当する記号をマークせよ。

　明治時代を通じて，ジャーナリズムは大きな発展をとげた。1870年に最初の日刊新聞である『　1　』が発刊されると，その後，次々と新聞が創刊された。この時期の新聞の多くは自由民権運動と結びついていたが，なかには『時事新報』のように不偏不党の立場を掲げた新聞もあった。一方，雑誌に関しても，『明六雑誌』や『民間雑誌』を先駆けとして，多くの雑誌が創刊された。自由民権運動の高揚に対して，政府は1875年に　2　と　3　を制定し，自由な言論活動に対する取り締まりを強化した。その後，明治後期以降には，労働問題や女性解放を取り上げた新聞や雑誌が現れた。

　大正時代には，第一次世界大戦や関東大震災などの大事件による影響もあり，新聞の発行部数は急速に伸びた。大正末期になると，四大紙の発行部数が一日100万部ほどに達した。また，この時期には月刊誌が発展をみせたほか，新しいメディアとしてラジオ放送が登場した。しかし昭和時代に入り，戦時体制が強化されていくと，言論の自由は大幅に制限された。

　第二次世界大戦終結後には，連合国軍最高司令官総司令部（GHQ）によって「人権指令」と「プレス＝コード」が日本側に示された。また，戦時中に休刊を余儀なくされていた雑誌が復刊した。1950年代には，民間のラジオ放送やテレビ放送の開始に加えて週刊誌も普及し，メディアの大衆化と多様化が進んだ。

問1　空欄1に該当する語句はどれか，1つ選べ。もし該当するものがなければ，カをマークせよ。

　　ア　自由新聞　　　　　　イ　朝野新聞　　　　　　ウ　国民新聞
　　エ　日新真事誌　　　　　オ　郵便報知新聞

問2　下線部aを創刊した人物を1人選べ。もし該当するものがなければ，カをマークせよ。

　　ア　馬場辰猪　　　　　　イ　福沢諭吉　　　　　　ウ　本木昌造
　　エ　前島密　　　　　　　オ　矢野龍溪

問3　下線部bを刊行した思想団体の創立を発議した人物に関する記述として，正し

いものはどれか，1つ選べ。

ア　国際法を翻訳し，刊行した。

イ　岩倉使節団で副使をつとめた。

ウ　『人権新説』を著した。

エ　新律綱領などの法典の編纂に尽力した。

オ　国粋主義者に刺殺された。

問4　下線部 c に関連して，明治・大正時代に刊行された雑誌を創刊時期の古い順から並べたとき，正しい組み合わせはどれか，1つ選べ。

　　　Ⅰ　『国民之友』

　　　Ⅱ　『太陽』

　　　Ⅲ　『文藝春秋』

ア　Ⅰ→Ⅱ→Ⅲ　　　　　イ　Ⅰ→Ⅲ→Ⅱ　　　　　ウ　Ⅱ→Ⅰ→Ⅲ

エ　Ⅱ→Ⅲ→Ⅰ　　　　　オ　Ⅲ→Ⅰ→Ⅱ　　　　　カ　Ⅲ→Ⅱ→Ⅰ

問5　空欄2・空欄3に該当する語句はどれか，2つ選べ。

ア　出版統制令　　　　イ　出版取締法　　　　ウ　出版法

エ　讒謗律　　　　　　オ　集会条例　　　　　カ　新聞紙条例

問6　下線部 d に関連して，明治・大正時代に刊行された新聞・雑誌とその発行団体に関する記述として，誤っているものはどれか，1つ選べ。

ア　『万朝報』の記者であった幸徳秋水と堺利彦は，後に平民社を設立した。

イ　平民社が刊行した『平民新聞』は，社会民主党の機関紙となった。

ウ　『青鞜』は，女性文芸思想誌として刊行された。

エ　『青鞜』の刊行に携わった平塚らいてうは，後に新婦人協会を設立した。

オ　新婦人協会は，『女性同盟』を刊行した。

問7　下線部 e に該当する新聞の1つとして，『東京日日新聞』が挙げられる。明治時代に同紙を発行していた会社の社長をつとめ，立憲帝政党を組織した人物を1人選べ。もし該当するものがなければ，カをマークせよ。

ア　黒岩涙香　　　　　イ　末広鉄腸　　　　　ウ　田口卯吉

エ　東海散士　　　　　オ　福地源一郎

問8　下線部 f の時期に刊行された出版物に関する記述として，誤っているものはどれか，1つ選べ。

ア　『臣民の道』は，文部省によって刊行された。

イ 『生活の探求』は，転向による苦悩を描いた作家，島木健作の作品である。

ウ 『日本浪曼派』は，保田与重郎らによって刊行された。

エ 『ファシズム批判』は，矢内原忠雄によって執筆され，発禁処分となった。

オ 『村の家』は，転向後の中野重治による作品である。

問9 下線部gに関連する記述として，誤っているものはどれか，1つ選べ。

ア 治安維持法の廃止や政治犯・思想犯の釈放が指令された。

イ 幣原内閣は，人権指令の実行をためらい，総辞職した。

ウ 占領軍に対する批判的報道は禁止された。

エ 新聞は，事前検閲を受けることになった。

オ ラジオ放送に関しても，プレス＝コードと同種の規則が定められた。

問10 下線部hに該当する雑誌はどれか，2つ選べ。

ア 『改造』　　　　イ 『思想の科学』　　　ウ 『世界』

エ 『中央公論』　　オ 『展望』　　　　　カ 『日本人』

解説 ジャーナリズムの発達

　早大頻出のジャーナリズムの発達に関する出題。ジャーナリズムの素材を用いて，自由民権運動や五大改革を関連させるなど，幅広い学習ができているかどうかで点差がつく可能性がある出題である。ジャーナリズムに関する問題を解くには，近現代の文化史の学習も重要になってくる。

問1　答：カ ―――――――――――――――――――――――――――――――― 標準

　空欄1の前の箇所「1870年に最初の日刊新聞」から，正解は『横浜毎日新聞』となる。18年度社会科学部で出題されている。

　ア　『自由新聞』は，1882年創刊の自由党機関紙。1885年に廃刊。

　イ　『朝野新聞』は，1872年創刊の『公文通誌』が1874年に『朝野新聞』と改題された。民権派政論新聞として人気を博したが，1893年に廃刊。なお『朝野新聞』は，1878年に日刊紙として最初の発行停止処分を受けている。

　ウ　『国民新聞』は，1890年に徳富蘇峰が創刊した日刊紙。日清戦争後に徳富蘇峰が平民主義から国家主義へと転向したことで，政治新聞化していった。後に『国民新聞』は，山県有朋・桂太郎系の御用新聞となり，1905年の日比谷焼打ち事件や，1913年の第一次護憲運動・大正政変の際には，桂太郎内閣を支援したことで，民衆の怒りをかって襲撃された。

　エ　『日新真事誌』は，1872年にイギリス人ブラックにより創刊された。1874年，太政官左院に提出された愛国公党の民撰議院設立建白書をいち早く掲載し，自由民権運動高揚の契機をつくった。政府はブラックを左院に雇用して，経営から手を引かせ，さらに新聞紙条例改正で外国人の邦字新聞発行を禁止させるなど，言論統制をおこなった。12年度政治経済学部で出題。

　オ　『郵便報知新聞』は，1872年に前島密の支援で発行された新聞で，立憲改進党の機関紙。

問2　答：イ ―――――――――――――――――――――――――――――――― 標準

　『時事新報』は，1882年に福沢諭吉が創刊した新聞で，不偏不党を主張した。また，『時事新報』に「脱亜論」が掲載されたことも，おさえるべき必須事項である。

問3　答：オ ―――――――――――――――――――――――――――――――― 標準

　『明六雑誌』を刊行した思想団体は，1873年（明治6年）に結成された明六社で，森有礼を中心に設立された。設問文の「思想団体の創立を発議した人物」は，森有礼になる。森有礼は，大日本帝国憲法発布の当日，国粋主義者により刺され，翌日に死亡している。なお森有礼は，初代文部大臣である。

　ア　西周（明六社参加）は国際法を翻訳し，『万国公法』を刊行した。また軍人勅

論も起草している。なお西周と**津田真道**（明六社参加／『**泰西国法論**』）は 1862 年にオランダに留学している。

イ　岩倉使節団で副使をつとめたのは，木戸孝允・大久保利通・伊藤博文・山口尚芳。

ウ　『**人権新説**』は，天賦人権論を否認した加藤弘之（明六社参加）の著。加藤弘之は，『**真政大意**』『**国体新論**』で天賦人権論を紹介した。なお加藤弘之は，**東京大学初代総理**でもある。12 年度政治経済学部，11 年度商学部で出題。

エ　新律綱領は，明・清律を基本に，公事方御定書などを加味して，1870 年に制定された刑法典。

問4　答：ア　　　　　　　　　　　　　　　　　　　　　　　標準

I　『**国民之友**』は，1887 年に徳富蘇峰により創刊された**民友社**の機関誌・総合雑誌。

II　『**太陽**』は，日本主義を主張した**高山樗牛**（ちょぎゅう）が主幹となって，1895 年に東京博文館より発行された総合雑誌。高山樗牛に関する正誤判定問題が，18 年度社会科学部で出題されている。

III　『**文藝春秋**』は，1923 年に菊池寛が創刊した月刊誌。芥川龍之介・横光利一・川端康成・直木三十五（さんじゅうご）（早大中退）らが小説や随筆を執筆した。

問5　答：エ・カ　　　　　　　　　　　　　　　　　　　　標準

空欄2・3前後の，「自由民権運動の高揚」「1875 年」「言論活動に対する取り締まり」などから，**エ**の讒謗律と**カ**の新聞紙条例が正解となる。

問6　答：イ　　　　　　　　　　　　　　　　　　　　　　標準

社会民主党が誤り。『**平民新聞**』は，幸徳秋水・堺利彦らが結成した**平民社**の機関紙で，1903 年の創刊。1905 年に廃刊となったが，1907 年には**日本社会党**の日刊機関紙として復刊した。

日本社会党は，最初の合法的社会主義政党で，堺利彦・片山潜らが中心となって 1906 年に結成されたが，1907 年に分裂し，政府（第1次西園寺公望内閣）が**治安警察法**で結社禁止を命じたため，『**平民新聞**』も廃刊となった。

問7　答：オ　　　　　　　　　　　　　　　　　　　　　　標準

福地源一郎は，『**東京日日新聞**』社長をつとめ，政府の御用政党と目された**立憲帝政党**を組織した。また政治小説や歌舞伎の脚本も執筆したほか，9代目市川団十郎とともに演劇改良に尽力した。

問8　答：エ　　　　　　　　　　　　　　　　　　　　　　標準

『**ファシズム批判**』は，河合栄治郎の著作で，1938 年に発禁処分となった。矢内原忠雄は，『**帝国主義下の台湾**』などで日本の大陸政策を批判し，『**国家の理想**』が反戦思想とされ東大教授を自発的に退職した。なお矢内原忠雄は，戦後に東大総長となっている。「河合栄治郎」とその著書『ファシズム批判』については，17 年度

教育学部，16年度社会科学部ほか出題頻度は高い。

　アの『臣民の道』は，1941年に**文部省教学局**が刊行した著作。日本国民が天皇の臣下として実践する道を説く内容で，1937年に文部省が発行した『**国体の本義**』とともに正統的国体論。

問9　答：イ ──────────────────────────── 標準

イ－×　人権指令の実行をためらい，総辞職したのは**東久邇宮稔彦内閣**。

ア－○　人権指令には，**治安維持法などの法律の廃止**と，**政治犯・思想犯の釈放**，特別高等警察の解体などが含まれていた。

ウ・エ・オ－○　ウ・エは，GHQによる新聞・出版検閲の基準とされた**プレス＝コード**の内容。オは**ラジオ＝コード**で，プレス＝コードと同種の検閲基準。なお，これらの検閲は**1948年**に廃止されている（**1952年の日本の主権回復前**）。

　人権指令は12年度法学部で，プレス＝コードに関しては，18年度社会科学部，13年度政治経済学部で出題。

問10　答：ア・エ ──────────────────────── 標準

　1919年に**山本実彦**が改造社を設立して創刊した総合雑誌『**改造**』と，大正デモクラシーの中心となった『**中央公論**』は，1944年の**横浜事件**を機に廃刊となったが，1946年に両者とも復刊した。なお改造社は，1冊1円（**円本**）という安価な『**現代日本文学全集**』を刊行して，円本ブームを現出したこともおさえておこう。

　イの『**思想の科学**』は，1946年に**丸山真男**らが創刊（18年度社会科学部で類題が出題）。ウの『**世界**』は**岩波書店**が1946年に創刊。オの『**展望**』は，**筑摩書房**が1946年に刊行。三者ともに**1946年の創刊・刊行**であることに注意しよう。カの『**日本人**』は，**国粋保存**を主張した**政教社**の機関誌で，1888年に創刊。

解答

問1　カ	問2　イ	問3　オ	問4　ア	問5　エ・カ
問6　イ	問7　オ	問8　エ	問9　イ	問10　ア・エ

33

◇次の文章Ⅰ・Ⅱを読んで，下記の設問（A～J）に答えよ。

Ⅰ　後発国日本の工業化にとって，市場の発達に不可欠な制度や企業の成長に必要な
経済基盤を，政府主導で整備していくことは重要な条件となった。

　　市場の前提となる商品や貨幣の所有権はすでに江戸時代に認められていたが，所
有権が不明確であった土地については，土地売買そのものに対する規制などを撤廃
した上で，地租改正を実施し，その所有権を確定させた。

　　商品交換を媒介する通貨のシステムについては，江戸時代の東西分断的な通貨制
度に代わる統一的で安定した制度の確立が目指された。政府は 1871 年に新貨条例
を制定し，金本位制の方向を示した。しかしその後も，銀貨鋳造や政府不換紙幣の
発行などが行われたためにかえって通貨制度の混乱を招いた。この混乱は松方財政
の下で日本銀行を中心に銀本位制が確立されるまで続いた。

　　企業に成長資金を供給する金融システムの整備は，1872 年の国立銀行条例の公
布などから着手されたが，この条例は資金供給よりも通貨制度の確立を重視してお
り，また設立条件が厳しかったため，設立銀行数もわずか 4 行にとどまった。しか
し，1876 年に同条例が改正されると，国立銀行の設立は激増して約 150 行もの銀
行数を数えるに至り，各地域で資金供給に一定の役割を果たすようになった。

　　運輸，通信インフラの整備も政府の力あるいは民間の活力を利用する形で進めら
れた。例えば，電信については，早くも 1870 年代に国内の主要な都市間に電信線
が架設され，郵便とは桁違いの速度で商業などに関する情報が入手できるようにな
った。鉄道では，政治的，軍事的目的が強い開港場路線の敷設が先行し，経済的役
割の大きい東京・大阪間などの路線建設は遅れたため，当初，商品輸送で主要な役
割を担ったのは海運であった。日本の海運業者は，政府の援助の下で外国汽船から
国内主要航路を奪回し，さらに海外航路に進出していった。

　　これらの工業化を促す制度，組織の成立を承けて，1880 年代後半に日本は第一
次企業勃興期を迎え，産業革命の進展と本格的な資本主義社会の構築に向かってい
くことになる。

問A　下線部イに関連する記述として正しいものを1つマークせよ。

1　農地については作付けなどの利用制限が設けられた。

2　高額の地租によって小作農家の家計は圧迫された。

3　農産物価格の上昇期には地租の実質負担は軽減された。

4　地租は各年の豊凶に応じて調整された。

5　地価は個々の農地の収益に基づいて厳密に算定された。

問B　下線部ロに関連する記述として正しいものを1つマークせよ。

1　増税による歳入増加と軍事費の削減による歳出の圧縮を徹底的に行った。

2　赤字経営が多かった官営工場を払い下げる方針を定めた。

3　中央銀行である日本銀行設立と同時に銀兌換銀行券が発行された。

4　日露戦後になると，通貨制度は先進国と同じ金本位に再び切りかえられた。

5　デフレが進んだために，土地を失って自作農から小作農に転落する者が現れた。

問C　下線部ハに関連して，明治期の銀行についての記述として正しいものを1つマークせよ。

1　日銀券が流通し始めたため，政府は銀行券発行権を国立銀行から取り上げた。

2　国立銀行は商人・地主・士族などが政府との共同出資で設立した。

3　日本勧業銀行，日本興業銀行など特定分野に資金を供給する特殊銀行も設立された。

4　1876年の条例改正で銀行券の正貨兌換が義務づけられ，国立銀行の信用が高まった。

5　三井・鴻池などの旧両替商は，産業革命期までは銀行業進出に消極的であった。

問D　下線部ニに関連して，明治期日本の通信インフラについての記述として正しいものを1つマークせよ。

1　電信線が最初に設置されたのは東京・大坂間であった。

2　早くも1870年代に欧米とリンクする国際的な電信網に組み込まれた。

3　日清戦後，軍事利用のために電話が初めて輸入された。

4　飛脚に代わり郵便制度が導入されたが，日清戦後まで地域間で料金が大きく異なっていた。

5　前島密の建議に基づく郵便制度導入と同時に万国郵便連合条約に加盟した。

問E　下線部ニに関連して，明治期日本の運輸業についての記述として誤っているものを1つマークせよ。

1　政府の保護の下で成功した日本鉄道会社は，鉄道会社設立ブームのきっかけとなった。

2　政府の海運奨励策の下，1890年代に日本郵船会社はボンベイなど海外航路を開設した。

3　1880年代末にはすでに民営鉄道の営業キロ数が官営鉄道を上回っていた。

4　日露戦後，政府は軍事輸送などのために主要な民営鉄道線を買収し，国有化した。

5　政府は当初，三井・三菱を手厚く保護し，国内，近海海運で外国汽船に対抗させた。

Ⅱ　産業革命によって定着した近代的企業システムは，早くも1920年代には限界に直面することとなった。生産性や経営管理などの面で脆弱な企業体質が露呈し，不良債権問題が深刻化したのである。当時，財界の癌と呼ばれた震災手形問題も，最終的に　ホ　が引き受けた巨額の震災手形に，震災で決済不能となった手形だけでなく，体質改善の進まない企業の不良債務が大量に混入したために，その解決が困難となった。

　　不良債務の累積が日本経済を低迷させる中で，金本位制復帰による　ヘ　の安定を通じた貿易収支の改善に対する期待が高まっていった。しかし，不良債権を抱えた金融システムの不安定性は，この国家的な経済課題の達成にとっても大きな障害となっていた。

　　1927年，若槻内閣の片岡蔵相の失言を契機に始まった金融恐慌では，勅令による　ト　の救済に失敗し，全国的な　チ　騒動と十五銀行など大銀行の休業という空前の信用不安を招いた。但し，恐慌をきっかけにかえって脆弱な金融機関の整理が進み，金融システムは安定化に向かった。

　　こうして金解禁の準備が整うと，浜口内閣の井上蔵相は1930年初頭に旧平価での金本位制復帰を断行した。旧平価解禁には，　a　に誘導することを通じて輸出品価格を　b　に設定し，生産性の低い企業を　c　するという意図があった。しかし，この金解禁政策は世界恐慌と重なったため，期待した経済効果を発揮することはできなかった。

問F　空欄ホに該当する語句を，記述解答用紙の解答欄に漢字4字で記せ。

問G　空欄ヘに該当する語句を，記述解答用紙の解答欄に漢字4字で記せ。

問H　空欄トに該当する語句を，記述解答用紙の解答欄に漢字 4 字で記せ。

問 I　空欄チに該当する語句を，記述解答用紙の解答欄に記せ。

問 J　下線部リの空欄 a ～空欄 c に該当する語句の組み合わせとして正しいものを 1
　　つ選んでマークせよ。

　　1　a 円安　b 割安　c 支援　　　　　2　a 円高　b 割安　c 支援

　　3　a 円安　b 割安　c 整理　　　　　4　a 円高　b 割高　c 整理

　　5　a 円安　b 割高　c 支援

解説 ## 近代の経済

　明治から戦前までの経済・恐慌を中心とした出題。通信インフラ・銀行・鉄道などの分野も絡めた出題となっている。普段からの丁寧な学習が必要である。問Dはやや難しいが、それ以外は標準レベルの出題となっている。

Ⅰ　問A　答：3　　　　　　　　　　　　　　　　　　　　　　　　　　　　　標準

1－×　地租改正実施のために，1871年に作付制限を廃止（田畑勝手作りを許可）している。

2－×　小作農は，地租を納入しないので，地租により家計が圧迫されることはない。地租を納入するのは地主・自作農である（下図参照）。

4－×　地租は豊凶にかかわらず，地価の3％と一定であった。

5－×　「個々の農地の収益に基づいて厳密に算定された」という箇所が誤りとなる。地租改正は，江戸時代の年貢による歳入を減らさない方針で行われ，**多くの地域で高い地価を設定**したために，各地で反対一揆が起きた。なお税率は，将来，**地価の1％に減額する方針**であったが，**実現していない**ことをおさえておこう（三大事件建白運動で，地租軽減を要求した原因でもある）。

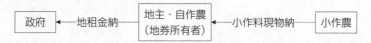

問B　答：5　　　　　　　　　　　　　　　　　　　　　　　　　　　　　　標準

1－×　松方財政は，軍事費を除いて徹底した緊縮財政を行った。

2－×　官営工場の払い下げを決定したのは大蔵卿大隈重信。払い下げの条件を規定した工場払下げ概則を定めた（その時の大蔵卿は佐野常民）が，条件が厳しく払い下げが進まなかった。1884年に松方財政の下で条件が廃止されたことで，払い下げが進展していった。官営事業の払い下げは，**軍事・造幣・通信**などの事業は除外されている点に注意しよう。なお三井・三菱（岩崎）・古河などの政商が，払い下げ事業を核に財閥へと成長していった。

3－×　日本銀行の設立は1882年。銀兌換銀行券の発行は1885年なので，「同時に」の箇所が誤り。

4－×　金本位制度の確立は，日清戦争後の1897年。下関条約での賠償金で金（貨）を獲得し，貨幣法を制定して金本位制度が確立した。

問C　答：3　　　　　　　　　　　　　　　　　　　　　　　　　　　　　　標準

3－○　日本勧業銀行は，1897年に農工業の改良・発展のために，日本興業銀行は1902年に産業資本の長期融資のために設立された特殊銀行。特殊銀行は，

種々の特権とともに政府の強い監督下にあり，第二次世界大戦後に **GHQ** により解体された。

1 －× 日銀券の流通は，1885 年。国立銀行から銀行券（紙幣）発行権を取り上げたのは，1883 年。

2 －× **国立銀行は民間銀行であった**ので，「政府との共同出資」の箇所が誤りとなる。

4 －× **1876 年の条例改正で，正貨兌換義務が廃止**された。その結果，当初は 4 行であった国立銀行は 1879 年までに 153 行を数えた。

5 －× 「消極的」という箇所が誤り。最初の普通銀行は，1876 年設立の三井銀行。鴻池は 1877 年に第十三銀行（のちの鴻池銀行をへて三和銀行）を設立している。

●特殊銀行一覧

横浜正金銀行（1880 年）	貿易金融が目的（15 年度社会科学部）
日本勧業銀行（1897 年）	農工業発展のために長期貸付を行った
農工銀行（1898〜1900 年）	各府県に設置され，地方の農工業発展のため長期貸付
北海道拓殖銀行（1900 年）	北海道の開拓事業への資金供給
日本興業銀行（1902 年）	産業資本の長期融資・外資導入や資本輸出に貢献
台湾銀行（1899 年）	日本統治下の台湾における中央銀行
朝鮮銀行（1911 年）	日本統治下の朝鮮における中央銀行

問D 答：2 やや難

2 －○ 1871 年に長崎・上海間に海底電線が敷設され，それを通じて欧米と接続された。

1 －× 1869 年に東京・横浜間に電信線が最初に設置された。

3 －× 電話が初めて輸入されたのは 1877 年なので，日清戦後ではない。

4 －× 郵便制度が導入されたのは 1871 年で，1873 年に全国均一料金制が導入されたので，「日清戦後まで地域間で料金が大きく異なっていた」の箇所が誤りとなる。

5 －× 郵便制度の導入は 1871 年，万国郵便連合条約加盟は 1877 年。郵便・通信に関する出題は，15 年度人間科学部でも出題されているので触れておくとよい。

問E 答：5 標準

5 －× 政府が手厚く保護したのは，**三菱のみ**である。岩崎弥太郎による三菱は，台湾出兵の際に軍事輸送を担当し，内務卿大久保利通・大蔵卿大隈重信の庇護を受けている。なお，大隈重信による立憲改進党の支持基盤として三菱がいる。

1 －○ 1881 年に設立された日本鉄道会社の成功以後，**1880 年代後半の会社設立ブーム（企業勃興）**により鉄道・紡績・鉱業分野が活況を呈した。なお日本鉄道会社は，日本最初の民営鉄道会社で，華族の金禄公債を資金として設立されている。

2－○　日清戦争前の1885年に設立された**日本郵船会社**は，**ボンベイ航路**（神戸・ボンベイ間の定期航路）を開設して，**インド綿の輸送で大きな利益**を上げた。日本郵船会社は，三菱汽船会社と共同運輸会社の合併により設立されている。

3－○　鉄道の営業キロ数は，**東海道線が全線開通した1889年**（日清戦争前という状況にも注意）に，民営鉄道が官営鉄道を上回った。

4－○　日露戦争後の**1906年に鉄道国有法が制定**され，主要な民営鉄道が買収された。鉄道国有法により，主要私鉄17社が買収され，**営業キロ数は約3倍**となり（約2,500kmから約7,100km），**鉄道路線の80%以上が国有化**された。

Ⅱ　問F　答：日本銀行 ————————————————————————————————　標準

関東大震災により決済ができなくなった震災手形を引き受けたのは，**日本銀行**である。

問G　答：為替相場 ————————————————————————————————　標準

金本位制度の復活は，**為替相場を安定**させ，**貿易を促進**し，経済の活性化をはかるといった目的があった。空欄　へ　の後に「安定」という語句があるので，「**為替相場**」が正解となる。

問H　答：台湾銀行 ————————————————————————————————　標準

金融恐慌にともない，大戦景気で急成長した**鈴木商店が破綻**すると，鈴木商店に巨額の融資を行っていた**台湾銀行が経営危機**に陥った。**第1次若槻礼次郎内閣**は，台湾銀行救済緊急勅令案を提出したが，**枢密院で否決**され，第1次若槻内閣は総辞職し，台湾銀行は休業に追い込まれた。

問I　答：取付け ————————————————————————————————　標準

金融恐慌により，預金の引き出しを求めて殺到する**取付け騒ぎ**が発生した。空欄　チ　の後に「騒動」という語句があるのでとまどうだろうが，「大銀行の休業」という箇所から察してほしい。なお十五銀行は，岩倉具視らを中心に，秩禄処分で得た金禄公債を資金として設立された銀行で，**日本鉄道会社**との関係性が深い。

問J　答：4 ————————————————————————————————　標準

浜口雄幸内閣の蔵相**井上準之助**は，100円＝約45ドル前後だった為替相場に対し，100円＝約50ドルの**旧平価での金本位制度への復帰**を目指した。旧平価での金解禁は，実質的に**円の切り上げ（円高）**となるため，**輸入しやすくなる**（100円で約50ドルの商品が購入できる）一方で，**輸出しにくい状況**（海外で従来は約45ドルで100円の商品が購入できたが，約50ドル出さないと購入できない）になってしまう。

国内企業が輸出をしやすくするためには，価格を下げることが必要になり，**生産性の向上（産業合理化）**や生産コストの引下げ（人員整理・賃金カットなど）の必要性が生じた。

円高で経営が苦しくなる企業の国際競争力を高めるには，徹底して産業合理化せざるをえず，1931年には**重要産業統制法**を制定して，生産性の低い企業を淘汰

することも必要不可欠であった。このような観点から正解を導き出したい。

解　答

問A　3　　問B　5　　問C　3　　問D　2　　問E　5

問F　日本銀行　　問G　為替相場　　問H　台湾銀行　　問 I　取付け

問J　4

34

◇【A群】・【B群】に掲げた資料は，それぞれ異なる人物の日記からの抜粋である（いずれも 1908～1917 年の記事であるが，配列は年代順ではない。なお，一部表記を変更した）。これらを読み，後の問に答えなさい。

【A群】

①　7月14日

　午前二時半宮中ニ参内三時新内閣樹立，桂総理大臣以下親任式ヲ行ハセラル。先
是予ヲ御前ニ召レ陛下自ラ留任スベキ旨ノ御沙汰ヲ玉フ。謹テ御請ヲ為シ且卑見ヲ
奏上シ置ケリ

②　8月5日

　今日迄得タル情報ニ由レバ墺ト　A　トハ戦争中，独露二日ニ動員ヲ下命シ宣
戦ヲ布告セリ。遂ニ英独戦ヲ宣シ仏国モ動員ヲ命ジ，伊国ノミ中立ヲ宣セシト云フ。
頗ル可怪，他ノ小邦ノ中立ヲ宣スル可ナラム。将来我国ノ対交戦国ニ対スル態度ノ
決定必要ナリ

③　8月22日

　午後四時韓国合併ノ条約ヲ統監邸ニ於テ調印シ終ル。列席スル者李完用趙重応副
統監及予ナリ。且来ル二十九日発表ノコトニ決定シ大意ヲ通知シ置ケリ。合併問題
ハ如此容易ニ調印ヲ了セリ呵々

④　11月4日

　午前十一時半参内拝謁米国交換文書ノ成案ヲ奏上ス。帰途山県公ヲ訪フ。委曲ヲ
相談ス

【B群】

⑤　6月7日

　支那大総統　B　他界ノ報アリ，吾外交ノ殆ド行詰ノ現状ニ於テ此事アリ，実
ニ天祐ト申可歟

⑥　9月29日

　交通銀行第二次借款二千万円成立ノ旨北京ヨリ報告アリ。本春以来努力ノ一端ヲ
啓達セリ

⑦　10月5日

　午前八時　C　伯ヲ訪問，内閣組織大命奉受ノ祝辞ヲ述べ，組織ニ対スル意見
ヲ陳述ス

⑧　11月7日

　青島陥落ノ報アリ
　f

〔問〕

1　下線aの人物に関する説明として，誤っているものはどれか。2つ選び，マーク解答用紙の該当記号をマークしなさい。

　あ　山県有朋の後継者として，軍部・藩閥官僚勢力の維持に努めた。

　い　この人物による第一次内閣のもとで，日露戦争後の財政復興を目指す鉄道国有法が制定された。

　う　この人物による第二次内閣は，日比谷焼き討ち事件で国民の支持を失って総辞職した。

　え　この人物による第三次内閣は，第一次護憲運動によって崩壊した。

　お　立憲同志会の創立を宣言したが，結党を前に死去した。

2　空欄Aに入る国名を，カタカナで記述解答用紙に記入しなさい。

3　下線bに関する説明として，誤っているものはどれか。1つ選び，マーク解答用紙の該当記号をマークしなさい。

　あ　第三次日韓協約は，ハーグ密使事件を契機に締結された。

　い　朝鮮総督府は，軍事・行政をすべて統括する天皇直属の機関として設置された。

　う　朝鮮総督府の設置とともに，漢城は京城と改称された。

　え　土地調査事業の実施は，朝鮮農民から土地を奪う結果をもたらした。

　お　朝鮮の土地開発を目的に，韓国政府の関与を排して東洋拓殖会社が設立された。

4　下線cは，アメリカが中国における日本の特殊権益を承認すること等を内容とする協定を指すものである。この協定の名称を，記述解答用紙に記しなさい。

5　下線dの人物に関する説明として，正しいものはどれか。1つ選び，マーク解答用紙の該当記号をマークしなさい。

　あ　薩摩藩に生まれ，戊辰戦争では奇兵隊を指揮して倒幕に寄与した。

　い　海軍参軍として西南戦争を鎮圧した。

　う　この人物による第一次内閣のもとで，治安警察法が制定された。

　え　この人物による第二次内閣は，憲政党との連携によって政権運用の安定を図った。

　お　この人物による第二次内閣が総辞職した後，大隈重信内閣が成立した。

6　空欄Bに入る人物の姓名を，漢字で記述解答用紙に記入しなさい。

7　下線eの借款の交渉に当たったことで知られる【B群】の日記の作成者はだれか。その姓名を漢字で記述解答用紙に記入しなさい。

8　空欄Cには，【A群】の日記の作成者の名が入る。その姓名を漢字で記述解答用紙に記入しなさい。

9　下線fに関連する出来事の説明として，誤っているものはどれか。1つ選び，マーク解答用紙の該当記号をマークしなさい。

　あ　日本は，イギリスから再三にわたる要請を受け，三国協商側に立ってドイツに宣戦布告した。

　い　大隈内閣が中国政府に行った二十一か条の要求に対しては，国内からも批判が上がった。

　う　日本は，ヴェルサイユ条約に基づいて旧ドイツ権益の継承を認められた。

　え　青島については，ワシントン会議の際に，英米側の仲介に基づいて中国への返還が決定された。

　お　北一輝は，五・四運動を時代背景として『日本改造法案大綱』を執筆した。

10　日記の各記事を時期の早いものから順に並べた組み合わせとして，正しいものはどれか。1つ選び，マーク解答用紙の該当記号をマークしなさい。

　あ　①―③―⑧―②―⑤―⑦―④―⑥
　い　③―①―②―⑧―⑦―⑤―④―⑥
　う　①―③―②―⑧―⑤―⑦―⑥―④
　え　③―①―⑧―②―⑤―⑦―⑥―④
　お　①―③―②―⑧―⑦―⑤―④―⑥

解説 日記からみた明治末期〜大正時代の政治と対外関係

> 日記を引用して政治・外交を問う法学部定番の出題。日記の内容と特定された時期など
> を考慮する必要があり，普段からの丁寧な学習と，それを用いた思考力が問われる良問。
> 問2は，「墺」が何を指すかがわかれば容易に解けるだろう。問10の年代配列はやや難。

問1 答：い・う ──────────────────── 標準

い－× 鉄道国有法（1906年）は，**第1次西園寺公望内閣**のもとで制定された。
鉄道国有法は，日露戦争後，経済上・軍事上の必要から公布され，この結果，鉄
道の90%が国有化された。

う－× 日比谷焼き討ち事件（1905年）は，**第1次桂太郎内閣**の時。

あ－○ 桂太郎は，山県有朋の後継者として軍部・藩閥勢力の維持に努めた。

え－○ 第3次桂太郎内閣は，立憲政友会の尾崎行雄や立憲国民党の犬養毅らによ
る「閥族打破・憲政擁護」を掲げた第一次護憲運動により崩壊した。

お－○ 第一次護憲運動に対抗するため新党結成を目指したが，結党前に死去した。
桂太郎の死後，目指した新党は**立憲同志会**という形で実を結んだ。立憲同志会の
初代総裁は加藤高明。

● 桂園時代の主な出来事

第1次桂太郎内閣 （1901.6〜1906.1）	日英同盟成立（1902）　　　日露戦争（1904） 第1次日韓協約（1904）　　桂・タフト協定（1905） ポーツマス条約（1905）→日比谷焼き討ち事件 第2次日韓協約（1905）
第1次西園寺公望内閣 （1906.1〜1908.7）	鉄道国有法公布（1906）　　関東都督府設置（1906） 南満州鉄道株式会社設立（1906） 第3次日韓協約（1907）
第2次桂太郎内閣 （1908.7〜1911.8）	戊申詔書公布（1908）　　　地方改良運動（1909） 伊藤博文暗殺（1909）　　　大逆事件（1910） 韓国併合条約（1910）　　　工場法公布（1911）
第2次西園寺公望内閣 （1911.8〜1912.12）	陸軍2個師団増設案否決（1912） 陸相上原勇作が帷幄上奏権を使い単独辞任（1912）
第3次桂太郎内閣 （1912.12〜1913.2）	第一次護憲運動の展開（1912） 内閣は53日で退陣→大正政変（1913）

※桂太郎は長州出身で山県有朋の後継・陸軍

※西園寺公望内閣は伊藤博文内閣の後継・与党は**立憲政友会**

問2 答：セルビア ──────────────────── やや難

【A群】資料②中の「独露二日二動員ヲ下命シ宣戦ヲ布告セリ」「英独戦ヲ宣シ仏
国モ動員」から，第一次世界大戦期の状況だとわかる。

　この時期，**オーストリアがボスニア・ヘルツェゴヴィナを併合すると，セルビア**が強く反発し，バルカン半島の緊張は高まっており，**オーストリア帝位継承者がセルビア人に暗殺される事件（サライェボ事件→第一次世界大戦へと拡大）**が起こり，両国で戦争が始まった。空欄　　A　　の前後に「墺（オーストリア）」「戦争中」とあることから，セルビアが正解となる。

問3　答：お　　　　　　　　　　　　　　　　　　　　　　　　　　　　標準

お―×　「韓国政府の関与を排して」が誤り。**東洋拓殖会社**は，1908年に朝鮮の土
　　地開発を目的に**日韓両政府により設立された国策会社**。東洋拓殖会社の設立は**併**
　　合（1910年）前であることに注意しよう。

あ―○　**ハーグ密使事件（1907年）**の結果，韓国皇帝高宗が退位した。第3次日
　　韓協約により日本は韓国の内政権を掌握し，秘密協定で韓国軍隊を解散させた。

い―○　朝鮮総督府は天皇直属機関であった。台湾総督府は天皇に直属していない。

え―○　日本の地租改正にあたる**土地調査事業**により，広大な農地・山林が接収さ
　　れ，土地を失う朝鮮農民もいた。

問4　答：石井・ランシング協定　　　　　　　　　　　　　　　　　　　標準

　問題冒頭の「1908～1917年の記事」と設問文中の「アメリカが中国における日本の特殊権益を承認する」から，**石井・ランシング協定**だと特定できるだろう。

　1917年，寺内正毅内閣の時に，石井菊次郎特派大使とランシング国務長官との間で結ばれた協定で，**アメリカは中国における日本の特殊権益，日本はアメリカに中国の門戸開放を認め合った**。1922年の**九カ国条約**の締結に際し，1923年に**廃棄**された。

問5　答：え　　　　　　　　　　　　　　　　　　　　　　　　　　　　標準

え―○　**第2次山県有朋内閣は憲政党と提携**し，選挙法改正に応じる一方で地租増
　　徴案を成立させるなど，安定した政権運営を行った。「**憲政党**」と「**憲政会**」の
　　読み間違いに注意しよう。

あ―×　山県有朋は長州藩の出身。奇兵隊を率いて倒幕に活躍した。

い―×　陸軍の基礎を確立したのが山県有朋なので，「海軍」が誤りとなる。

う―×　治安警察法は，1900年に第2次山県内閣で制定された。

お―×　第2次山県内閣総辞職後，**立憲政友会を基盤とする第4次伊藤博文内閣**が
　　成立した。

問6　答：袁世凱　　　　　　　　　　　　　　　　　　　　　　　　　　標準

　空欄　　B　　の前の「支那大総統」に着目したい。支那は，中国（CHINA）のこと。この時期の中華民国（中国）の大総統は**袁世凱**である。

問7　答：西原亀三　　　　　　　　　　　　　　　　　　　　　　　　　標準

　借款とは国際間の資金の貸借のこと。**西原借款**は，1917～18年にかけて寺内正毅内閣が北洋軍閥の段祺瑞政権に対して，日本の権益確保を意図して行った対中借

款。寺内内閣の側近**西原亀三**が中心であったことから，西原借款と呼ばれる。結果的に段祺瑞政権が瓦解し，**借款の大半が回収不能となった**。

問8　答：寺内正毅　　　　　　　　　　　　　　　　　　　　標準

　【A群】資料③中に「韓国合併ノ条約ヲ統監邸ニ於テ調印シ終ル」「列席スル者李完用趙重応副統監及予ナリ」とあるので，**韓国併合条約**だとわかる。韓国併合条約の調印は**李完用**と統監**寺内正毅**。【A群】資料④は問4から石井・ランシング協定に関することだとわかる。石井・ランシング協定調印は寺内正毅内閣の時である。このことから【A群】の日記の作成者は，資料③と④に共通する寺内正毅だと特定できるだろう。

　寺内正毅は長州出身の軍人・政治家で，同じく長州出身の桂太郎内閣時代の陸相をつとめている。

問9　答：あ　　　　　　　　　　　　　　　　　　　　　　標準

あ－×　イギリスは日本に対して**援助は要請**したが，イギリスの外務省などは**日本の参戦には消極的**であったので，「イギリスから再三にわたる要請を受け」が誤り。なお，第一次世界大戦開戦から3年後の1917年には，イギリスの要請でドイツの潜水艦から連合国軍の輸送船を護衛するために，日本は**地中海のマルタ島に駆逐艦隊を派遣**している。

い－○　第5号（中国政府において政治・財政・軍事顧問に日本人を雇用すること）は広汎な権益を含んでいたので，**欧米と利害関係の面で抵触**する可能性が高く，国内でも批判があった。

う－○　ヴェルサイユ条約では，旧ドイツ権益継承を認められたほか，赤道以北の旧ドイツ領南洋諸島の委任統治権を獲得した。委任統治権とは，国際連盟から委託されて，一定地域を統治する権利のこと。

え－○　ワシントン会議で，**青島の中国返還**が決定された。

お－○　北一輝は，五・四運動下の上海で国家社会主義を目指す『日本改造法案大綱』を執筆した。北一輝は，中国の辛亥革命に参加したほか，二・二六事件の首謀者として銃殺されている。

問10　答：う　　　　　　　　　　　　　　　　　　　　　やや難

　すべての年代が特定できなくても，各選択肢の配列から前後関係を考えると正解が出せるだろう。

①第2次桂太郎内閣成立（1908年）
②第一次世界大戦勃発直後（1914年）
③韓国併合条約調印（1910年）
④石井・ランシング協定（1917年）
⑤袁世凱の死去（1916年）
⑥西原借款（1917年）

⑦寺内正毅内閣成立（1916 年）

⑧青島陥落（1914 年）

　第一次世界大戦が開戦すると，日本は青島を陥落させているので「②→⑧」の順になり，この段階で選択肢い・う・おに絞ることができる。

　中華民国では袁世凱死去後に段祺瑞，日本では第 2 次大隈重信内閣から寺内正毅内閣が新たに発足しているので「⑤→⑦」の順になる。

　い・う・おの中で「②→⑧」「⑤→⑦」の配列となっているのは，うのみとなる。

　資料①が書かれた時期については下線 a の「桂総理大臣」に着目しよう。桂太郎内閣は 3 度組閣されており，設問の条件である「1908〜1917 年」と問 1 の解説中の「桂園時代の主な出来事」から，「第 2 次」「第 3 次」のいずれかになる。【A群】の作成者寺内正毅は，資料①中で「陛下自ラ留任（寺内正毅陸相の留任）スベキ旨ノ御沙汰ヲ玉フ」と述べている（問 8 の解説で桂内閣時の陸相をつとめている）。第 3 次内閣の時は，陸軍 2 個師団増設問題の際に，陸相上原勇作が単独辞任したこともあり，陸軍出身の桂太郎が陸相を兼務していることから，第 2 次内閣のころだと判断できる。

　西原借款は 1917 年 1 月，石井・ランシング協定は 1917 年 11 月なので，「⑥→④」となり，最終的には「①→③→②→⑧→⑤→⑦→⑥→④」の順になる。

解　答

問 1　い・う　　問 2　セルビア　　問 3　お

問 4　石井・ランシング協定　　問 5　え　　問 6　袁世凱

問 7　西原亀三　　問 8　寺内正毅　　問 9　あ　　問 10　う

35

◇次の史料は，吉野作造の日記からの抜粋（一部表記を変更）を，内容面からＡ群・Ｂ群に分けたものである（ただし，配列は年代順ではない）。これを読み，後の問に答えなさい。

【Ａ群】

① 1月2日

　不敬事件に累せられてやめる山本内閣をつぐものは清浦内閣かという説高し。
　　　　　　　　　　　　　　　a

② 4月19日

　一昨日若槻内閣枢密院の難詰に破れて総辞職となり，今日の新聞に後継内閣の下馬
　　　　　　　　b
評が載って居る。田中・山本（達）をあぐるもの相伯仲し，床次の声頗る下る。後
　　　　　　　　　　　　　　　　　　　あい
藤・山本（権）を説くものに至ては其影至て薄し。

③ 5月24日

　新聞を見ると齋藤子〔爵〕は昨日は政友民政両党総裁を訪うて援助を求めて居る。
　　　　　　　　c
鈴木氏も若槻氏も一党の総裁として自分に援助を求めらるるのは政党政治を認めて
居るのだという理屈で党内先輩の入閣を引き請けたようだが，理屈は別として両党
とも強て政党主義を貫き得ぬ今日の形勢に屈服したものたるは疑をいれぬ。意気の
ない話である。

④ 6月12日

　新聞で見ると昨日大命を拝受すべく報ぜられし加藤友三郎男〔爵〕の内閣役割が出
ている。即ち次の如し。（中略）日本の今の政界では之が無難であり政党に即せざ
る此種の内閣の成立する理由もあり。さるにても醜きは政友会の輩也。
　　　　　　　　　　　　　　　　　　　　　　　　　　　　d

⑤ 6月29日

　夜，満洲重大事件なるものに絡み内閣総辞職に決意せりとの報現わる。

⑥ 12月12日

　此日，若槻内閣総辞職。原因は協力内閣説を固執する安達内相が閣僚全部の希望に
反し単独辞職を肯んじなかったのにある。一種の陰謀の結果なるべし。
　　　がえ

【Ｂ群】

① 1月6日

　赤松・松岡・　Ａ　の三君連れ立って来訪，社会民衆党の事で相談に来る。大阪
の会へは出張固辞す。西尾君には事情を書いてやる。来るべき総選挙の立候補は東
京市内にて　Ｂ　・　Ａ　，郡部にて為藤・松永，大阪・兵庫にて宮崎・古野・

河井，千葉にて馬場，その他島中・水野・中沢等の諸君なりという。

② 　1月12日

　　　C 　君問題につき朝日に投書すべく「クロポトキンの思想の研究」をかき始む。

③ 　4月27日

　　昼食後，大隈公会堂の坪内博士脚本朗読会をききに行く。演劇博物館の資金を作る
ための会にて，博士自ら自作脚本を読むというので大入り也。二千人と注す。

④ 　9月21日

　　　D 　夫妻尾行の手より憲兵の手に渡され十六日夜東京憲兵隊内に於て絞殺さる。

問1　下線 a に関連する記述として正しいものはどれか。1つ選び，マーク解答用紙
　の該当記号をマークしなさい。

　あ　立憲政友会の支持を得て成立した。

　い　組閣直後から関東大震災の処理にあたった。

　う　軍部大臣現役武官制の改革をはかった。

　え　普通選挙の導入に反対する方針をとった。

　お　天皇狙撃事件の責任をとって辞職した。

問2　下線 b に関する記述として正しいものはどれか。1つ選び，マーク解答用紙の
　該当記号をマークしなさい。

　あ　台湾銀行救済の緊急勅令案を否決した。

　い　金融恐慌に対する支払猶予措置に反対した。

　う　ロンドン海軍軍縮条約の批准に反対した。

　え　政府の協調外交政策を否決した。

　お　政府の財政緊縮政策に反対した。

問3　下線 c に関して，その結果，成立した内閣に関連する記述として誤っているも
　のはどれか。1つ選び，マーク解答用紙の該当記号をマークしなさい。

　あ　「非常時」を背景として成立した。

　い　「政友民政両党」に基礎をおいた。

　う　「挙国一致内閣」と呼ばれた。

　え　「満州国」を承認した。

　お　国際連盟に脱退を通告した。

問4　下線 d に関連して，立憲政友会の動向に関する記述として正しいものはどれか。
　1つ選び，マーク解答用紙の該当記号をマークしなさい。

　あ　枢密院を基礎とする清浦内閣の成立に反対した。

い 加藤高明内閣の成立に際し，反主流派が分裂した。

う 高橋是清内閣に対して野党の立場をとった。

え 合流した革新倶楽部の犬養毅が，のちに総裁となった。

お 非政党内閣の加藤友三郎内閣の成立に反対した。

問5 A群の日記の各記事を時期の早いものから順に並べた組み合わせとして，正しいものを下記から1つ選び，マーク解答用紙の該当記号をマークしなさい。

あ ①→④→⑥→⑤→②→③

い ①→②→④→⑤→③→⑥

う ②→①→④→③→⑤→⑥

え ④→①→②→⑤→⑥→③

お ④→⑤→①→②→③→⑥

問6 空欄Aの人物は，第二次世界大戦後，首相となった。その人名を漢字で記述解答用紙に記入しなさい。

問7 空欄Bの人物は，日本最初の社会主義政党の結成に参加し，早稲田大学（東京専門学校）で教員もつとめた。その人名を漢字で記述解答用紙に記入しなさい。

問8 空欄Cに該当する人名を漢字で記述解答用紙に記入しなさい。

問9 下線eが1885〜86年に発表して日本近代文学の成立に大きな影響を与えた文学論は何か。その書名を漢字で記述解答用紙に記入しなさい。

問10 空欄Dに該当する人名（夫にあたる）を漢字で記述解答用紙に記入しなさい。

解説 吉野作造の日記からみた大正～1930年代初頭の政治情勢

吉野作造の日記を用いて，大正時代から昭和初期の政治情勢の主要な事項をほぼカバーした出題となっている。正誤判定問題において，吸収した知識を正確に生かせる能力と，正確な記述力を問う良問。また早大では「ゆかり」のある人物の出題も多い。ぜひ巻末の「早稲田ゆかりの人々」も参照してもらいたい。

問1　答：い　　　　　　　　　　　　　　　　　　　　　　　　　　　　　標準

下線aの後の「つぐものは清浦内閣」の箇所より，下線aは**第2次山本権兵衛内閣**だとわかり，冒頭の不敬事件が，**虎の門事件（1923年）**だとわかる。

あ－×　立憲政友会の支持を得て成立したのは，**第1次山本権兵衛内閣**。第2次山本権兵衛内閣は革新倶楽部の支持を得た非政党内閣として成立した。

う－×　軍部大臣現役武官制の改革（現役規定削除：1913年）は，**第1次山本権兵衛内閣**のとき。

え－×　普通選挙の導入に反対の方針をとったのは，**原敬内閣**。第2次山本権兵衛内閣は**普通選挙導入の方針を固めていた**が，関東大震災や虎の門事件による総辞職で，実現できなかった。

お－×　虎の門事件は，無政府主義者の難波大助が摂政宮裕仁親王（のちの昭和天皇）を虎の門付近で狙撃した事件。天皇狙撃事件ではない。

問2　答：あ　　　　　　　　　　　　　　　　　　　　　　　　　　　　　標準

下線bと直前の「若槻内閣」から，1927年の金融恐慌関連で総辞職した**憲政会の第1次若槻礼次郎内閣**との判断は容易である。

あ－○　第1次若槻礼次郎内閣は，緊急勅令により台湾銀行の救済をはかろうとしたが，憲政会の協調外交（中国に不干渉）に不満をもっていた枢密院に勅令案を否決され，内閣は総辞職に追い込まれた。当時，蔣介石による北伐がおこなわれており，蔣介石の国民革命軍が南京に入城し，日本総領事館が襲撃されるなど，その影響は，華北や満州に存在する日本の権益を脅かす状況にあった。そして，協調外交を掲げる第1次若槻内閣が適切な対応をしなかったことに，枢密院は不満があった。

い－×　金融恐慌収拾のために，3週間の支払猶予令（モラトリアム）を出したのは，立憲政友会の田中義一内閣。

う－×　ロンドン海軍軍縮条約（1930年）の批准は，浜口雄幸内閣（立憲民政党）のとき。野党立憲政友会・海軍軍令部などの反対を押し切り，枢密院の同意を取りつけたうえで批准に成功した。

え－×　枢密院は，協調外交に不満はもっていたが，否決したわけではない。

お─×　財政緊縮政策を展開したのは，浜口雄幸内閣（蔵相井上準之助）のときであり，第1次若槻礼次郎内閣のときではない。

問3　答：い　　　　　　　　　　　　　　　　　　　　　　　　　　　　　　標準

下線 c の「政友民政両党総裁を訪うて援助を求め」と次の文の「政党主義を貫き得ぬ今日の形勢」の箇所から，政党・軍部・財界・官僚からなる斎藤実の挙国一致内閣組織に関する記事だと判断できるだろう。

い─×　斎藤実による挙国一致内閣は，立憲政友会・立憲民政党のみに基盤をおいたのではなく，政党以外に軍部や財界など多方面から入閣させており，政党に基礎をおいたのではない。

あ─○　斎藤実内閣は，五・一五事件（1932年）で犬養毅首相殺害後に組閣されていることから，非常時を背景に成立しているといえる。

え─○　斎藤実内閣のときに，満州国を承認して日満議定書（1932年）を調印した。

お─○　1933年の国際連盟臨時総会で，リットン調査団の報告に基づき，対日撤兵勧告案が42対1で採択されると，松岡洋右ら日本全権団は，総会の場から退場し，同年3月に国際連盟脱退を通告した。なお松岡洋右は，外務大臣ではない（外務大臣は内田康哉）。

問4　答：え　　　　　　　　　　　　　　　　　　　　　　　　　　　　　　標準

え─○　立憲国民党の後身である革新倶楽部は，犬養毅を代表に1922年に成立した。革新倶楽部は，普通選挙・軍備縮小などを主張し，1925年に立憲政友会に吸収され，犬養毅は第6代立憲政友会総裁に就任し，1931年末に内閣を組織した。

あ─×　清浦奎吾内閣は，貴族院を基礎とした内閣である。

い─×　立憲政友会の反主流派は清浦奎吾内閣を支持して分裂し，政友本党を誕生させたので，加藤高明内閣の成立を機に分裂したのではない。

う─×　高橋是清内閣は立憲政友会を与党としているので，野党の立場ではない。

お─×　加藤友三郎内閣は，官僚・貴族院議員を中心とする非政党内閣であったが，政権が憲政会に移ることを懸念して，立憲政友会が支持した。

問5　答：え　　　　　　　　　　　　　　　　　　　　　　　　　　　　　　標準

④加藤友三郎内閣成立（1922年）→①虎の門事件による第2次山本権兵衛内閣の総辞職（1924年）→②金融恐慌による第1次若槻礼次郎内閣の総辞職（1927年）→⑤満州某重大事件による田中義一内閣の総辞職（1929年）→⑥満州事変での閣内不一致による第2次若槻礼次郎内閣の総辞職（1931年）→③斎藤実挙国一致内閣の組織（1932年）

問6　答：片山哲　　　　　　　　　　　　　　　　　　　　　　　　　　　　標準

【B群】①中の「社会民衆党」や，設問文中の「第二次世界大戦後，首相となっ

た」の箇所から，早大志望者なら空欄Aは「片山哲」と導けるだろう。

問7　答：安部磯雄 ──────────────────── 標準

　　設問文の「日本最初の社会主義政党の結成に参加」「早稲田大学（東京専門学校）
で教員」から安部磯雄が正解になる。**安部磯雄**は，**社会主義研究会**（1898年）・**社
会民主党**（1901年）の結成に参加した。昭和初期には，**社会民衆党**（1926年）や
社会大衆党（1932年）などの委員長をつとめ，無産政党右派の指導者として活躍
した。第二次世界大戦後は，**日本社会党の顧問**となった。なお安部磯雄は，早稲田
大学野球部を創設し，早慶戦の生みの親でもある。

問8　答：森戸辰男 ──────────────────── 標準

　　【B群】②中に「クロポトキンの思想の研究」とあることから，空欄Cは，森戸
辰男が正解となる。東大助教授**森戸辰男**による論文「**クロポトキンの社会思想の研
究**」が，危険思想とみなされ**1920年**に休職処分を受けた。森戸辰男は，第二次世
界大戦後，**日本社会党に入党**，衆議院議員に当選，**片山哲・芦田均内閣で文相**をつ
とめた。

問9　答：小説神髄 ──────────────────── 標準

　　下線eの「坪内博士」，設問文中の「日本近代文学の成立に大きな影響」から，
坪内逍遥の『**小説神髄**』となる。東京専門学校講師・早稲田大学教授をつとめた坪
内逍遥は，評論『**小説神髄**』と小説『**当世書生気質**』を発表し，**文壇の中心的存在**
となった。**二葉亭四迷の批判**を受けて，演劇改良に活躍の場を移し，**島村抱月**の**文
芸協会**に参加した。なお【B群】③中の「演劇博物館」とは，早稲田キャンパス内
にある早稲田大学坪内博士記念演劇博物館のことである。

問10　答：大杉栄 ──────────────────── 標準

　　【B群】④中の「夫妻」「東京憲兵隊内に於て絞殺」から，甘粕正彦憲兵大尉によ
り殺害された無政府主義者の**大杉栄**だとわかる（**甘粕事件**）。**甘粕事件**は，1923年
の関東大震災直後に起きた事件。甘粕事件の際に，大杉栄とともに殺害された内縁
の妻**伊藤野枝**は，**青鞜社に参加**したのち，1921年に**山川菊栄**らと**赤瀾会**を結成し
た。

解　答

問1　い	問2　あ	問3　い	問4　え	問5　え
問6　片山哲	問7　安部磯雄	問8　森戸辰男	問9　小説神髄	
問10　大杉栄				

36

2019 年度　教育学部〔4〕

◇次の資料A～Cを読んで，問1～7に答えよ。問1・2は，解答を記述解答用紙に記入せよ。問3～7については，それぞれの解答を選び，マーク解答用紙の記号をマークせよ。

A　国家主権が倫理性と実力性の究極的源泉であり両者の即自的統一である処では，倫理の内面化が行われぬために，それは絶えず権力化の衝動を持っている。倫理は個性の奥深き底から呼びかけずして却って直ちに外的な運動として押し迫る。国民精神総動員という如きが，そこでの精神運動の典型的なあり方なのである。

　　前述の基督教と教育勅語の問題から，神道祭天古俗説，咢堂の共和演説を経て天皇機関説に至るまで，一たび国体が論議されるや，それは直ちに政治問題となり，政治的対立に移行した。「国体明徴」は自己批判ではなくして，殆どつねに他を圧倒するための政治的手段の一つであった。

B　余は日露非開戦論者であるばかりでない。戦争絶対的廃止論者である。戦争は人を殺すことである。そうして人を殺すことは大罪悪である。そうして大罪悪を犯して個人も国家も永久に利益を収めえようはずはない。（中略）もし世に大愚の極と称すべきものがあれば，それは剣を以て国運の進歩を計らんとすることである。

　　近くはその実例を二十七八年の日清戦争において見ることができる。二億の富と一万の生命を消費して日本国がこの戦争より得しものは何であるか。僅少の名誉と　1　伯が侯となりて彼の妻妾の数を増したることのほかに日本国はこの戦争より何の利益を得たか。その目的たりし朝鮮の独立はこれがために強められずしてかえって弱められ，……

C　帝国ハ現下ノ急迫セル情勢特ニ米英蘭等各国ノ執レル対日攻勢「ソ」聯ノ情勢及帝国国力ノ弾撥性等ニ鑑ミ「情勢ノ推移ニ伴フ帝国国策要綱」中南方ニ対スル施策ヲ左記ニ依リ遂行ス
　一，帝国ハ自存自衛ヲ全フスル為対米（英蘭）戦争ヲ辞セサル決意ノ下ニ概ネ十月下旬ヲ目途トシ戦争準備ヲ完整ス
　二，帝国ハ右ニ並行シテ米，英ニ対シ外交ノ手段ヲ尽シテ帝国ノ要求貫徹ニ努ム
　三，前号外交交渉ニ依リ十月上旬頃ニ至ルモ尚我要求ヲ貫徹シ得ル目途ナキ場合ニ於テハ直チニ対米（英蘭）開戦ヲ決意ス

問1　資料Aは，雑誌『世界』1946年5月号に掲載された「超国家主義の論理と心理」の一部である。この論文の著者はだれか。氏名を漢字で記せ。

問2　資料Bは，1903年6月10日の『万朝報』に掲載された文章の一部である。その筆者はだれか。氏名を漢字で記せ。

問3　資料Aにある神道祭天古俗説とは，1892年に発表された「神道は祭天の古俗」という論文に由来する。その著者は次のうちだれか。
ア　津田左右吉　　　　イ　柳田国男　　　　ウ　田口卯吉
エ　久米邦武　　　　　オ　三宅雪嶺

問4　資料Aにある咢堂とは，次のうちだれのことか。
ア　板垣退助　　　　　イ　犬養毅　　　　　ウ　尾崎行雄
エ　中江兆民　　　　　オ　丸山幹治

問5　資料Aで指摘されている歴史上の諸問題と用語に関する以下の説明のなかで，誤っているものはどれか。一つ選べ。
ア　大日本帝国憲法の条文と教育勅語には，「国体」という語が用いられている。
イ　教育勅語は，1948年，衆議院では，その「排除」が，参議院では，その「失効」が決議された。
ウ　美濃部達吉は，国家法人説に則って天皇機関説を唱え，明治末～大正初期に，天皇主権説を唱える上杉慎吉と論争をおこなった。
エ　「国民精神」という言葉は，国民精神総動員運動以前から，詔書のなかで用いられている。
オ　1935年の天皇機関説排撃運動では「国体明徴」が強調され，これをうけて岡田啓介内閣は「国体明徴」に関する声明を2度出した。

問6　資料Bの　1　に該当する人物は，次のうちだれか。
ア　伊藤博文　　　　　イ　井上馨　　　　　ウ　桂太郎
エ　陸奥宗光　　　　　オ　山県有朋

問7　資料Cは，御前会議で決定された「帝国国策遂行要領」の一部である。これに関連する国内外の動向の説明として，誤っているものをすべて選べ。
ア　1941年12月8日の開戦以前に，開戦の決定にかかわる御前会議は，計4回おこなわれた。
イ　文中の「情勢ノ推移ニ伴フ帝国国策要綱」は，1941年7月の御前会議で決定

　　された要綱である。

ウ　この御前会議の後，日本軍の仏領インドシナ南部進駐がおこなわれた。

エ　この御前会議以前に，関東軍特種演習が実施された。

オ　この御前会議に出席した首相は，東条英機である。

カ　12月8日の開戦以前に，ローズベルトとチャーチルが会談し，領土不拡大，
　　民族自決などの諸原則を宣言する大西洋憲章が発表された。

解説　近代の戦争をめぐる政治と社会思想

　史料を用いた早大定番の出題。問1・問5・問7が難問で，教科書・用語集などを熟読していないとかなり手強い内容となっている。早大の近現代学習には，教科書・用語集・図説などを積極的に利用して，前後関係や時系列等にも注意しながら学習していくことが重要である。

問1　答：丸山真男 ──────────────────────────── 難

　「超国家主義の論理と心理」の論文の著者は，**丸山真男**。戦後，自由主義・民主主義派の知識人として論壇に大きな影響を与えた。丸山真男のほかに，経済史学分野では**大塚久雄**（『近代資本主義の系譜』）や，法社会学分野では**川島武宜**（『日本社会の家族的構成』）などが，知識人・学生に大きな影響を及ぼした。なお丸山真男は，1946年に『思想の科学』を創刊している。

問2　答：内村鑑三 ──────────────────────────── 標準

　受験生であれば，**内村鑑三**は，**日露戦争反対**の立場をとったことは知っているだろう。資料Bの冒頭で気づいて即答したい。『**万朝報**』記者内村鑑三（**札幌農学校卒**）は，キリスト教の信仰に基づき非戦論を展開したが，同紙が**非戦論から主戦論へ転じる**と，同社を退社した。内村鑑三は，1891年に教育勅語に関連した思想弾圧事件（**内村鑑三不敬事件**）で，第一高等中学校教員の職を辞職したこともあわせておさえておこう。

問3　答：エ ──────────────────────────── 標準

　久米邦武は，「神道は祭天の古俗」を発表すると，神道家・国学者から非難を浴び，帝国大学の教授を辞職した。アの記紀研究で著名な**津田左右吉**（早大教授）は『**神代史の研究**』を著している。紛らわしいので，混同しないようにしておきたい。なお久米邦武は，1871～73年の**岩倉遣外使節団**に記録係として随行し，『**米欧回覧実記**』を編纂した。のちに**早大教授**。久米邦武に関しては，16年度人間科学部，12年度社会科学部，11年度人間科学部と，出題頻度は高い。

問4　答：ウ ──────────────────────────── 標準

　咢堂の後に「共和演説」とあることから，**共和演説事件**（1898年）を引き起こした**尾崎行雄**が正解となる。共和演説事件は，第1次大隈重信内閣（隈板内閣）の文相尾崎行雄が「日本に共和政治が行われたと仮定すれば，三井・三菱は大統領候補となろう」と**金権政治**を批判した演説が不敬と非難された事件。この事件を機に，尾崎行雄は文相を辞任し，後任をめぐる対立で**憲政党**が分裂した。

問5　答：ア ────────────────────────────── 難

ア－×　教育勅語の中に「我カ国体ノ精華ニシテ，教育ノ淵源亦実ニ此ニ存ス」という一文があるが，大日本帝国憲法の条文には「国体」の文字は存在しない。

イ－○　1948年に衆参両院で，教育勅語の排除・失効を決議した。1948年の国会で教育勅語が失効したのは，早大志望者なら知っているだろう。しかし衆参で決議内容が異なる点の出題は厳しい（衆議院→排除を決議／参議院→失効を決議）。

エ－○　1937年の国民精神総動員運動以前にも，「国民精神作興に関する詔」が1923年に出されている。「国民精神作興に関する詔」は，関東大震災後の復興に対して，国家の再建を呼びかけるために出された詔書。12年度教育学部で同詔書を史料として出題しているので見ておこう。

オ－○　美濃部達吉の天皇機関説が反国体的であるとして貴族院で排撃されると，それに同調して岡田啓介内閣は「国体明徴声明」を出したことは知っているだろう。しかし1935年の8月と10月の2回出していることを問うのは厳しい。

問6　答：ア ────────────────────────────── 標準

空欄1の前の箇所に「日清戦争」とあることから，最も関係の深いアの伊藤博文を選びたい。日清戦争時の総理大臣は伊藤博文（第2次内閣）で，日清戦争勝利の功績から，伯爵から侯爵（「伯が侯となりて」）となっている。

問7　答：ア・ウ・オ ────────────────────────── 難

「帝国国策遂行要領（1941年9月）」（次の表中の②）に関連する国内外の動向について，誤文を選ぶ出題。「すべて選べ」とあるので難度が高い。

御前会議は，**天皇出席**のもとで，**開戦・講和**などの**重要国務審議を行う会議**で，元老・主要閣僚・軍部首脳らが出席した。**法制上の規定はない**。教科書・用語集等に出てくる御前会議を一覧にしたので確認しよう。

御前会議	① 1941年 7／2	（近衛内閣Ⅱ）	帝国国策要綱決定・対ソ戦準備 南部仏印進駐・南北併進決定
	② 1941年 9／6	（近衛内閣Ⅲ）	帝国国策遂行要領決定・10月上旬まで日米交渉不調→対米開戦決定
	③ 1941年 11／5	（東条内閣）	日米交渉打ち切り→12月初頭の開戦
	④ 1941年 12／1	（東条内閣）	12月8日の対米英蘭戦決定
	⑤ 1943年 9／30	（東条内閣）	防衛ラインを絶対国防圏まで後退させることを決定
	⑥ 1945年 8／9	（鈴木内閣）	ポツダム宣言受諾を決定
	⑦ 1945年 8／14	（鈴木内閣）	ポツダム宣言受諾と終戦の最終決定

(注)　Ⅱ・Ⅲは第2次・3次内閣，鈴木は鈴木貫太郎。

資料C「三」の「十月上旬……対米（英蘭）開戦ヲ決意ス」の箇所から，資料C

の帝国国策遂行要領は，表の②に該当することがわかる。

ア－× 「開戦の決定」は，表の②〜④に該当（計3回）するので，「4回おこなわれた」が誤りとなる。表の①で決定したのは「対ソ戦」と「南方進出体制の強化」で，資料Cにある「対米（英蘭）戦争」に関わる決定ではない。なお表の①の御前会議においては「南方進出目的達成の為，対英米戦を辞せず」と明記されているのだが，直接「開戦の決定」に関わったとはとらえにくい。

イ－○ 「情勢ノ推移ニ伴フ帝国国策要綱」とは，情勢に応じての対ソ戦を決定した7月2日の「帝国国策要綱」（表中の①）の正式名である。「帝国国策要綱」と「帝国国策遂行要領」の読み間違い・書き間違いに注意。

ウ－× 日本の仏領インドシナ南部進駐は，表の①の後なので，「この御前会議の後」ではなく「前」が正解になる。

エ－○ 関東軍特種演習（関特演）は，1941年7月に行われている。なお関東軍特種演習までの推移は年代配列の出題の際などに注意しよう。

日ソ中立条約 1941・4/13 → 日米交渉 1941・4/16 → 独ソ戦開始 1941・6/22 → 対ソ戦準備 1941・7/2 → 関東軍特種演習 実施／8月中止

オ－× 東条英機ではなく，近衛文麿が正解になる。

カ－○ 大西洋憲章は，1941年8月に発表されているので，開戦前になる。

解 答

問1 丸山真男　　問2 内村鑑三　　問3 エ　　問4 ウ　　問5 ア

問6 ア　　問7 ア・ウ・オ

37

◇次の文を読んで，問に答えなさい。

　1853 年，アメリカ東インド艦隊司令長官ペリーが琉球（那覇）に来航し，その後，浦賀に来航して，幕府に開国を要求した。翌年，ふたたび来航したペリーとの間で幕府は日米和親条約に調印して開国し，また，琉球は琉米修好条約を結んだ。

　1879 年，日本政府は琉球を日本に組み込んで沖縄県を置いたが，清はこれを認め
なかった。そこで，日本政府は，来日した前アメリカ大統領の仲介で，沖縄県の宮古・八重山列島を清に譲渡するかわりに，日清修好条規を改正して，中国内地で欧米人なみの通商権を得ようとした。しかし，改正条規に清が調印しなかったため，実現しなかった。

　1894 年，日清戦争中に調印した　A　条約によって，日本はアメリカとの間で法権を回復した。一方，アメリカは 1898 年，ハワイを併合し，スペインとの戦争に勝って，独立運動が展開されていた　B　を領有するなど，アジア・太平洋地域への進出をはかっていた。1905 年，アメリカ大統領の調停で開催されたポーツマス講和会議により日露戦争は終結した。戦後，日本が南満州の権益を独占したことに対し，アメリカは満州の門戸開放を唱えて反発した。他方，1911 年に調印した　A　条約により，日米は対等な関係となった。第一次世界大戦中の 1917 年には，日米の利害調整のため石井―ランシング協定がむすばれた。

　1939 年，日本が日中戦争を全面化させ，「　C　」の形成をすすめると，アメリカは　A　条約の廃棄を日本に通告し，1940 年，石油・屑鉄の対日輸出を制限して，中国への援助を強化した。日本は武力南進態勢を固める一方，1941 年，外交交渉で日米両国の対立を調整しようとはかった。しかし，御前会議で日米交渉が成立しなければ開戦に踏み切るとの「　D　」を決定し，12 月 8 日，アメリカ・イギリスに宣戦布告して，戦争に突入していった。1942 年，アメリカは日本に対する反攻作戦を本格化し，1944 年後半から日本本土に対する空襲が激しくなった。1945 年 4 月，アメリカ軍は沖縄本島に上陸し，以後，一般県民を巻き込む激しい戦闘が 3 カ月近く続いた。その結果，アメリカ軍は沖縄全島を占領し，日本政府の行政権を停止した。

　1945 年 8 月，戦争は終結し，日本本土はアメリカ軍を主力とする連合国軍に占領された。他方，沖縄はアメリカ軍の直接軍政下におかれた。

　1951 年 9 月，サンフランシスコ平和条約が調印され，翌年 4 月，発効により占領は終結した。しかし，沖縄は引き続きアメリカの施政権下におかれた。一方，平和条約と同時に調印された日米安全保障条約により，アメリカ軍は日本に駐留し続けた。

1952 年，この条約にもとづいて ☐ E ☐ が締結され，日本はアメリカ駐留軍の施設を無償で提供し，駐留費用を日本側が分担することなどを認めた。沖縄では 1949 年，本格的な軍事基地の建設がはじまり，1953 年，アメリカは土地収用令を公布して，土地の強制収用をすすめた。1954 年には日本とアメリカは MSA 協定をむすんだ。
　ペリーが那覇と浦賀に来航してから 1 世紀が経過していた。

問1　下線aに関連する説明として誤っているものはどれか。1つ選び，マーク解答用紙の該当する記号をマークしなさい。
　ア　日本政府は琉球王国を廃止して琉球藩を設置していた。
　イ　琉球の尚泰は日本の華族となった。
　ウ　日本政府はこの時，軍隊を琉球に派遣した。
　エ　琉球では日本への統合に反対・抵抗する動きがおこった。
　オ　日本政府は沖縄県に対して当初から近代化政策を推進した。

問2　空欄Aにあてはまる語句を漢字6字で記述解答用紙の解答欄に記入しなさい。

問3　空欄Bにあてはまる語句を記述解答用紙の解答欄に記入しなさい。

問4　下線bに関する説明として誤っているものはどれか。1つ選び，マーク解答用紙の該当する記号をマークしなさい。
　ア　第2次大隈内閣が外務大臣をアメリカに派遣して調印した。
　イ　当時，アメリカは第一次世界大戦に参戦していた。
　ウ　アメリカは中国における日本の「特殊権益」を認めた。
　エ　両国は中国の領土保全・門戸開放を承認しあった。
　オ　ワシントン会議で締結された九カ国条約にともない廃棄された。

問5　空欄Cにあてはまる語句を漢字5字で記述解答用紙の解答欄に記入しなさい。

問6　下線cに関連する説明として誤っているものはどれか。1つ選び，マーク解答用紙の該当する記号をマークしなさい。
　ア　交渉は野村吉三郎と国務長官ハルとの間ですすめられた。
　イ　第2次近衛内閣は対米強硬論の東条英機陸相を除くためいったん総辞職した。
　ウ　交渉を継続しようとする近衛首相と打ち切りを主張する東条英機陸相が対立した。
　エ　アメリカ側はハル＝ノートで満州事変以前の状態に復帰することなどを要求した。

オ　日本側はハル゠ノートを最後通告とみなし，交渉は不成功と判断した。

問7　空欄Dにあてはまる語句を漢字8字で記述解答用紙の解答欄に記入しなさい。

問8　下線dに関する説明として誤っているものはどれか。1つ選び，マーク解答用紙の該当する記号をマークしなさい。

ア　中等学校の男女生徒が鉄血勤皇隊・女子学徒隊に編成された。

イ　戦闘の妨げになるなどの理由から住民の集団自決が発生した。

ウ　スパイ容疑で住民が日本軍によって殺害される事態が発生した。

エ　アメリカ軍による激烈な攻撃は「鉄の暴風」と呼ばれる。

オ　日本軍は本土決戦を避けるため，沖縄戦に全力を投入した。

問9　空欄Eにあてはまる語句を漢字6字で記述解答用紙の解答欄に記入しなさい。

問10　下線eに関する説明として誤っているものはどれか。1つ選び，マーク解答用紙の該当する記号をマークしなさい。

ア　アメリカの相互安全保障法による援助を受けることを規定した協定である。

イ　日米相互防衛援助協定のほかに4つの協定が締結された。

ウ　この協定によって日本はアメリカから経済・軍事援助を受けることになった。

エ　この協定によって日本は防衛力増強の義務をアメリカに対して負うことになった。

オ　この協定の成立にともなって，日本政府は陸・海・空の3自衛隊を設置した。

解説 近現代の日米関係と沖縄

　ペリー来航からMSA協定まで，日米関係と沖縄を中心に構成された出題。すべて標準的な出題内容となっている。早大では，沖縄に関する出題は頻出なので，確実な学習を心がけてほしい。

問1　答：オ　　　　　　　　　　　　　　　　　　　　　　　　　　標準

　日本政府は，琉球王国を沖縄県として日本領土の一部として組み込んだが，日清間の対立や旧支配層への配慮もあり，従来の制度や慣習を継続した。「当初から近代化政策を推進した」の箇所が誤りとなる。地租改正などの**近代化が進展するのは日清戦争以後**になる。

　ア・イは正文。1871年の廃藩置県後に，琉球は鹿児島県の管轄下に置かれ，1872年に琉球藩となった。その際に，尚泰を藩王とし，華族に列した。

問2　答：日米通商航海　　　　　　　　　　　　　　　　　　　　　標準

　空欄　A　は3カ所設定されており，「1894年，日清戦争中に調印」の箇所で判断できればいいが，「1911年に調印した　A　条約により，日米は対等な関係」「1939年，……アメリカは　A　条約の廃棄を日本に通告」の箇所からも，「日米通商航海」が正解だとわかる。なお日米通商航海条約は，**アメリカが日本に対して廃棄通告**したことに注意しよう（日本がアメリカに廃棄通告したのではない）。

問3　答：フィリピン　　　　　　　　　　　　　　　　　　　　　標準

　日清戦争後，列強は中国分割を積極的に展開したのに対して，アメリカは中国分割に反対した。その一方で，1898年にハワイを併合し，スペインとの米西戦争に勝利し，スペイン領であったフィリピンを奪い植民地にし，アジア・太平洋への進出をはかった。

問4　答：ア　　　　　　　　　　　　　　　　　　　　　　　　　標準

　石井・ランシング協定は，寺内正毅内閣の時に調印された。特使石井菊次郎と米国国務長官ランシングとの間で結ばれた石井・ランシング協定は，**アメリカは中国における日本の特殊権益を承認**し，**日本はアメリカが主張する中国の領土保全・門戸開放の原則を確認**するもので，**九カ国条約締結により1923年に廃棄**された。

問5　答：東亜新秩序　　　　　　　　　　　　　　　　　　　　　標準

　日中戦争により，近衛文麿内閣は3度にわたり近衛声明を発表した。第2次近衛声明で，日中戦争の目的を「東亜新秩序の建設」であるとし，日本・満州・中国の連携による新生アジアの建設を内容とした。

問6　答：イ　　　　　　　　　　　　　　　　　　　　　　　　　標準

　「東条英機陸相」を「松岡洋右外相」にすることで正文になる。松岡洋右外相は，

対米強硬論を主張していたが，日米交渉の決裂を恐れた第2次近衛文麿内閣は，松岡洋右外相を除くために，内閣を総辞職して，外相を豊田貞次郎にかえて第3次近衛内閣を組閣した。

　ハル＝ノートは，アメリカ国務長官ハルが示したアメリカ側の最終提案で，**中国・仏印からの日本軍の無条件撤退，満州国・汪兆銘（精衛）政権の否認，三国同盟の廃棄，中国を満州事変以前の状態に戻す**ことなどが規定された。早大では，「ハル＝ノート」の内容に関して正誤で問う出題が多いので，確実におさえておこう。

問7　答：帝国国策遂行要領　　　　　　　　　　　　　　　　　標準

　日本の**南部仏印進駐**に対して，アメリカ・イギリス・オランダは**日本資産の凍結・日本への石油輸出全面禁止**の措置をとった。これを受けて，1941年9月の御前会議で，日米交渉の期限を10月上旬と区切り，**日米交渉が成功しなければ対米（英・蘭）開戦に踏み切る**ことを決定した対外方針を「帝国国策遂行要領」という。

　結果的に日米間の妥協点を見出すことができず，日米交渉の妥結を希望する近衛文麿首相と，交渉打ち切り・開戦を主張する東条英機陸相が対立し，東条英機内閣が成立した。

問8　答：オ　　　　　　　　　　　　　　　　　　　　　　　　標準

　沖縄戦を本土決戦の準備のための時間をかせぐ捨て石として位置づけていたため，住民の避難や安全確保は軽視されていたことから，「本土決戦を避ける」「全力を投入」の箇所が誤りとなる。

問9　答：日米行政協定　　　　　　　　　　　　　　　　　　　標準

　空欄　E　の前後の，「1952年」「アメリカ駐留軍の施設を無償で提供」「駐留費用を日本側が分担」などから，日米行政協定と判断できるだろう。

　日米行政協定は，日米安全保障条約に基づく細目協定で，**アメリカ軍人に対する治外法権が認められている**など不平等な側面があった。1960年に**日米新安全保障条約**が調印されると，日米行政協定は**日米地位協定**へと改定され，**防衛分担金が廃止**された。

問10　答：イ　　　　　　　　　　　　　　　　　　　　　　　標準

　1954年に成立した**MSA協定（日米相互防衛援助協定）**は，アメリカの相互安全保障法に基づいて締結された協定で，**経済援助を受ける代わりに日本の防衛力を増強する**ように定めたものである。農産物購入協定・経済措置協定・投資保証協定も結ばれ，あわせて**MSA4協定**という。イの「日米相互防衛援助協定のほかに4つの協定」の箇所が誤りとなる。

ウ・エ―○　アメリカは反ソ・反共を目的として，軍事・経済援助を与えるが，日本も自ら自由世界の防衛力に寄与することを義務づけられた。

オ―○　MSA協定の成立により，従来の保安庁を発展・改組して**防衛庁**（2007年度から防衛省に昇格）とし，防衛庁統轄の下で陸・海・空の3自衛隊が設置され

た。自衛隊創設までの経緯をまとめたので，確実に覚えて得点できるようにしておこう。

	国際情勢	国内の動き
占領当初	米ソによる朝鮮半島直接統治 中国国共内戦（1946年） 大韓民国成立（1948年） 朝鮮民主主義人民共和国成立（1948年） 中華人民共和国成立（1949年） 東西冷戦激化	非軍事化・民主化
1950年	朝鮮戦争勃発	警察予備隊創設（再軍備）
1951年	日米安全保障条約	↓
1952年	日米行政協定	保安隊に改組
1953年	朝鮮戦争休戦	↓
1954年	MSA協定 ⟹	自衛隊創設

（1951年〜1954年の国内の動き：逆コース）

第5章　現　代

38

◇次の文章を読んで，下記の設問（A〜I）に答えよ。

　第二次世界大戦終結後，連合国軍最高司令官総司令部（GHQ）のマッカーサーは，幣原首相に対し，女性の参政権，労働組合の結成奨励，教育制度の自由主義的改革，秘密警察などの廃止，　a　の民主化，のいわゆる五大改革を指示した。

　1945 年 10 月には，GHQ の指令で出獄した徳田球一らを中心に　b　が合法政党として活動を開始し，その後，相次いで政党が誕生した。また，新選挙法が制定され，翌年，戦後初の総選挙が実施された。この法律によって，満 20 歳以上の男女に選挙権が与えられ，有権者数が大幅に増加した。

　GHQ の労働政策は，労働基本権の確立と労働組合の結成に向けられた。このため，まず労働組合法が制定され，労働者の団結権・団体交渉権・　c　が保障された。さらに労働関係調整法，労働基準法が制定され，労働三法が成立した。

　GHQ は教科書の不適当な記述の削除，軍国主義的な教員の追放を指示し，さらに修身・日本歴史・　d　の授業を一時禁止した。その後，アメリカ教育使節団の勧告により，教育の機会均等や男女共学の原則をうたった教育基本法が制定されるなど，教育制度の自由主義的改革が進んだ。

問A　空欄aに該当する語句を記述解答用紙の解答欄に漢字2字で記せ。

問B　空欄bに該当する語句を記述解答用紙の解答欄に漢字5字で記せ。

問C　空欄cに該当する語句を記述解答用紙の解答欄に漢字3字で記せ。

問D　空欄dに該当する語句を記述解答用紙の解答欄に漢字2字で記せ。

問E　下線部イに関する記述として誤っているものを1つマークせよ。
1　日本社会党は，旧無産政党各派を統合して結成された。
2　日本自由党は，旧立憲政友会系の議員を中心に結成された。
3　日本自由党の初代総裁は，芦田均である。
4　日本進歩党は，旧立憲民政党の町田忠治を総裁として結成された。
5　日本協同党は，船田中らを中心に結成された。

問F　下線部ロに関する記述として誤っているものを1つマークせよ。
1　新選挙法は，幣原内閣の時に制定された。
2　39名の女性議員が誕生した。
3　日本進歩党が第二党となった。
4　選挙後，第一次吉田茂内閣が発足した。
5　選挙後，女性議員は，超党派の戦後対策婦人委員会を結成した。

問G　下線部ハについて，GHQが戦後の労働政策を展開するにあたり，前提と考えていた戦前の事情とはいかなるものであったのかを，記述解答用紙の解答欄に30字以内で記せ。なお，句読点も1字として数えよ。

問H　下線部ニに関する記述として誤っているものを1つマークせよ。
1　労働組合法は，日本国憲法の施行後に施行された。
2　労働関係調整法で，労資紛争の斡旋・調停・仲裁が規定されている。
3　労働基準法ではじめて1日8時間労働が法的に規定された。
4　労働行政を担当するため，労働省が設置された。
5　労働組合法を機に労働組合の結成が相次ぎ，日本労働組合総同盟，全日本産業別労働組合会議が結成された。

問I　下線部ホに関する記述として誤っているものを1つマークせよ。
1　義務教育が6年から9年に延長された。
2　学校教育法により，6・3・3・4の新学制が発足した。
3　都道府県・市町村ごとに教育委員会が設置された。
4　最後の国定歴史教科書は，『くにのあゆみ』であった。
5　新教育の開始に伴い，文部省が教育勅語の失効を決定した。

解説　戦後の五大改革

> 戦後の民主化政策の基本となった五大改革指令に関する出題。問Gの論述は字数が少なく，教科書レベルである。他の問題も標準的な内容になっているので，失点はさけたい。

問A　答：経済　　　　　　　　　　　　　　　　　　　　　　　　　　　易

　　五大改革指令の項目は早大に限らず基本事項になる。GHQ は**非軍事化・民主化**促進のために，経済の民主化などを内容とする五大改革指令を口頭で指示した。経済の民主化において，財閥解体・農地改革などが実施された。特に早大では，「五大改革指令に含まれないもの」を選択させる出題が多い（12 年度法学部・13 年度社会科学部）ので，よく確認しておこう。

問B　答：日本共産党　　　　　　　　　　　　　　　　　　　　　　　標準

　　空欄ｂの前後の，「徳田球一」「合法政党として活動」の箇所から，日本共産党と即答したい。日本共産党は，1922 年に**堺利彦・山川均**らが中心となってコミンテルンの日本支部として**非合法**のうちに結成されたが，1945 年に**合法政党として再建**された。**徳田球一**は，**三・一五事件**（1928 年の共産党員大量検挙事件）で検挙されていたが，1945 年に予防拘禁所から出所した。

問C　答：争議権　　　　　　　　　　　　　　　　　　　　　　　　　標準

　　労働組合法には，「労働者の団結権」「団体交渉権」「争議権」の労働三権が規定されている。

問D　答：地理　　　　　　　　　　　　　　　　　　　　　　　　　　易

　　朝鮮や台湾などを日本の領土として教えていた地理は，修身・日本歴史とともに一時停止された。1947 年には，停止されていた修身・日本歴史・地理にかわり，民主教育の象徴的科目として**社会科**が設定された。

問E　答：3　　　　　　　　　　　　　　　　　　　　　　　　　　　標準

　　3－×　**日本自由党**の初代総裁には**鳩山一郎**が就任した。戦前から戦後間もなく結成された政党の推移は，確実に得点できるようにしておこう。

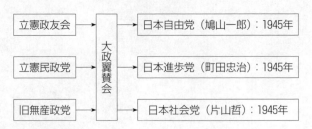

　　戦後初の総選挙（1946年）において，**日本自由党が第一党**となったが，**鳩山一郎は公職追放**により排除されることとなった。そこで日本自由党は**吉田茂**を総裁として迎え，**第1次吉田茂内閣**（戦後初の政党内閣）が発足した。なお，第1次吉田茂内閣発足は1932年の**五・一五事件**から14年ぶりの**政党政治の復活**でもある。

問F　答：5　　　　　　　　　　　　　　　　　　　　　　　　　　　　　　　標準

　5－×　下線部ロの「戦後初の総選挙が実施」は1946年4月で，戦後対策婦人委員会の結成は1945年8月のため，「選挙後」ではなく「選挙前」になる。戦後対策婦人委員会結成の年代を知らなくても，他の選択肢の内容が基本事項のため，消去法で正解を出したい。

　幣原内閣のときに制定された**新選挙法**（1945年12月）で，**女性参政権**が認められるとともに，**満20歳以上の成人男女に選挙権**が与えられた（有権者はこれまでの**3倍に拡大**）。なお新選挙法公布・総選挙実施（1945年12月・1946年4月）は，日本国憲法公布・施行（1946年11月・1947年5月）前に行われていることに注意しよう。なお，2015年6月の公職選挙法等の一部改正により，選挙権年齢が**18歳以上**に引き下げられた。

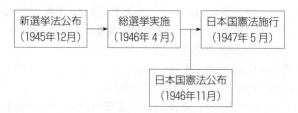

問G　答：低賃金構造に基づく国内市場の狭さが対外侵略の要因となった。（29字）

　　　　　　　　　　　　　　　　　　　　　　　　　　　　　　　　　　　　　標準

　戦前の日本では，労働者は低賃金・長時間労働の改善を求めたが，治安警察法で労働運動が弾圧され，低賃金・長時間労働という状況は改善されなかった。また小作農が多かったこともあり，国内で生産された商品が，国内で消費できない状況にあった。国内市場が狭かったことから，どうしても海外市場に目を向けざるをえなくなり，対外侵略を展開したとGHQは考えたのである。

　論述のポイントとしては，「低賃金により国内市場が狭い」「対外侵略の要因」の2点をまとめるとよい。なおGHQは戦後，労働組合の結成奨励により労働環境を改善し，農地改革により小作農を自作農へと転換させて国内での消費力を向上させた。

問H　答：1　　　　　　　　　　　　　　　　　　　　　　　　　　　　　　　標準

　1－×　労働組合法は1945年に公布され，翌年に施行された。

　4－○　「**労働省**」は，1947年に**片山哲**内閣のもとで設置された労働行政機関で，2001年に**厚生労働省**となった。

5－○　「日本労働組合総同盟（総同盟）」は，1946年に都道府県別に連合した労働組合の全国的組織で，反共の立場をとった。対する「全日本産業別労働組合会議（産別）」は，日本共産党の指導で，1946年に産業別に統合された労働組合の全国的組織。「総同盟」と「産別」は，同年に結成されていること，都道府県別はどちらか，反共の立場はどちらかに着目しよう。正確に記述できるようにもしておきたい。

　　なお「労働三法」は，年代・内閣が異なるので注意しよう。

労働三法	労働組合法（1945年12月）	幣原喜重郎内閣
	労働関係調整法（1946年9月）	第1次吉田茂内閣
	労働基準法（1947年4月）	

問Ⅰ　答：5 ━━━━━━━━━━━━━━━━━━━━━━━━━━　標準

5－×　教育勅語の失効を決定したのは文部省ではなく，1948年に国会（衆議院・参議院）で決議された。

2－○　「学校教育法（1947年）」では，「6・3・3・4制」の単線型教育が導入された。現在も単線型教育は守られているが，多様化が進んでいる。なお「教育基本法（1947年）」は，2006年，安倍晋三内閣のときに改正され，「伝統と文化を尊重」「我が国と郷土を愛する」等の内容が追加された。

3－○　「教育委員会」は都道府県・市町村ごとに設置され，公選制が導入されたが，1956年に首長による任命制へ転換された。

4－○　『くにのあゆみ』は，最後の国定歴史教科書で，歴史のはじまりを神話から考古学へ転換させ，戦後の歴史教科書の原型となった。また庶民の歴史も登場した。

解　答

問A　経済　　問B　日本共産党　　問C　争議権　　問D　地理

問E　3　　問F　5

問G　低賃金構造に基づく国内市場の狭さが対外侵略の要因となった。（29字）

問H　1　　問Ⅰ　5

39

◇次の【史料】1 ～ 4 を読み，下記の問いA，Bに答えよ。

【史料】1
①

第1条　(a)　日本国と各連合国との間の戦争状態は，……この条約が日本国と当該連
　　　　　　　合国との間に効力を生ずる日に終了する。

　　　　(b)　連合国は，日本国及びその領水に対する日本国民の完全な主権を承認す
　　　　　　　る。

第2条　(a)　日本国は，（　②　）の独立を承認して，済州島，巨文島及び鬱陵島を
　　　　　　　含む（　②　）に対するすべての権利，権原及び請求権を放棄する。

　　　　(b)　日本国は，（　③　）及び澎湖諸島に対するすべての権利，権原及び請
　　　　　　　求権を放棄する。

　　　　(c)　日本国は，千島列島並びに日本国が 1905 年 9 月 5 日のポーツマス条約
　　　　　　　　　　　　　　　　　　　　　　　　　　　　　　　　　④
　　　　　　　の結果として主権を獲得した樺太の一部及びこれに近接する諸島に対する
　　　　　　　すべての権利，権原及び請求権を放棄する。

第3条　日本国は，北緯 29 度以南の南西諸島（琉球諸島及び大東諸島を含む），孀婦
　　　　岩の南の南方諸島（小笠原群島，西之島及び火山列島を含む）並びに沖の鳥
　　　　島及び南鳥島を合衆国を唯一の施政権者とする（　⑥　）の下におくことと
　　　　する国際連合に対する合衆国のいかなる提案にも同意する。……

【史料】2

第1条　平和条約及びこの条約の効力発生と同時に，アメリカ合衆国の陸軍，空軍及
　　　　　⑦
　　　　び海軍を日本国内及びその付近に配備する権利を，日本国は許与し，アメリ
　　　　カ合衆国はこれを受諾する。この軍隊は，極東における国際の平和と安全の
　　　　維持に寄与し，並びに，一又は二以上の外部の国による教唆又は干渉によっ
　　　　て引き起こされた日本国における大規模の内乱及び騒じょうを鎮圧するため，
　　　　日本国政府の明示の要請に応じて与えられる援助を含めて，外部からの武力
　　　　攻撃に対する日本国の安全に寄与するために使用することができる。

第3条　アメリカ合衆国の軍隊の日本国内及びその付近における配備を規律する条件
　　　　は，両政府間の行政協定で決定する。
　　　　　　　　　　　　　　⑧

【史料】3
⑨

第3条　締約国は，個別的に及び相互に協力して，継続的かつ効果的な自助及び相互

　　　　援助により，武力攻撃に抵抗するそれぞれの能力を，憲法上の規定に従うこ
　　　　とを条件として，維持し発展させる。

第4条　締約国は，この条約の実施に関して随時協議し，また，日本国の安全又は極
　　　　東における国際の平和及び安全に対する脅威が生じたときはいつでも，いず
　　　　れか一方の締約国の要請により協議する。

第5条　各締約国は，日本国の施政の下にある領域における，いずれか一方に対する
　　　　武力攻撃が，自国の平和及び安全を危うくするものであることを認め，自国
　　　　の憲法上の規定及び手続に従って共通の危険に対処するように行動すること
　　　　を宣言する。

第6条　日本国の安全に寄与し，並びに極東における国際の平和及び安全の維持に寄
　　　　与するため，アメリカ合衆国は，その陸軍，空軍及び海軍が日本国において
　　　　施設及び区域を使用することを許される。

【史料】4

4　総理大臣と大統領は，この地域の安定を促進し，日米両国が直面する安全保障上
　　の課題に対処していくことの重要性を強調した。これに関連して総理大臣と大統
　　領は，日本と米国との間の同盟関係が持つ重要な価値を再確認した。両者は，
　　「　＊　」を基盤とする両国間の安全保障面の関係が，共通の安全保障上の目標
　　を達成するとともに，二一世紀に向けてアジア太平洋地域において安定的で繁栄
　　した情勢を維持するための基礎であり続けることを再確認した。

　(a)　総理大臣は，冷戦後の安全保障情勢の下で日本の防衛力が適切な役割を果た
　　　すべきことを強調する 1995 年 11 月策定の新防衛大綱において明記された日本
　　　の基本的な防衛政策を確認した。……両首脳は，「　＊　」に基づく米国の抑
　　　止力は引き続き日本の安全保障の拠り所であることを改めて確認した。

　　　　　　　　　　　　　　　　　(注)「　＊　」には，【史料】3の条約名が入る。

A　下記の問い1～8の答えをそれぞれあ～おから選び，マーク解答用紙に記せ。

問1　下線部①の条約をめぐって，日本国内に論争が生じた。この条約を締結した
　　首相は，政府の立場を批判するある知識人の主張を「曲学阿世の徒」の言葉に過
　　ぎないとして批判した。批判された知識人は誰か。
　　あ　安倍能成　　　　　い　大内兵衛　　　　　う　南原繁
　　え　矢内原忠雄　　　お　和辻哲郎

問2　（　②　）と（　③　）に入る語彙の組み合わせとして正しいものはどれか。
　　あ　②朝鮮③台湾　　　　　　　　い　②韓国③台湾
　　う　②朝鮮③中華民国　　　　　え　②韓国③中華民国

お　②大韓民国③中華民国

問3　下線部④の条約によって，当時の日本政府が確保できなかったものは何か。
　あ　韓国に対する指導権　　　　　　い　関東州の租借権
　う　長春・旅順口間の鉄道　　　　　え　賠償金
　お　沿海州・カムチャッカ周辺の漁業権

問4　下線部⑤の地域が日本に返還された年の後に行われたものは何か。
　あ　IMF 加盟　　　　　　　　　　い　ILO87 号条約批准
　う　GATT 加盟　　　　　　　　　え　OECD 加盟
　お　核兵器拡散防止条約への参加

問5　下線部⑦を批准した翌年，日本政府が，アメリカ政府の要求に応じて国交回復を目的に締結し，1972 年に無効となった条約は何か。
　あ　日印平和条約　　　　　　　　　い　日華平和条約
　う　日ビルマ平和条約　　　　　　　え　日中平和友好条約
　お　日韓基本条約

問6　下線部⑨を締結した首相について，誤っているものはどれか。
　あ　東条内閣で商工大臣に就任
　い　A級戦犯容疑者として逮捕
　う　初代自民党幹事長に就任
　え　第1次防衛力整備計画を決定
　お　警察官職務執行法の改正を実現

問7　【史料】4は，日米間で結ばれた共同宣言である。下線部⑪は誰か。
　あ　中曽根康弘　　　　い　竹下登　　　　　　う　海部俊樹
　え　橋本龍太郎　　　　お　小渕恵三

問8　【史料】4の共同宣言を結んだ下線部⑫は誰か。
　あ　B.クリントン　　　い　R.レーガン　　　う　J.カーター
　え　G.H.W.ブッシュ　　お　G.W.ブッシュ

B　下記の問い1～3の答えを，記述解答用紙に漢字で記せ。
　問1　（　⑥　）は，国際連合の監督のもとで，施政権が委ねられた国が，独立国として自立できない地域に施政権を行使する制度である。その制度を何というか。

問2 　下線部⑧は，【史料】3が結ばれると，【史料】3の第6条に基づき，新たな
　　ものに代えられた。新たに駐留米軍の日本国内での施設や区域の使用要件などを
　　具体的に明示したものを，略称で何というか。

問3 　下線部⑩の規定に基づき協議機関が設置され，その下部機関の小委員会が
　　70年代に報告を提出し，当時の内閣が閣議決定したものが「日米防衛協力指針
　　（ガイドライン）」である。「日米防衛協力指針」を閣議決定し，直後に辞職した
　　首相は誰か。姓名を記せ。

解説 **戦後の日米関係史**

史料を用いて戦後の日米関係の推移を探る出題。【史料】4は史料集に掲載されているが，史料の特定がやや難しいため，Aの問7・問8の解答に苦しむだろう。その他は標準的な出題内容となっている。

A

問1 答：う 〔標準〕

【史料】1は，第1条(a)の「戦争状態は…終了する」，(b)の「日本国民の完全な主権を承認する」の箇所から，サンフランシスコ平和条約とわかる。サンフランシスコ平和条約調印をめぐり国内では，単独（片面・多数）講和論と全面講和論の論争があり，吉田茂首相は，全面講和論を主張する東大総長南原 繁 を「 曲 学阿世の徒（学問の真理を曲げて世におもねる者）」として批判した。なおあの安倍能成，いの大内 兵 衛 （第2次人民戦線事件で検挙），えの矢内原忠雄（論説「国家の理想」が批判）も全面講和論を主張した。

問2 答：あ 〔標準〕

サンフランシスコ平和条約において，日本は朝鮮の独立を承認し，台湾や澎湖諸島に対する主権を放棄した。【史料】1の第2条(c)で，日本が「樺太の一部及びこれに近接する諸島（千島列島）」の主権を放棄しているが，台湾・澎湖諸島・樺太・千島列島の帰属が明らかになっていない点にも注意しよう。

問3 答：え 〔易〕

日本は日露戦争において，約17億円の戦費を費やしたにもかかわらず，賠償金を獲得することはできなかった。

問4 答：お 〔やや難〕

小笠原諸島の日本返還は，佐藤栄作内閣時の1968年である。IMF加盟は1952年，GATT加盟は1955年，OECD加盟は1964年なので，あ・う・えが消去できる。いのILO87号条約批准は1965年，おの核兵器拡散防止条約への参加は1970年なので，正解はおになる。

い・おに絞れる判断力があればよいと思われる。なお，あのIMF加盟を「1964年のIMF8条国への移行」と判断しないように気をつけよう。

問5 答：い 〔標準〕

【史料】2の第1条で米軍の駐留が規定されていることから，1951年に調印された日米安全保障条約であることがわかる。問題文の「翌年（1952年）」「1972年に無効」という条件を満たすのは，いの日華平和条約のみである。日印平和条約調印は1952年，日ビルマ平和条約は1954年，日中平和友好条約は1978年，日韓基本

条約は 1965 年。

問6 答：お 標準

【史料】3の第3条の「相互に協力」，第4条の「随時協議」，第5条の「共通の危険に対処」の箇所などから，岸信介内閣による 1960 年の**日米相互協力及び安全保障条約（日米新安全保障条約）**と判断可能である。岸信介内閣において，1948年に制定された**警察官職務執行法（警職法）**を，1958 年に改正して警察官の権限強化を図ったが，世論の反対により実現しなかった。

問7 答：え やや難

【史料】4の「二一世紀に向けてアジア太平洋地域において安定的で繁栄した情勢を維持」，(a)の「1995 年 11 月策定の新防衛大綱」，「＊（問6から新安保条約）に基づく米国の抑止力…改めて確認」などの箇所から日米安保共同宣言と判断したい。**日米安保共同宣言**は，1996 年に，**アジア太平洋地域安定**のために**米軍兵力の維持**を確認したもので，**橋本龍太郎**総理大臣と**クリントン**大統領との会談により宣言された。

問8 答：あ やや難

問7で橋本龍太郎総理大臣とクリントン大統領による「日米安保共同宣言」と判断できないと正解を出すことは難しい。問7とともに吸収しておこう。

B

問1 答：信託統治制度 標準

国際連合により**施政権を委ねられた国**が，独立国として自立できない地域に**施政権を行使する**制度を信託統治制度という。沖縄・小笠原諸島は，アメリカによる信託統治が予定されていたが，アメリカはこれを国際連合に提案せず，施政権下においた。なお小笠原諸島は 1968 年，沖縄は 1972 年に施政権が返還された。

問2 答：日米地位協定 標準

日米安全保障条約の細目協定であった日米行政協定が，1960 年の日米新安全保障条約に基づいて，**日米地位協定**へとかえられた。なお日米地位協定では，**防衛分担金が廃止**されたが，「おもいやり予算」と称される在日米軍への駐留費用を日本側が負担している。

日米安全保障条約（1951 年）	日米新安全保障条約（1960 年）
日米行政協定	日米地位協定
アメリカ駐留軍施設無償提供 防衛分担金の負担	基地提供を具体的に規定 防衛分担金の廃止

問3 答：福田赳夫 やや難

「日米防衛協力指針（ガイドライン）」を閣議決定したのは，1978 年の福田赳夫

内閣のときで，日本有事・極東有事の際の**米軍と自衛隊との共同作戦行動**を示したものである。その後，1997 年には**橋本龍太郎内閣**のもとで**新ガイドライン**が日米間で合意され，1999 年，**小渕恵三内閣**のもとで周辺事態法などを含む**新ガイドライン関連法**が制定された。1978 年のガイドラインの背景には東西冷戦，1997 年の新ガイドラインの背景には朝鮮半島有事がある。なお 2015 年 4 月 27 日，**第 3 次安倍晋三内閣**のもとで，**「新たな日米防衛協力のための指針」**が日米間で了承された。

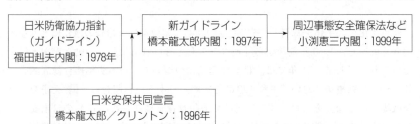

40

◇次の文章を読み，問1〜4に答えよ。問1は解答を記述解答用紙に記入せよ。問2〜4については，それぞれの解答を選び，マーク解答用紙の記号をマークせよ。

　非軍事化・民主化を基調とするGHQの初期占領政策は，冷戦の激化にともなって大きく転換し，1950年前後から「逆コース」と呼ばれる反動化の動きが顕著になった。これに対して，51年には，日本社会党につづいて，日本労働組合総評議会（総評）が，行動綱領において平和4原則を定め，日本教職員組合は，「教え子をふたたび戦場に送るな」をスローガンに掲げて平和教育を推進した。51年の日米安全保障条約（安保条約）調印と翌年の日米行政協定の調印にともなって，各地に米軍基地が新設・拡張されていった。これに対して，52年から石川県の　1　村（当時）で，試射場新設に対する反対運動が始まり，その後，基地反対運動は全国にひろがった。また，1954年，アメリカのビキニ水爆実験による第五福竜丸の被爆を機に，原水爆禁止運動が高まった。

　1957年に成立した岸信介内閣は，アメリカとの安保条約改定交渉に入り，安保条約改定に批判的な勢力を抑えこむために，教員への管理を強化する勤務評定（勤評）の実施や，警察官の職権を強化する　2　の改定をはかった。これに対して反対運動が高まりをみせ，勤評は反対を押しきって実施されたが，　2　の改定は阻止された。さらに，59年には安保条約改定阻止国民会議が結成され，60年1月の新安保条約調印に対する批判が強まるなかで，同年5月岸内閣が，警察官を導入して反対する野党議員を排除し，自民党単独で条約批准を強行採決すると，国民の批判はいっきょに高まった。6月，新安保条約は自然成立となったが，岸内閣は，条約発効後に総辞職した。

　安保闘争後，運動をになった政党・労働組合・全学連などの諸団体は分裂・対立を深め，社会運動は後退したが，1965年，アメリカ軍の北ヴェトナムへの爆撃（北爆）を機にヴェトナム戦争に抗議する運動（ヴェトナム反戦運動）が起こり，鶴見俊輔・小田実らが呼びかけて結成された　3　のような無党派の市民運動がひろがりをみせた。また，1960年代後半から70年代にかけて，大気・水質汚染，水銀中毒，食品公害，薬害などによる公害被害者の救済と補償，開発反対や自然保護を求める運動など，さまざまな市民運動・住民運動が起こり，73年には，その数は3000以上におよんだといわれる。

問1　空欄　1　・　2　に該当する語を漢字で，　3　に該当する語を漢字仮

名まじりで，記入せよ。なお，　3　は略称（通称）で答えてもよい。

問2　下線部 a に該当しないものはどれか。一つ選べ。

ア　全面講和　　　　　　　　　　イ　朝鮮戦争反対

ウ　中立堅持　　　　　　　　　　エ　軍事基地提供反対

オ　再軍備反対

問3　下線部 b の原水爆禁止運動などの平和運動や，その後の核実験・核兵器に関する条約についての説明のうち，誤っているものはどれか。一つ選べ。

ア　1955年には，広島で第1回原水爆禁止世界大会が開催された。

イ　1955年には，ビキニ水爆実験を契機に核戦争から子どもを守ろうと，日本母親大会が開催された。

ウ　原水爆禁止運動は，1963年には政党間の対立などから分裂した。

エ　1963年，アメリカ，イギリス，ソ連の3国が，部分的核実験停止条約を締結した。

オ　1997年には，国連において，核兵器禁止条約が多数の国の賛成を得て採択された。

問4　下線部 c の公害病のうち，水俣病に関する事項A〜Eを時代順に並べると，正しいものはどれか。

A　政府は水俣病を公害病であると認定した。

B　石牟礼道子著『苦海浄土　わが水俣病』が刊行された。

C　新潟水俣病が発生したことが公表された。

D　熊本地裁は，水俣病訴訟の裁判において，患者側勝訴の判決をくだした。

E　水俣で起きた原因不明の「奇病」が，水俣病として公式に確認された。

ア　A→E→C→B→D　　　　　　イ　B→E→C→A→D

ウ　B→C→E→D→A　　　　　　エ　E→A→C→D→B

オ　E→C→A→B→D

解説　1950年代以降の平和・社会運動

独立回復前後の平和・社会運動に関する出題。米軍基地反対運動や四大公害病など，扱っているテーマは頻出分野だが，時事的な出題を絡めたことで難度が高くなっている。頻出分野は多くの受験生が得点しやすい分野でもあるので，図説等も積極的に利用しながら，様々な情報を吸収し，点差をつけられるようにしよう。

問1　答：1　内灘　2　警察官職務執行法

**　　　3　ベトナムに平和を！市民連合（ベ平連）**　――――――――　やや難

　空欄　1　の前後の「米軍基地が新設・拡張」「石川県」「反対運動」などから，**内灘**が正解とわかる。内灘事件は，1952～1953年にかけて行われた，石川県内灘村（現，内灘町）での米軍試射場新設に対する反対運動。これをきっかけに**反対運動は全国化**することになった。米軍基地反対闘争として，1955年の**富士山麓基地反対闘争**と1956年の**砂川事件**（東京都）もぜひ覚えておこう。

　空欄　2　の前の「警察官の職権を強化」から，**警察官職務執行法**（警職法）が正解とわかる。1948年に警察官の職務を規定した警察官職務執行法が公布された。1958年に**岸信介内閣**のもとで，同法を改正して**権限を強化**しようとしたが，野党の日本社会党や世論の反対もあり**審議は未了**となった。

　空欄　3　の前後の「ヴェトナム戦争に抗議する運動」「無党派の市民運動」などから，「**ベトナムに平和を！市民連合**（略称：ベ平連）」が正解とわかる。沖縄をはじめとした日本の米軍基地が，ベトナム攻撃の後方基地となり，反戦運動が活発化するなか，作家の**小田実**や哲学者の**鶴見俊輔**らの呼びかけにより結成され，反戦を訴えた。

問2　答：イ　―――――――――――――――――――――――　やや難

　1951年に採択された平和4原則に該当するのは，**全面講和・中立堅持・軍事基地反対・再軍備反対**である。

問3　答：オ　―――――――――――――――――――――――――　やや難

オ－×　「1997年」ではなく，2017年。2017年に国連で**核兵器禁止条約**が多数の国の賛成を得て採択されたが，**全核保有国・NATO加盟国・日本は参加しなかった**。唯一の被爆国である日本が不参加だったことは，国内でも大きく取り上げられた。日本の周辺国家が核兵器を所有していることもあって，安全保障のために，核保有国（アメリカ）に依存する（核の傘）必要性も主張されており，参加の是非について意見が分かれている。

ア－○　1954年，アメリカの**ビキニ水爆実験**で**第五福竜丸**が被爆したことを受けて，1955年8月に**広島**で第1回**原水爆禁止世界大会**が開催され，**原水協**が結成

された。なお，第五福竜丸が被爆したのは，**第 5 次吉田茂内閣**の時。第 1 回原水
爆禁止世界大会が開催されたのは，**第 2 次鳩山一郎内閣**の時である。

イー○　日本母親大会は，母親と子どもの権利を守る運動で，原水爆禁止運動と結
びつき，第 1 回大会が 1955 年 6 月に東京で開催された。日本母親大会が第 1 回
原水爆禁止世界大会よりも先の開催なので，年代配列の際に注意したい。

ウー○　大きな国民運動となった原水爆禁止運動であったが，原水協が安保改定反
対の立場を表明すると保守系が離脱。ソ連が核実験を再開すると，それに反対す
る日本社会党・総評系と，擁護する共産党系とが分裂し，運動の社会的影響力が
著しく低下した。

エー○　1963 年に米・英・ソの 3 カ国が部分的核実験禁止（停止）条約を締結し
た。日本も同年に調印している。部分的とは，地下実験を除く大気圏内外・水中
での核兵器の実験禁止を意味する。地下での核実験を禁止していないため，米・
ソの核開発停止には効果がなかった。

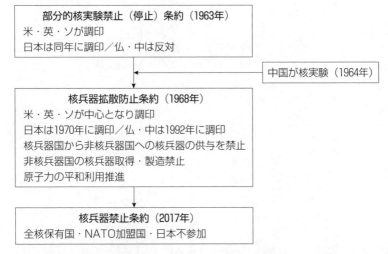

問4　答：オ ━━━━━━━━━━━━━━━━━━━━━━━━　難

水俣病は，四大公害病の 1 つで，新日本窒素肥料の熊本県水俣工場から排出され
た有機水銀が原因で発生した。

A．政府が水俣病を公害病と認定したのは 1968 年。B．石牟礼道子が『苦海浄
土　わが水俣病』を刊行したのは 1969 年。C．新潟水俣病の発生が公表されたの
は 1965 年。D．水俣病訴訟の裁判で患者側勝訴の判決がくだったのは 1973 年。E.
原因不明の「奇病」が，水俣病として公式に確認されたのは 1956 年。以上から時
代順は E→C→A→B→D となり，**オ**が正解となる。

1960 年代後半に公害裁判が始まる前後，政府は公害対策を進めた。1967 年に公

害対策基本法を制定し，公害を定義して，環境基準を定め，1971 年には**環境庁**を発足させた。

　なお水俣病の未認定患者救済に関して，政府は，1995 年と 2010 年に一時金を支払うなどして政治決着をはかった。

解　答

問1　1　内灘　　2　警察官職務執行法

　　　3　ベトナムに平和を！市民連合（ベ平連）

問2　イ　　問3　オ　　問4　オ

41

◇次の文章Ⅰ，Ⅱを読んで，下記の設問（A～Ⅰ）に答えよ。

Ⅰ

　1955 年にはアメリカの景気回復を背景に輸出が大幅に増え，日本経済は上向いた。
1956 年に発表された『経済白書』は，これまで特需に依存して成り立っていた日本
経済も，ようやく安定軌道に乗ったとして，「もはや『戦後』ではない。われわれは
いまや異なった事態に当面しようとしている。回復を通じての成長は終わった。今後
の成長は近代化によって支えられる。」と述べた。そして 1955～1957 年にかけて技術
革新を伴った設備投資ブームが到来し，景気は拡大した。この大型景気は，有史以来
という意味で「神武景気」と名付けられた。しかし，第二次中東戦争による　 a
の封鎖や，政府・日本銀行による金融引き締め政策などの影響を受け，好景気は終息
に向かい，1957～1958 年にかけて不況（後に「　 b 　不況」と呼ばれる）が訪れた。
　1955～1973 年の年平均実質経済成長率は，10 パーセント前後を記録し，後に高度
経済成長期と呼ばれた。産業構造は高度化し，第一次産業の比率が低下し，第二次産
業，第三次産業の比重が高まった。工業生産額の 3 分の 2 を重化学工業が占め，安価
な原油の安定的な供給が不可欠になった。一方で，米などわずかな例外を除いて食料
の輸入依存が進み，食糧自給率は低下した。

Ⅱ

　高度経済成長によって国民生活にゆとりが出ると，レジャー産業やマスメディアも
発達した。新聞・雑誌などの書籍発行部数が激増し，松本清張，司馬遼太郎などの人
気作家も輩出した。1953 年にはテレビ放送が開始され，日常生活に欠かせないもの
となった。
　新聞や雑誌，テレビなどで大量の情報が流されると，生活様式は次第に画一化され，
多くの国民が　 c 　意識を持つようになった。そうした中で高校・大学への進学率
が上昇し，教育の大衆化が進んだ。受験競争が激化し，無気力・無関心・無責任の
「　 d 　」が広がる一方，高校や大学では民主化を求めて学園紛争が起こった。
　科学技術の発達もめざましく，朝永振一郎，江崎玲於奈がノーベル賞を受賞した。
オリンピック東京大会や日本万国博覧会なども開催され，経済・文化面での日本の発
展が世界に向けて示された。

問A　空欄 a にあてはまる語句を，記述解答用紙の解答欄に 5 字で記せ。

問B　空欄bにあてはまる語句を，記述解答用紙の解答欄に記せ。

問C　空欄cにあてはまる語句を，記述解答用紙の解答欄に2字で記せ。

問D　空欄dにあてはまる語句を，記述解答用紙の解答欄に4字で記せ。

問E　下線部イに関する文章として，誤っているものを1つマークせよ。
1　朝鮮戦争をきっかけとしているので，朝鮮特需という。
2　アメリカ軍に対する武器・弾薬・機械・車両の製造や修理などが需要の中心であった。
3　1950〜1953年の間，最初の1年間は繊維や鋼材の需要が多かったため，「糸へん・金へん景気」と言われた。
4　特需景気であったが，実質国民総生産が戦前（1934〜1936年の平均）の水準に回復するのは1955年となった。
5　1950年6月〜1956年6月の間，物資では兵器・石炭，サービスでは建設・自動車修理などの契約高が多かった。

問F　下線部ロに関連して，神武景気以降の景気拡大期とその時期の内閣総理大臣の組み合わせ（2人以上該当する場合はいずれか1人）として，誤っているものを1つマークせよ。
1　神武景気　―　鳩山一郎
2　岩戸景気　―　石橋湛山
3　オリンピック景気　―　池田勇人
4　いざなぎ景気　―　佐藤栄作
5　列島改造ブーム　―　田中角栄

問G　下線部ハに関連して，次の①から⑤の各言葉を使用して（順序は任意。ただし「①は〜」のような丸数字での記述は不可），エネルギー産業をめぐる当時の状況を説明する80字以内の文章を，記述解答用紙の解答欄に記せ。なお，句読点も1字として数えよ。
①　解　雇　　　　　②　エネルギー革命　　　③　三池争議
④　斜陽化　　　　　⑤　閉　山

問H　下線部ニに関して，松本清張または司馬遼太郎の作品として，誤っているものを1つマークせよ。
1　『砂の器』　　　　　2　『梟の城』　　　　　3　『飼育』

4　『点と線』　　　　　　5　『坂の上の雲』

問1　下線部ホに関連して，日本人がノーベル賞を受賞した時期の順序（早い順）と
して，正しいものを1つマークせよ。
1　朝永振一郎　→　川端康成　→　佐藤栄作　→　江崎玲於奈　→　福井謙一
2　川端康成　→　朝永振一郎　→　江崎玲於奈　→　佐藤栄作　→　福井謙一
3　朝永振一郎　→　江崎玲於奈　→　川端康成　→佐藤栄作　→福井謙一
4　川端康成　→　朝永振一郎　→　佐藤栄作　→　江崎玲於奈　→　福井謙一
5　朝永振一郎　→　川端康成　→　江崎玲於奈　→　佐藤栄作　→福井謙一

解説 高度経済成長と戦後の文化

早大頻出の高度経済成長と戦後の文化に関する出題。やや難しい語句記述の出題も見られるが，教科書・用語集の範囲内である。早大では他学部で類似の問題が出題されることも多いので，そのような出題に適応できるようにしておきたい。論述問題は標準レベルの内容なので確実におさえておこう。

問A 答：スエズ運河 ──────────────── 難

中東戦争は，イスラエル・アラブ諸国間で数次にわたって行われたもので，第二次中東戦争は，スエズ戦争（スエズ動乱）とも呼ばれる。エジプトがスエズ運河を国有化したことが原因。

問B 答：なべぞこ（なべ底） ──────────── やや難

1955〜1957（昭和30〜32）年の神武景気は，国際収支の悪化や政府・日本銀行による金融引き締め政策などの影響から1957〜1958年にかけては落ち込んだ。この景気の落ち込みを「なべぞこ（なべ底）不況」という。

問C 答：中流 ──────────────────── 標準

高度経済成長により所得が増加し，消費水準が上昇したことから，多くの国民が生活の豊かさを実感するようになり，上流・下流でもなく人並みの生活階層に属しているとする「中流意識」が芽生えた。1970年には中流だと認識する人が約9割となった。

問D 答：三無主義 ──────────────── やや難

空欄 d の前の「無気力・無関心・無責任」の箇所がヒント。中流意識が高まる中で，高校・大学への進学率が上昇した。その結果，受験競争が激化する一方で，「無気力・無関心・無責任」の三無主義も広がっていった。なお1970（昭和45）年の高校進学率は82.1%，大学・短大進学率は24.2%。

問E 答：4 ───────────────────── やや難

4−× 「1955年」が誤り。特需景気により，1951年に戦前の水準を回復した。

1−○ 朝鮮特需とも呼ばれる特需景気は，朝鮮戦争が契機となっている。この好景気が戦後日本の経済復興に大きく寄与した。

2−○ 朝鮮戦争に出動したアメリカ軍は，日本で軍需品などの調達や武器の修理を行った。この際の対価はドルで支払われている。

3−○ 兵器関係の金属製品や，麻袋などの繊維製品の需要が大きかったことから「糸へん・金へん景気」と呼ばれた。

5−○ 物資面では，1位が兵器で，2位が石炭。サービス面では，1位が建物の建設，2位が自動車修理であった。

●主な物資及びサービスの契約高

	物資	サービス
1	兵器	建物の建設
2	石炭	自動車修理
3	麻袋	荷役・倉庫
4	自動車部品	電信・電話
5	綿布	機械修理

(1950年6月〜1956年6月)

問F　答：2　　　　　　　　　　　　　　　　　　　　　　　　　　　標準

　　1958〜1961年までの岩戸景気は，岸信介内閣から池田勇人内閣へとかわった時期に該当する。早大では，高度経済成長期の好景気の年代配列は頻出。

問G　答：石炭から石油へのエネルギー革命により斜陽化した石炭産業では，1960年に大量解雇に反対する三池争議が起こった。しかし労働者側が敗北し，以後，炭鉱の閉山が相次いだ。(79字)　　　　　　　　　　　　　　　標準

　　1955年から約20年間に続いた**高度経済成長**で，年間平均10%前後の経済成長率をみせるなか，エネルギー資源が石炭から石油へと転換した（**エネルギー革命**）。これにより国内の炭鉱では解雇・閉山が相次ぎ，三池炭鉱では大量解雇に反対する**三池争議**（1960年）が起こった。1970年代の**石油危機以降**は，「未来のエネルギー」として原子力が登場し，国の政策により拡大が進められた。

問H　答：3　　　　　　　　　　　　　　　　　　　　　　　　　　　標準

　　3の『飼育』は大江健三郎の作品で，この作品で芥川賞を受賞した。他の作品に『個人的な体験』や『沖縄ノート』がある。なお大江健三郎は，1968年の川端康成に次ぐ，日本人2人目の**ノーベル文学賞受賞者**（1994年）である。『砂の器』と『点と線』は松本清張，『梟の城』と『坂の上の雲』は司馬遼太郎の作品。

問I　答：5　　　　　　　　　　　　　　　　　　　　　　　　　　　標準

　　朝永振一郎は1965年に物理学賞，川端康成は1968年に文学賞，江崎玲於奈は1973年に物理学賞，佐藤栄作は1974年に平和賞，福井謙一は1981年に化学賞をそれぞれ受賞している。日本人は**経済学以外の分野すべて**でノーベル賞を受賞している（2021年現在）。

解答

問A　スエズ運河　　問B　なべぞこ（なべ底）　　問C　中流
問D　三無主義　　問E　4　　問F　2
問G　石炭から石油へのエネルギー革命により斜陽化した石炭産業では，1960年に大量解雇に反対する三池争議が起こった。しかし労働者側が敗北し，以後，炭鉱の閉山が相次いだ。(79字)
問H　3　　問I　5

42

◇エネルギーや電力に関する次の文を読み，後の問に答えなさい。

⑴　19世紀末，筑豊炭田は日清戦争後に国内最大の産炭地となった。軍備拡張を急ぐ政府は，官営軍事工場の拡充を進めるとともに，製鋼業の振興のため，ドイツの技術を導入し，筑豊炭田の近くの八幡に最初の官営製鉄所を設立し，1901年にその操業を開始した。
　　　また，電力に関しては，1892年には，琵琶湖疏水を利用した水力発電所が開業するなど，水力発電の本格的な開始によって電力事業が勃興し，大都市では電灯の普及が始まった。第1次世界大戦前から電力業では大規模な水力発電事業が展開され，1915年には　A　水力発電所が完成し，　A　・東京間の6万kWの長距離送電も成功した。このような遠距離大量送電は，電灯の農村部への普及や工業原動力の蒸気力から電力への転換を推し進めた。

⑵　戦後のエネルギー情勢は，復興期（1945年〜55年），発展期（1955年〜73年），第1次石油危機以後（1973年〜79年），第2次石油危機以後（1979年〜1997年），温暖化対策対応期（1997年〜）に分けることができる。
　　①　復興期は，石炭の時代であった。戦後の日本経済復興の基礎を築いたのは，石炭と鉄鋼の相互作用による拡大再生産を目的としたいわゆる　B　である。そしてこれを資金面から支えたのが，復興金融金庫の石炭，鉄鋼への集中融資であった。
　　②　発展期は，中東の安価な石油が輸入され，石炭から石油へのエネルギー転換が急速に進んだ時期である（エネルギー革命）。石炭産業は安価な石油におされて衰退し，斜陽化した。1960年に炭鉱での大量解雇に反対する激しい争議が展開されたが，労働者側の敗北に終わった。以後，九州や北海道で炭鉱の閉山が相次いだ。安価な原油の安定的な供給は，高度経済成長を支える重要な条件となった。また，1950年代後半から，太平洋側を中心に石油化学コンビナートなどの新工場建設が続き，重化学工業地帯（太平洋ベルト地帯）が出現した。電力も従来の水主火従から1963年に火主水従へと逆転した。他方，　C　年には原子力基本法，原子力委員会設置法等が制定，公布され，1966年には（株）日本原子力発電の東海発電所が営業運転を開始し，その後，原子力発電所の建設が相次いだ。
　　③　第4次中東戦争が勃発すると，石油輸出国機構（OPEC）に加盟するペルシャ湾岸の6か国は原油公示価格を引き上げ，さらにアラブ石油輸出国機構（OAPEC）は国際戦略としてイスラエルと友好関係を持つ国への石油輸出制限と

原油価格の４倍引き上げを実施した。当時，日本の原油輸入量は世界最大規模に達しており，しかもその大半を中東地域に依存していたので，日本経済が受けた打撃は大きかった（第１次石油危機）。第２次田中内閣の下で，日本は石油不足と狂乱物価に苦しむこととなった。

　④　その後，第２次石油危機を経て 1990 年代後半に入ると，エネルギー政策において，地球温暖化問題が重要課題としてクローズアップされるようになる。地球温暖化防止に関しては，1997 年に国連気候変動枠組条約の第３回締約国会議で　 D 　が採択され，先進国の温室効果ガスの排出削減目標が定められた。

　原子力発電は，石油危機及び地球温暖化に対処する方策として，一時期称揚されたが，2011 年の東日本大震災における東京電力福島第一原発事故などによって，その安全性に対する信頼が揺らぎ，原子力発電に対する強い批判と再生可能エネルギーに対する期待が生じている。現在，日本では，その後のいわゆる電力自由化の拡大を踏まえつつ，エネルギー政策を抜本的に見直すことが必要となっているといえよう。

問１　次に掲げるのは，下線ａに関連する記述である。誤っているものを１つ選び，マーク解答用紙の該当記号をマークしなさい。

あ　19 世紀末，筑豊では，排水用蒸気ポンプが導入されるなど機械化が進んだのを契機に炭鉱開発が進んだ。

い　19 世紀末，筑豊では，飯塚と若松・門司間の鉄道が開通したのを契機に炭鉱開発が進んだ。

う　19 世紀末の石炭採掘は依然として，つるはしを用いた手掘りであった。

え　筑豊の炭鉱では，元来地元資本が優勢であったが，19 世紀末には，三井や三菱など，中央資本の進出が開始された。

お　八幡製鉄所操業開始当時，製鉄の原料となる鉄鉱石は，中国の撫順から輸入された。

問２　空欄Ａに当たる地名を漢字で記述解答用紙に記入しなさい。

問３　空欄Ｂは，有沢広巳の発案で，第１次吉田内閣で閣議決定され，その後も継承されたものである。空欄Ｂに当たる語を漢字で記述解答用紙に記入しなさい。

問４　以下は，下線ｂが開始された年に起きた出来事を記述したものである。誤っているものを１つ選び，マーク解答用紙の該当記号をマークしなさい。

あ　教育基本法と学校教育法が公布され，六・三・三・四制が実施された。

い　基幹産業を巻き込むゼネラル＝ストライキへの突入が決定されたが，GHQ の

指令で中止された。

う 下山事件が発生した。

え 民法が改正され，家中心の戸主制度が廃止された。

お 地方自治法が制定され，都道府県知事と市町村長が公選となった。

問5 下線cにある争議は，当時，その後の労使関係を占う天王山と目されたものである。この争議は何と呼ばれるか。漢字6字を記述解答用紙に記入しなさい。

問6 下線dにある石油化学コンビナートによって発生した硫黄酸化物による公害事件で，訴訟によって損害賠償が認められ，公害健康被害補償法制定の契機となったものを何というか。事件名を記述解答用紙に記入しなさい。

問7 以下は，空欄Cの年に起きた出来事について記述したものである。誤っているものを1つ選び，マーク解答用紙の該当記号をマークしなさい。

あ 自由党と日本民主党の保守合同によって自由民主党が成立した。

い 中国，インドを中心として，米ソの東西二大勢力の間にある第三勢力を結集するため，インドネシアのバンドンでアジア＝アフリカ会議が開催され，反植民地主義・平和共存などの平和十原則が決議された。

う 廖承志と高碕達之助の間で覚書が調印され，日本と中国の準政府間貿易が開始された。

え 左右両派に分裂していた日本社会党が，憲法改正阻止，革新陣営の結束を目指して再統一した。

お 政府が日米安全保障条約・行政協定に基づいて米軍基地の拡大を余儀なくされる中，米軍北富士演習場で座り込みによる反対運動が始まった。

問8 下線eの打撃は，原油を中心とする資源小国である日本の弱みを痛切に感じさせることとなった。原油の産出量の少なさは，太平洋戦争とも密接に関連しているといわれている。アメリカの対日石油輸出禁止決定は日米開戦の一因となったが，その決定の直接の引き金となった日本の行為は何か。漢字で記述解答用紙に記入しなさい。

問9 下線fについて。第1次石油危機の時期を(0)として，その前後に起きた出来事について，時期の早いものから順に並べた組み合わせとして正しいものを下記から1つ選び，マーク解答用紙の該当記号をマークしなさい。

(1) 日本の国民総生産（GNP）が世界第2位となった。

(2) 公害対策基本法が制定された。

(3)　東海道新幹線が開通した。

(4)　先進6カ国による第1回先進国首脳会議（サミット）が開催された。

(5)　鈴木善幸内閣が発足した。

あ　(3)(5)(2)(0)(1)(4)

い　(2)(3)(5)(1)(0)(4)

う　(3)(2)(1)(0)(4)(5)

え　(1)(3)(2)(0)(5)(4)

お　(2)(1)(3)(0)(4)(5)

問10　空欄Dに当たる語を漢字で記述解答用紙に記入しなさい。

解説　エネルギー問題からみた近現代の政治・経済・外交

　エネルギーを主軸に，明治から平成までの政治・経済・外交分野について問う良問。普段からの学習が十分にできていれば大丈夫である。問7と問10は，やや難しい印象を受けるが，その他は早大として標準的な出題となっている。

問1　答：お ━━━━━━━━━━━━━━━━━━━━━━━━━ 標準

　八幡製鉄所では，**大冶鉄山**の鉄鉱石が用いられた。八幡製鉄所は，**ドイツの技術**をもとに，清国（中国）の**大冶鉄山の鉄鉱石**と**筑豊炭田**（福岡県にある日本最大の炭田）の石炭を用いて鉄鋼の国産化をはかった。当初は筑豊炭田の石炭を用いていたが，のちに**撫順炭田**の石炭が使用された。なお撫順炭鉱は，**南満州鉄道株式会社**が経営した。

問2　答：猪苗代 ━━━━━━━━━━━━━━━━━━━━━━━ 標準

　大戦景気のなかで，大規模な水力発電事業が展開され，**猪苗代**（福島）・**東京**（田端）間の長距離送電に成功した。これにより**農村部への電灯普及**や工業原動力の**蒸気力から電力への転換**が進んでいった。

問3　答：傾斜生産方式 ━━━━━━━━━━━━━━━━━━━ 標準

　下線部bの「石炭と鉄鋼……拡大再生産」，空欄　B　の後の「復興金融金庫の石炭，鉄鋼への集中融資」の箇所から，傾斜生産方式が正解だとわかる。

　経済学者有沢広巳が提唱した傾斜生産方式は，**石炭・鉄鋼**などの基幹産業に資金と資材を集中的に投入する政策で，1946年12月に**第1次吉田茂内閣**で決定され，翌47年から実施，続く**片山哲・芦田均内閣**へと受け継がれた。これにより生産は回復したが，**復興金融金庫**による巨額の融資が行われたため，激しいインフレ（**復金インフレ**）が進行した。このインフレを抑制したのが，1949年の**ドッジ=ライン**である（ドッジ=ラインでは，インフレを進行させた**復興金融金庫の新規貸出を停止**させている）。

　なお，傾斜生産方式実施のために設置された**経済安定本部**，復興金融金庫を創設して産業振興を進めた蔵相**石橋湛山**も覚えておこう。

問4　答：う ━━━━━━━━━━━━━━━━━━━━━━━━━ 標準

　ドッジ=ラインによりインフレは収束したが，1949年後半から不況が深刻化した。この結果，**中小企業の倒産**と行政・人員整理により失業者が増加し，**労働運動が激化**するなかで，国鉄をめぐる事件（**下山事件・三鷹事件・松川事件**）が発生した。

問5　答：三井三池争議 ━━━━━━━━━━━━━━━━━━━ 標準

　高度経済成長期に，産業を支えるエネルギー源が**石炭から石油へ転換**（エネルギー革命）したことで，国内では炭鉱の閉山・解雇が相次いだ。このようななかで，

1960年に三井三池炭鉱の大量解雇に反対して，282日に及ぶ大争議が発生した。三池争議または三井三池炭鉱争議ともいう。1970年代の石油危機以降，原子力や天然ガス開発が進展し，炭鉱数は激減していった。

問6　答：四日市ぜんそく（事件） 標準

　設問文の「石油化学コンビナート」「硫黄酸化物による公害事件」の箇所から，四日市ぜんそくと判断したい。四大公害病の原因・場所・訴訟結果は以下の通り。

熊本水俣病	四日市ぜんそく	イタイイタイ病	新潟水俣病
工場排水に含まれた有機水銀	工場群から排出された硫黄酸化物	鉱山から流出したカドミウム	工場排水に含まれた有機水銀
熊本県水俣市	三重県四日市市	富山県神通川流域	新潟県阿賀野川流域
1973年までに四大公害訴訟はいずれも原告（被害者）側が勝訴			

問7　答：う やや難

　あ・い・えは，1955年だと判断できるだろう。うの 廖 承 志と高碕達之助との覚書により行われた貿易（LT貿易）の開始は，1962年。おの富士山麓基地反対闘争は，1955年。5つの選択肢の中で，うのみが年が異なるので，これが正解となる。

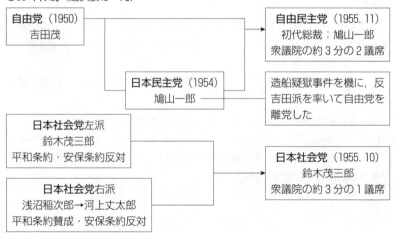

● 55年体制（選択肢あ・え）

自由党（1950）吉田茂　→　自由民主党（1955.11）初代総裁：鳩山一郎　衆議院の約3分の2議席

日本民主党（1954）鳩山一郎　造船疑獄事件を機に，反吉田派を率いて自由党を離党した

日本社会党左派　鈴木茂三郎　平和条約・安保条約反対

日本社会党右派　浅沼稲次郎→河上丈太郎　平和条約賛成・安保条約反対　→　日本社会党（1955.10）鈴木茂三郎　衆議院の約3分の1議席

● 基地反対闘争（選択肢お）

内灘事件（石川県）：1952年	反対運動が全国化する契機となった
砂川事件（東京都）：1955年	警察官と衝突し流血事件に発展
富士山麓基地反対闘争（山梨県）：1955年	座り込み運動を展開／1960年まで続く

問8　答：南部仏印進駐 ——————————————————————— 標準

　アメリカの対日石油輸出禁止決定は，1941 年の南部仏印進駐に起因している。
日中戦争の長期化で，日本は資源・物資不足という問題を抱えており，それらの打
開策として南進政策に着手した。その具体的な政策が，仏印進駐である。仏印進駐
の内容と，米英の対応を区別できるようにしておこう。

	北部仏印進駐（1940 年）	南部仏印進駐（1941 年）
内　閣	第 2 次近衛文麿内閣	第 3 次近衛文麿内閣
内　容	援蔣ルート遮断 南方進出の足掛かり	石油などの資源調達・確保
米英の対応	石油・屑鉄の輸出制限 中国援助を強化	在米日本人の資産凍結 対日石油輸出禁止（ABCD ライン） 日英通商航海条約の廃棄通告

問9　答：う ——————————————————————————————— 標準

　(1)は 1968 年。日本は西ドイツを抜き，資本主義国のなかでアメリカに次ぐ GNP
世界第 2 位となった。

　(2)は 1967 年。同法は 1993 年に**環境基本法**へと引き継がれた。

　(3)は 1964 年。1964 年 10 月の東京オリンピック直前に，東海道新幹線が営業を
開始した。

　(4)は 1975 年。石油危機後の世界不況打開のため，**フランス大統領の提唱**を受け
て，1975 年に**フランス**のランブイエで会談が行われた。現在は「**主要国首脳会議**」
と称している。

　(5)は 1980 年。鈴木善幸内閣の時に，**参議院議員**の全国区選挙を**比例代表制**に改
めた。

　第 1 次石油危機(0)は 1973 年なので，(3)→(2)→(1)→(0)→(4)→(5)の順となる。

問10　答：京都議定書 ——————————————————————————— やや難

　1997 年の京都会議で，京都議定書が採択され，地球温暖化対策のため，温室効
果ガスの削減目標が設定された。

解　答

　問1　お　　問2　猪苗代　　問3　傾斜生産方式　　問4　う

　問5　三井三池争議　　問6　四日市ぜんそく（事件）

　問7　う　　問8　南部仏印進駐　　問9　う　　問10　京都議定書

43

◇次の文を読み，後の問に答えなさい。

　円とドルの為替レートは，日本の経済成長に大きな影響を与え続けてきた。終戦後の1949年に1ドル＝[X]円に固定された為替レートは，1960年代後半からアメリカの国際収支が著しく悪化したために変更を強いられることになる。

　1971年8月にニクソン大統領は，主としてドル防衛を目的に新経済政策を発表し，日本などの国際収支黒字国に対して，大幅な為替レートの切り上げを要求した。これを第2次ニクソン＝ショックという。このとき日本は固定相場制を維持しようとしたが，結局，他国に追随するかたちで変動相場制に移行した。これは，ドルを基軸通貨とする　[A]　体制が根底から揺らいだことを意味する。

　1971年12月に，先進10カ国の蔵相がワシントンに集まり協議した結果，固定相場制が復活することになり，1ドル＝[Y]円になった。これを　[B]　体制という。しかし，1973年にはドル不安が再燃し，同年2月に変動相場制に移行することになった。これ以降，為替相場は円高で推移することになる。

　1980年代に入ると，日本の貿易収支に占める対米黒字が大幅に増加して，貿易摩擦が深刻化してくる。当時のアメリカは，レーガン大統領の高金利・ドル高政策のため　[C]　赤字と貿易赤字という双子の赤字を抱えており，日本に対して，内需拡大と自動車・鉄鋼などの輸出規制，市場開放を求めてきた。

　そして，1985年9月にニューヨークのプラザホテルにおいて，先進5カ国の蔵相・中央銀行総裁会議が開かれ，ドルを引き下げて，円などを切り上げることが決定された。この会議に，日本からは　[D]　蔵相が参加した。日本以外の参加国は，アメリカ，フランス，イギリス，　[E]　である。翌年の1986年には，1ドル＝[Z]円台にまで円高が加速し，輸出産業を中心に不況が深刻化するが，1987年半ばから内需に主導されて景気は回復する。この内需景気は地価や株価の暴騰へとつながり，後にバブル経済と呼ばれることになる。

問1　下線aの内容として正しいものを1つ選び，マーク解答用紙の該当記号をマークしなさい。

あ　賃金の増額

い　所得税の増税

う　輸出課徴金

え　政府資金を投入した大規模な公共事業

　お　金とドルとの交換停止

問2　空欄Aに入る名称を記述解答用紙に記入しなさい。

問3　空欄Bに入る名称を記述解答用紙に記入しなさい。

問4　下線bについて，1973年の出来事として正しいものを2つ選び，マーク解答用紙の該当記号をマークしなさい。
　あ　日中共同声明が発表された。
　い　第4次中東戦争が勃発した。
　う　環境庁が発足した。
　え　戦後初のマイナス成長となった。
　お　江崎玲於奈がノーベル物理学賞を受賞した。

問5　空欄Cに入る語を漢字2字で記述解答用紙に記入しなさい。

問6　下線cについて，当時の首相の在任期に行われた施策として誤っているものを1つ選び，マーク解答用紙の該当記号をマークしなさい。
　あ　防衛費の増額
　い　電電公社の民営化
　う　総務省の発足
　え　国鉄の分割民営化
　お　日米韓関係の緊密化

問7　下線cの会議を機に，円とともに対ドル相場が著しく上昇した空欄E国の通貨の名称を記述解答用紙に記入しなさい。

問8　空欄Dに入る人物の姓名を漢字で記述解答用紙に記入しなさい。

問9　下線dの頃の経済状況として誤っているものを1つ選び，マーク解答用紙の該当記号をマークしなさい。
　あ　コンピュータと通信機器を利用した生産・流通・販売のネットワーク化が進んだ。
　い　就業人口に占める第一次産業の比重は激減して1割を割り込んだ。
　う　重化学工業では積極的な設備投資が控えられた。
　え　第三次産業の比重が増加し，経済のサービス化が進んだ。

　お　コンビニエンスストアが急成長した。

問 10　問題文にある［X］〜［Z］までの組み合わせのうち正しいものを下記から 1
　つ選び，マーク解答用紙の該当記号をマークしなさい。

　あ　［X］360　［Y］306　［Z］280

　い　［X］360　［Y］308　［Z］280

　う　［X］330　［Y］306　［Z］280

　え　［X］360　［Y］308　［Z］160

　お　［X］330　［Y］306　［Z］160

解説　戦後の外国為替相場の推移と日本経済

　　戦後の外国為替相場の推移と戦後の日本経済の動向に関する出題。出題されている内容
は，教科書・用語集の範囲内ではあるが，全体的に「やや難～難」の印象がある。「推移」
「動向」がわかりやすいリード文になっているので，この単元が苦手な人は，何度かこの
問題にトライしておくとよい。

問1　答：お　　　　　　　　　　　　　　　　　　　　　　　　　　　　　　**難**

　　下線部a前後の「ドル防衛」「為替レートの切り上げ」「第2次ニクソン＝ショッ
ク」「変動相場制に移行」などから，おの「金とドルとの交換停止」が正解とわか
る。

　　アメリカの国際収支は，ベトナム戦争への軍事支出の膨張や西側諸国への援助，
日本・西ドイツによる対米輸出の急増で，悪化の一途をたどったことから，ドル危
機の状態にあった。このような状態を改善するため，ドル防衛を目的とした新経済
政策を発表した（1971年）。新経済政策の内容は，①金とドルの交換停止　②10％
の輸入課徴金　③90日間の賃金・物価の凍結などである。教科書レベルではある
が，難問である。

問2　答：ブレトン＝ウッズ（IMF）　　　　　　　　　　　　　　　　　　**標準**

　　空欄　A　の前の「固定相場制を維持…変動相場制に移行」「ドルを基軸通貨
とする」がヒント。米ドルと各国通貨の交換比率を固定（固定相場制）することで，
国際貿易の安定化をはかり，世界経済を発展させることを目指した体制を，ブレト
ン＝ウッズ体制（IMF体制）という。

問3　答：スミソニアン　　　　　　　　　　　　　　　　　　　　　　　　**標準**

　　空欄　B　の前の「固定相場制が復活」から，スミソニアン体制だとわかる。

問4　答：い・お　　　　　　　　　　　　　　　　　　　　　　　　　　　**標準**

あ－×　日中共同声明は，田中角栄内閣時代の1972年に発表された。米中が接近
する中，田中角栄首相の訪中によって実現し，日中両国の戦争状態が終了した。
これにより，中華人民共和国を中国で唯一の合法政府と認める一方，台湾の国民
政府（中華民国）との日華平和条約（1952年に調印）が無効となり，外交関係
が断絶した。しかし貿易などの民間レベルでは交流が続いている。

う－×　環境庁は，第3次佐藤栄作内閣時代の1971年に発足した。2001年の中央
省庁再編によって環境省となり現在に至っている。

え－×　戦後初のマイナス成長は1974年。「第4次中東戦争（1973年）→第1次
石油危機（オイル＝ショック）→戦後初のマイナス成長（1974年）」という流れ
は必須。「戦後初のマイナス成長（1974年）＝高度経済成長の終了」というとら

え方もできる。

問5 答：財政 ————————————————— やや難

空欄 ［ C ］ の後の「双子の赤字」に着目しよう。1980年代，アメリカは「財政赤字と貿易赤字」の「双子の赤字」に苦しみ，世界最大の債務国となった。

アメリカはベトナム戦争以来，膨大な戦費支出などで財政赤字に悩んでいた。また，1980年代に入ると輸入が増加し，貿易赤字も増加していった。その時に日本はアメリカへの輸出を増やして（自動車・家電製品・ハイテク工業製品など）貿易黒字を続けたことから日米間に貿易・経済摩擦問題が表面化し，ジャパン＝バッシング（対日非難）が激化した。

問6 答：う ————————————————— 標準

2001年の省庁再編により，総務庁・自治省・郵政省が統合されて総務省が発足した。なお，1985年時の首相は中曽根康弘である。

「戦後政治の総決算」を唱えた中曽根康弘内閣は，日米韓の緊密化と防衛費用の大幅な増額をはかる一方，3公社の分割・民営化を推進した。い・えなどから中曽根内閣と判断できるだろう。

問7 答：マルク ————————————————— 難

下線部 c の会議による合意をプラザ合意という。この会議には G5（アメリカ・日本・西ドイツ・フランス・イギリス）の蔵相が出席して，ドル高の是正（ドル安誘導・円高）を合意した。空欄 ［ E ］ には西ドイツが入るので，西ドイツの通貨であるマルクが正解となる。東西ドイツの統一は1990年なので，下線部 c の1985年の時点ではドイツは東西分裂の状況にある。

問8 答：竹下登 ————————————————— 難

プラザ合意に出席した蔵相は竹下登。早大志望者は，竹下登については，消費税導入時の首相であること，プラザ合意に出席した蔵相であることもおさえておきたい。

問9 答：う ————————————————— 標準

う―✕ 「控えられた」が誤り。重化学工業分野において，ME（マイクロ＝エレクトロニクス）技術などが積極的に導入されているので，積極的な設備投資が行われたことになる。

い―〇 1970〜1990年の20年間で，就業人口における第一次産業（農林業・漁業など）の比重は激減して1割を割り込んだ。

え―〇 第三次産業（商業・金融業・サービス業など）の比重が増加し（5割から6割），経済のサービス化が加速した。なお第二次産業（製造業）の割合は横ばいであった。

お―〇 長時間営業で，必要な時に，欲しいものが手軽に購入できることが，当時の需要に合致したこともあり，コンビニエンスストアが急成長した。

問10　答：え ─────────────────────────────── 標準

1949年のドッジ＝ラインで，1ドル＝360円の固定相場が設定され，1971年の
スミソニアン協定で1ドル＝308円となり，プラザ合意の翌年に1ドル＝160円台
になったことはぜひ覚えておきたい。

●ブレトン＝ウッズ体制からプラザ合意までの推移

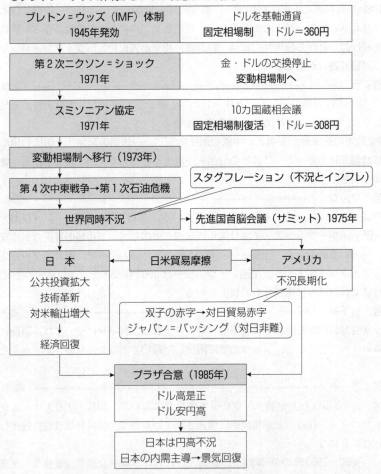

44

◇次の【史料１】から【史料４】は，日本の内閣総理大臣による施政方針演説の一部である。下記の問いＡ，Ｂに答えよ。

【史料１】

　私は，……過去への反省を忘れることなく，世界平和の創造に力を尽くしていくことが我が国外交の原点であるということをいま一度強調したいと思います。我が国が目指すべき平和への道は，武力の行使による平和の実現ではなく，過去の痛ましい経験から得た知恵や世界に誇る技術の力，あるいは経済協力を通じた世界の平和と繁栄の実現であります。……戦後処理の問題については，さきの大戦が我が国国民とアジア近隣諸国等の人々に多くの犠牲と傷跡を残していることを心に深くとどめ，<u>昨年八月の私の談話</u>で述べたとおり，平和友好交流計画や戦後処理の個別問題について誠意を持って対応してまいります。これは日本自身のけじめの問題であり，アジア諸国等との信頼を増す結果となると確信をいたしておるところでございます。

【史料２】

　私は，日本を，二十一世紀の国際社会において新たな模範となる国にしたいと考えます。そのためには，終戦後の焼け跡から出発して，先輩方が築き上げてきた，輝かしい戦後の日本の成功モデルに安住してはなりません。……我々が直面しているさまざまな変化は，私が生まれ育った時代，すなわち，<u>テレビ，冷蔵庫，洗濯機が三種の神器ともてはやされていた時代</u>にはおよそ想像もつかなかったものばかりです。……（　１　）再生は内閣の最重要課題です。……（　１　）改革を実効あるものとするため，……改正された（　１　）基本法を踏まえ，関係法律の改正案を今国会に提出するとともに，新たに（　１　）振興基本計画を早期に策定します。

【史料３】

　……長きにわたって，米国の施政権下に置かれてきた琉球諸島及び大東諸島は，本年五月十五日，わが国に復帰することになりました。……沖縄の祖国復帰は，……日米共同声明並びに沖縄返還協定にあるとおり，（　２　）の原則のもとにその実現を見るのであります。……また，<u>沖縄における人口密集地及び産業開発と密接な関係にある地域に存在する米軍の施設，区域</u>については，復帰後できる限り整理縮小することについても米側の理解を得ております。このような形で，沖縄が自由を守り平和に徹するわが国の不可分の領土としてその施政権が返還されることは，アジアにおける

緊張の緩和を促進し，新たな安定と秩序を築くことを可能にするゆえんであると信ずるものであります。

【史料4】

　今日の世界においては，各国相互の間の依存関係が一段と高まる中で，国際社会の多元化傾向はいよいよ強まってまいりました。すでに幾つかの地域においては，国際的緊張が異常な高まりを見せ，最近では，ソ連のアフガニスタンへの軍事介入もあって，米ソ間のデタントにも微妙な変化が見られます。……同時に，国内におきましては，経済の高度成長によって，豊かな生活を実現することができましたが，その成長の後遺症として公害，資源の制約，都市の過密化など深刻な問題をもたらし，人間関係にも，さまざまなひずみが生じております。経済の高度成長を支えた条件はすでに過去のものとなり，加うるに，社会の高齢化も進み，産業の構造や生活の様式もこれを改めなければならない状態に立ち至っております。

A　下記の問い1～8の解答をあ～おから選び，マーク解答用紙に記せ。

問1　【史料1】から【史料4】を年代順に並び変えたときの順序として正しいのはどれか。

　あ　1－2－3－4　　　　い　3－4－1－2　　　　う　4－3－2－1
　え　3－4－2－1　　　　お　2－1－4－3

問2　【史料1】の演説を行った首相の政権に参加していた政党はどれか。

　あ　新党さきがけ　　　　い　公明党　　　　　　　う　共産党
　え　社会民主党　　　　　お　新生党

問3　下線部aの談話から一年後に，この首相は改めて談話を発表した。この談話について正しいのはどれか。

　あ　日本の戦争が侵略であることを否定した。
　い　日本の侵略は謝罪したが，植民地支配は謝罪しなかった。
　う　日本の植民地支配は謝罪したが，侵略は謝罪しなかった。
　え　日本の植民地支配と侵略を反省し謝罪した。
　お　日本の植民地支配と侵略の賠償を行うことを約束した。

問4　下線部bの時代の出来事でないものはどれか。

　あ　ソ連が最初の人工衛星の打ち上げに成功した。
　い　『少年マガジン』，『少年サンデー』などの週刊漫画雑誌が創刊された。
　う　日本住宅公団が発足し，集合住宅の建設が進んだ。

え　原子力基本法が制定された。

お　湯川秀樹が日本人最初のノーベル賞を受賞した。

問5　空欄（　1　）に入る言葉は何か。

あ　安全保障　　　　　　い　産業　　　　　　　　う　金融

え　教育　　　　　　　お　文化

問6　空欄（　2　）に入る言葉は何か。

あ　もはや戦後ではない　　　　　い　もたず・つくらず・もちこませず

う　核抜き本土並み　　　　　　え　聖域なき構造改革

お　美しい国

問7　下線部 c に該当するのはどれか。

あ　辺野古基地　　　　　い　横田基地　　　　　　う　長沼基地

え　普天間基地　　　　お　岩国基地

問8　【史料4】の演説を行った首相についての記述として誤っているものを2つ
選べ。

あ　一般消費税の導入を閣議決定したが，実現しなかった。

い　「日本型福祉社会」，「田園都市国家」，「文化の時代」といった理念を打ち出
した。

う　第二次臨時行政調査会を発足させ，行政改革に取り組んだ。

え　「三角大福」と呼ばれる自民党のリーダーの一人であった。

お　日中平和友好条約を結んだ。

B　下記の問い 9 ～11 の解答を記述解答用紙に記せ。

問9　【史料2】の演説を行った首相はのちに第二次内閣を組織し，独自の経済政
策を進めた。その政策を何と呼ぶか。

問10　【史料3】の演説を行った首相は誰か。漢字で記せ。

問11　【史料4】の演説を行った首相が直面していた国際的な問題の一つは第二次
石油危機であった。この危機の原因となった革命の起こった国はどこか。

解説　現代の政治・経済・外交

> 歴代内閣総理大臣の施政方針演説を素材にした出題で，早大では頻出の出題パターン。教科書等にはあまり掲載されていないが，演説内容からキーワードを見つけ，設問文をヒントにしながら正解を多く出せるようにしたい。

A　問1　答：い ━━━━━━━━━━━━━━━━━━━━━━━━━　やや難

　【史料1】で「過去への反省」や「世界平和の創造に力を尽く」すことを強調し，「武力の行使による平和の実現ではなく」，「アジア近隣諸国等の人々に多くの犠牲と傷跡を残していることを心に深くとどめ」ることが述べられている。波線部を「いま一度強調したい」と思う人物は，「昨年八月の私の談話」でも同じ趣旨の内容を述べているだろうと考えたい。【史料1】の演説をしたのは，1995年の村山富市首相である。

　【史料2】は，「二十一世紀の国際社会」の箇所から，2001年から現在までの時期に内閣総理大臣をつとめた人物と推察できるだろう。また「（　1　）基本法を踏まえ，関係法律の改正案」という箇所から，「○○基本法を改正」した人物ということもわかる。さらに問9の設問文にある，「のちに第二次内閣を組織」「独自の経済政策」というヒントにより，2007年の安倍晋三首相になる。安倍晋三首相は，教育基本法を改正し，アベノミクスと称する経済政策を実行した。

　【史料3】は，「琉球諸島及び……わが国に復帰する」「沖縄返還協定」の箇所から，1972年の佐藤栄作首相の演説であることがわかる。

　【史料4】は「ソ連のアフガニスタンへの軍事介入」に着目しよう。ソ連のアフガニスタン侵攻は，1979年末にアフガニスタンの政情不安を機に，ソ連が親ソ政権擁護のために起こした出来事。1979年時の日本の首相は大平正芳。デタントとは，1970年代初めの米ソ接近による「冷戦緩和」の状態をいう。

　以上から，【史料3】→【史料4】→【史料1】→【史料2】の順になる。

問2　答：あ ━━━━━━━━━━━━━━━━━━━━━━━━━━━　標準

　村山富市内閣は，自由民主党・日本社会党・新党さきがけの3党連立内閣であった。日本社会党委員長は村山富市，自由民主党総裁は河野洋平，新党さきがけ代表は武村正義，衆議院第1党は自由民主党であった。村山内閣は，1947年5月から1948年3月まで続いた片山哲内閣以来，46年ぶりの社会党委員長を首班とする内閣でもある。

　【史料1】の演説が，村山富市首相と特定できれば標準的であるが，特定できなければやや難。またこの設問は，村山富市の所属した政党ではなく，村山連立内閣に参加した政党を要求されているので，よく設問文を読んで対応したい。

問3　答：え　――――――――――――――――――――――――――――――　標準

　「昨年八月の私の談話」から一年後の「談話」とは，【史料１】と同じ 1995 年の
８月に出された「戦後 50 周年の終戦記念日にあたって」（村山談話）をさす。問１
の解説でも述べたが，波線部と類似した内容を発表したことが想像できるだろう。

問4　答：お　――――――――――――――――――――――――――――――　標準

　お　下線部ｂのいわゆる「三種の神器」の時代は 1950 年代後半になり，湯川秀樹
　　のノーベル物理学賞受賞は 1949 年である。1949 年には，**法隆寺金堂壁画焼損**や
　　日本学術会議設立があったことなどもあわせておさえておきたい。
　あ　ソ連の世界初の人工衛星（スプートニク１号）打ち上げ成功は，1957 年。
　い　講談社の『少年マガジン』と小学館の『少年サンデー』はともに，1959 年に
　　創刊された。
　う　日本住宅公団は，1955 年発足。
　え　原子力基本法制定は，1955 年。原子力基本法制定の翌 1956 年に，**茨城県東海**
　　村に日本原子力研究所が設立された。なお原子力基本法は，**2012 年に改正され**
　　た。

問5　答：え　――――――――――――――――――――――――――――――　標準

　安倍晋三内閣は，21 世紀の日本にふさわしい教育体制を目指して，**教育基本法**
を改正し，愛国心に重点を置いた。

問6　答：う　――――――――――――――――――――――――――――――　標準

　1969 年，佐藤栄作・ニクソン会談後の日米共同声明で，**沖縄の返還**が合意され，
「核抜き本土並み」の状態での返還も表明された。

問7　答：え　――――――――――――――――――――――――――――――　標準

　普天間基地は，周囲に住宅地が密集しており，「**世界一危険な基地**」とよばれて
いる。下線部ｃが普天間基地（普天間飛行場）の立地環境に合致している。

問8　答：う・お　―――――――――――――――――――――――――――――　標準

　う－×　第二次臨時行政調査会（通称：臨調）を発足させたのは，鈴木善幸内閣で
　　1981 年。土光敏夫らの財界人を中心に，「増税なき財政再建」を掲げ，**中曽根康**
　　弘内閣のときに３公社の民営化（NTT・JR・JT）を行い，行財政改革を実現し
　　た。
　お－×　日中平和友好条約調印（1978 年）は，**福田赳夫内閣**のとき。なお大平正
　　芳は，日中共同声明（1972 年）が発表された**田中角栄内閣**の外相である。
　あ－○　大平正芳内閣は，第二次石油危機への対応や財政再建のために**一般消費税**
　　の新設をはかったが，党内の派閥抗争を受けて内閣不信任案が可決され，衆議院
　　を解散した。解散後の選挙は，初の**衆参同日選挙**（1980 年）で，自民党が安定
　　多数を獲得した。なお衆参同日選挙は，大平正芳内閣と中曽根康弘内閣のときの
　　２回。

い―○ 大平正芳内閣は,「日本型福祉社会」「田園都市国家」「文化の時代」の理念を打ち出した。

え―○ 「三角大福」は,三木武夫,田中角栄,大平正芳,福田赳夫の4人をまとめたもので,佐藤栄作総理大臣・自由民主党総裁の後継の座を争った政治家のことをさす。

教科書には大平正芳内閣に関する記載は少ないが,「**保革伯仲と与党の内紛**」の状況であったこと,1979年に**元号法**が公布された(新元号の「令和」は,この元号法に基づいて制定)こと,**東京サミットが開催**(1979年)されたことは,是非,おさえておきたい。

B 問9 答:アベノミクス ──────────────── やや難

2012年12月の総選挙の結果,**自公連立の第2次安倍晋三内閣**が成立し,同内閣は長期のデフレ脱却,名目経済成長率3%を目指し,「**金融緩和・財政出動・規制緩和中心の成長戦略**」を3本の柱とする「**アベノミクス**」という名称の経済政策を進めた。首相在任期間が**憲政史上最長**となった**安倍晋三首相**は,教育基本法改正のほか,様々な諸政策を行っている。下記にまとめたので,よく見ておこう。

安倍晋三内閣	第1次(自公連立)2006～2007年	教育基本法改正(2006年)防衛省発足(2007年)←従来は防衛庁 国民投票法成立(2007年)
	第2次(自公連立)2012～2014年	特定秘密保護法(2013年)集団的自衛権行使の限定的容認(2014年)
	第3次(自公連立)2014～2017年	安全保障関連法成立(2015年)
	第4次(自公連立):2017～2020年	

問10 答:佐藤栄作 ──────────────── 標準

佐藤栄作は,沖縄返還について「沖縄の祖国復帰が実現しない限り,わが国の戦後は終わらない」との声明を発し,沖縄返還に尽力した。

問11 答:イラン ──────────────── 標準

第二次石油危機発生の原因は,1979年の**イラン革命の影響**によるものである。

解 答

A 問1 い 問2 あ 問3 え 問4 お 問5 え
問6 う 問7 え 問8 う・お
B 問9 アベノミクス 問10 佐藤栄作 問11 イラン

第6章　テーマ史

45

◇次の文章を読んで，下記の問いＡ，Ｂに答えよ。

　現在，日本列島上において発見されている最も古い銭貨は，無文銀銭と呼ばれる表面に銀片を貼り付けて重量を整えた銭貨であったと考えられているが，683 年，天武天皇は，この無文銀銭の使用を停止し，新たに銅銭を使用することを定めた。この銅銭は，その表面に浮き彫りされた銘から富本銭と呼ばれるが，近畿地方他の各地の遺
跡で出土する一方で，まじないなどに使用されていたのではないかとする学説もあり，その流通は限定的であったと考えられている。こうした中，8 世紀初めに成立した律令国家では和同開珎を発行し，様々な施策を行ってこれの流通に努めたが，当時はま
だ稲や布の方が交換手段として一般的で，律令国家の狙い通りには銭貨は流通しなかった。律令国家はその後も銭貨を発行し続けたが，銅の産出量の減少などとも相まってその質は粗悪となり，958 年に乾元大宝が発行されたのを最後に，国家による銭貨
の鋳造・発行は長く断絶することとなった。

　一方，中国で発行された銭貨の多くは，日本を含む東アジアの国々の通貨使用に大きな影響を与えた。この時期の銭貨に多い，中央に方形の孔を設け孔の周囲に 4 文字の銭文を浮き彫りするデザインは，　　d　　で発行された開元通宝の影響を受けたもので，こうしたデザインは 19 世紀に至るまでの東アジア地域で広く普及した。また，乾元大宝以降，近世に入るまで，国家として銭貨を発行しなかった日本では，中国
から輸入された銭貨を国内で通用する通貨として利用した。中でも，歴代王朝の中で最も多くの銭貨を作った北宋の銭貨は，日本にも大量に輸入され，その後の日本の社
会や経済に深く浸透した。中国で発行された銭貨の流入はその後も続き，1368 年，明が建国された後，足利義満により日明貿易が始まり，明銭が輸入されることとなっ
た。

　しかし，15 世紀後半頃から，国内における商品流通が活発化すると，商品の流通量に比較して銭貨が不足しがちになり，貨幣を媒介とした商取引は大いに混乱した。
こうした事態に直面した室町幕府や織田信長等は様々な対策を行ったが，16 世紀に入って一部の戦国大名たちにより金山・銀山の開発が進められ，技術革新により金・
銀の産出量が増大するようになると，良質な銀は海外にも輸出されるようになった。こうした中，豊臣秀吉が国内では実に約 630 年ぶりに統一政権として貨幣を製造する
に及んで，日本の貨幣と政治権力の関係は新たな時代へと入っていった。

Ａ　下記の問い 1 ～ 8 の答えをア～オから選び，マーク解答用紙に記せ。

問1　下線部 a が最初に出土した遺跡は，次のうちのどれか。

　ア　長屋王邸跡　　　　　イ　藤原宮跡　　　　　　ウ　飛鳥池遺跡

　エ　難波長柄豊碕宮跡　　オ　平城京跡

問2　下線部 b に関する記述として誤っているものはどれか。

　ア　蓄えた銭の量に応じて位階を授ける法令を定めた。

　イ　相模国から献上された銅を素材として鋳造された。

　ウ　都の造営に雇われた人々に支給された。

　エ　山城国・周防国などに設置された鋳銭司で鋳造された。

　オ　畿内においては調を銭で納めさせた。

問3　下線部 c を発行した天皇の治世は，その父の治世とともに，善政が行われた時代と賞されたが，この二人の天皇の治世に行われたことでないことはどれか。

　ア　三善清行により意見封事十二箇条が奏上された。

　イ　藤原時平の策略により菅原道真が大宰府に左遷された。

　ウ　六国史の最後となる『日本三代実録』が編纂された。

　エ　『後撰和歌集』が編纂された。

　オ　尾張国司の藤原元命が郡司・百姓等に訴えられ解任された。

問4　空欄　d　に入る語はどれか。

　ア　唐　　　　イ　渤海　　　ウ　隋　　　　エ　金　　　　オ　遼

問5　下線部 f に関する記述として誤っているものはどれか。

　ア　荘園からの年貢は市において銭と交換され，代銭によって納入されるようになった。

　イ　朝鮮半島の新安沖で沈没した船からは，東福寺の再建費用にあてられる予定であった大量の銅銭などが発見された。

　ウ　日宋貿易では大量の銅銭が輸入される一方，国内産の青磁・白磁の陶磁器が輸出された。

　エ　米や銭の貸付を専門に行う借上と呼ばれる金融業者が活躍した。

　オ　銅銭は1枚を1文と数え，97枚を100文とみなして紐でくくって使用されることも多かった。

問6　下線部 g にあてはまらない銭貨はどれか。2つ選べ。

　ア　永楽通宝　　　　　イ　政和通宝　　　　　　ウ　宣徳通宝

　エ　延喜通宝　　　　　オ　洪武通宝

問7　下線部 h について述べた文として誤っているものはどれか。

ア　精銭の減少により米や銀が貨幣として使われるようになった。

イ　銭の流通不足を補うため粗悪な私鋳銭が流通した。

ウ　室町幕府や戦国大名は撰銭令を制定した。

エ　商人によっては悪銭の受け取りを拒否する者も現れた。

オ　室町幕府は明銭以外の銭の使用を禁止した。

問8　下線部 j に関して，統一政権が発行した貨幣ではないものはどれか。

ア　慶長小判　　　　　　イ　豆板銀　　　　　　ウ　天正大判

エ　寛永通宝　　　　　　オ　銀札

B　下記の問い 9，10 の答えを，記述解答用紙に漢字で記せ。

問9　下線部 e に関連して，日本の中世において，銭貨の発行を計画していたとされる天皇は誰か。

問10　下の図は海外で刊行された日本の地図の一部である。下線部 i に関連して，図中の枠で囲んだ鉱山の名称は何か。

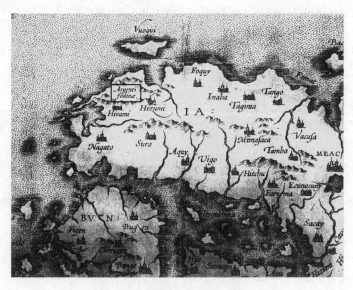

解説 古代〜近世の貨幣史

　古代から近世までの貨幣に関する出題で，基本に忠実な内容となっている。とはいえ最難関の早大なので，若干，難しい出題もあるが，正解率8割は確実にしたい。

A　問1　答：オ ━━━━━━━━━━━━━━━━━━━━━━━━ やや難

　富本銭は，1969年に平城京跡から発見された。図説などには，1999年に奈良県の飛鳥池（工房）遺跡から，多数の富本銭や鋳型などが出土したことが写真とともに記載されていることから，ウの飛鳥池遺跡を選んでしまうかもしれない。設問では「最初に出土した遺跡」を要求しているので，オの平城京跡が正解になる。

　『日本書紀』に，天武朝の683年「以後，必ず銅銭を用ひ（貨幣の使用）」とあり，その際の貨幣が富本銭と考えられている。「富本」は「民を富ませる基本は食と貨幣に在り」の故事に由来している。

　飛鳥池遺跡からは富本銭のほかに，天武朝と思われる最古の「天皇」銘が記された木簡が発見されている。

問2　答：イ ━━━━━━━━━━━━━━━━━━━━━━━━━━━ 標準

　「相模国」が誤り。和同開珎は，武蔵国から自然銅が献上されたことを機に，元号を和銅に改め，唐の開元通宝をモデルにして708年に鋳造された。エの鋳銭司は貨幣鋳造を担当した令外官で，山城や周防などの各地に設置された。「和同開珎」と元号の「和銅」は漢字が異なるので，記述の際には注意しよう。

問3　答：オ ━━━━━━━━━━━━━━━━━━━━━━━━━━━ 標準

　下線部cの乾元大宝の鋳造は村上天皇の治世で，設問文の「父の治世とともに」「善政が行われた時代」などから，醍醐・村上天皇による「延喜・天暦の治（在位：897〜930年・946〜967年）」の時代だとわかる。オは，988年の「尾張国郡司百姓等解（文）」によるもので，時期が合わない。

ア　三善清行による意見封事十二箇条は，914年，醍醐天皇に上奏した意見書。なお，意見封事十二箇条は，藤原明衡撰の漢詩文集『本朝文粋』に収録されている。

イ　宇多天皇に登用された菅原道真が，醍醐天皇のときの左大臣藤原時平の讒言により，901年に大宰府に左遷された。左遷先の大宰府で道真が没したあと，京都では災害や，藤原時平一族の不慮の死があいついだことから，各地に道真を祀る天満宮が建立された（御霊信仰）。

ウ　六国史の最後『日本三代実録』は，901年，醍醐天皇の時期に成立した。編者は藤原時平・菅原道真ら。三代は，「清和・陽成・光孝」3天皇をさす。

エ　八代集の1つ『後撰和歌集』は，951年に村上天皇の治世で編纂が開始された。

問4　答：ア ─────────────────────────────── 標準

　和同開珎は，唐の開元通宝をモデルにしている。「開元」は唐の第6代皇帝玄宗の治世（開元の治）による。

問5　答：ウ ─────────────────────────────── 標準

ウ─×　青磁・白磁の陶磁器は中国産で，日宋貿易・日明貿易の主要な輸入品。

ア─○　貨幣経済の進展にともない，米を貨幣で納める銭納（代銭納）が広まった。『一遍上人絵伝』の中に，市で銭納（代銭納）のために売られた米を，一升枡ではかって売っている様子が描かれている。銭納（代銭納）により，米は年貢としての租税という性格のほかに，「商品」という性格をもつようになったことがわかる。

イ─○　元は以前から日本と貿易をおこなう意向をもっており，フビライ＝ハン没後に日元貿易が活発になった。鎌倉時代末期から室町時代初期に，寺社造営費を日元貿易の利益でまかなうため，貿易船が派遣された。新安沖で沈没した船（新安沈船）も，東福寺復興費用調達のために派遣され，帰国の途中で沈没したとみられていて，大量の銅銭や陶磁器などが見つかっている。なお，新安沈船は幕府が派遣した船ではない。

オ─○　中世では，銅銭の中央の穴に紐を通してひとまとめにして用いられた。これを「銭緡」「銭束」といった。図説等に，高利貸業者の借上から銭を借りている場面の絵巻物『山王霊験記絵巻』が掲載されているので確認しておくとよい。

問6　答：イ・エ ─────────────────────────────── 易

　日明貿易による明銭（永楽通宝・宣徳通宝・洪武通宝）は基本である。特に永楽通宝は最も多く使用された。なおイの政和通宝は宋銭，エの延喜通宝は皇（本）朝十二銭の1つで，醍醐天皇期に鋳造された。

問7　答：オ ─────────────────────────────── 標準

　中世（鎌倉・室町時代）は，統一政権による貨幣鋳造はおこなわれておらず，中国銭を使用していた。室町時代には，明銭のほかに，前代に日宋貿易により輸入された宋銭も使用されていたので，「明銭以外の銭の使用を禁止」の箇所が誤りとなる。

問8　答：オ ─────────────────────────────── 標準

　下線部jの「統一政権」は，豊臣秀吉政権と江戸幕府をさす。オの「銀札」は江戸時代に諸藩などが発行した藩札の一種で，藩札には金札・銀札・銭札などがあった。したがって統一政権が発行した貨幣ではない。1661年，越前藩が最初に藩札を発行した。

B　問9　答：後醍醐天皇 ─────────────────────────── やや難

　後醍醐天皇は，大内裏造営費用にあてるために，乾坤通宝（銅銭）や紙幣の発行を計画した。

問10 答：石見（大森）銀山 ──────────────────────────── 標準

　地図中の枠の下に「Hivami」とあり，それが「石見」をさすと推測し，石見（大森）銀山を導きたい。島根県にある**石見（大森）銀山**は，16世紀以降に開発され，室町時代に**神谷（屋）寿禎**が朝鮮から精錬技術灰吹法を導入したことで，銀の生産量が飛躍的に増大した。なお石見（大森）銀山は，2007年に**世界遺産に登録**された。

●古代の貨幣

富本銭	天武天皇	流通は限定的
和同開珎①	元明天皇	
貞観永宝⑨	清和天皇	本朝（皇朝）十二銭①～⑫は鋳造順
寛平大宝⑩	宇多天皇	
延喜通宝⑪	醍醐天皇	
乾元大宝⑫	村上天皇	

●中世の貨幣

鎌倉時代	宋銭・元銭
室町時代	洪武通宝・永楽通宝・宣徳通宝

●近世の貨幣（①～⑭は歴代将軍の就任順）

天正大判	豊臣秀吉	軍用・贈答・恩賞などに使用
慶長小判（1600年）	徳川家康①	全国的な統一貨幣
寛永通宝（1636年）	徳川家光③	均一で全国に普及
元禄小判（1695年）	徳川綱吉⑤／荻原重秀	金の含有量減少／インフレ
宝永小判（1710年）	徳川家宣⑥／荻原重秀	金の含有量減少
正徳小判（1714年）	徳川家継⑦／新井白石	質量ともに慶長小判に戻した
明和五匁銀（1765年）	徳川家治⑩／田沼意次	江戸時代最初の計数銀貨
南鐐二朱銀（1772年）		南鐐とは良質の銀をさす別称
万延小判（1860年）	徳川家茂⑭	金貨流出防止のために鋳造

解　答

A　問1　オ　　問2　イ　　問3　オ　　問4　ア　　問5　ウ
　　問6　イ・エ　　問7　オ　　問8　オ
B　問9　後醍醐天皇　　問10　石見（大森）銀山

46

◇日本と台湾との関係に関して述べた次の文章を読んで，問に答えなさい。

　台湾島は中国・福建省の東方約200kmに位置する島である。同島は16世紀には後期倭寇の根拠地の一つともなっていたが，17世紀初頭，　　Ａ　　が本格的な支配を企図し，1624年，　　Ａ　　東インド会社が，現在の台南市内に城を築き，のちゼーランディア城と名付けられた。しかしその後，明朝の復興を目指す鄭成功によって　　Ａ　　は台湾島から駆逐されることになる。

　なお，　　Ａ　　の進出と同じ頃，日本でも台湾を版図に組入れようとする動きが起こっており，豊臣秀吉が，台湾に存在するとされた「高山国」に朝貢を求めようとしたり，九州のキリシタン大名　　Ｂ　　が，江戸幕府の許可を得て出兵したりしたものの，失敗に終わっている。

　その後鄭氏は清朝に降伏し，台湾は清朝の支配下に置かれた。1874年には，台湾に漂着した琉球宮古島島民が現地住民に殺害された事件に端を発し，西郷従道率いる部隊が台湾に出兵，清国との戦争の危機に陥ったが，その後　　Ｃ　　が全権弁理大臣として北京に赴き，清国と和議を締結，清国は賠償金の支払いを認めた。

　1895年，日清戦争に日本が勝利すると，下関条約によって台湾は日本に割譲されることになる。日本は台北に台湾総督府を設置し，1899年には台湾銀行を設置した。台湾総督府は，初等教育を中心に日本語による教育を推進するなど，日本文化への同化を促そうとした。1930年代以降になると「皇民化」が強く推し進められ，改姓名や寺廟の廃止が行われ，神社参拝を強要する動きも見られた。第2次近衛内閣時に新体制運動の推進を目指してつくられた　　Ｄ　　についても，その台湾版というべき皇民奉公会がつくられ，台湾全土を組織下においた。台湾人の動員はしだいに本格化し，日中戦争中には軍夫・通訳の募集が広く行われたほか，1942年に陸軍の，1943年には海軍の志願兵制度が導入され，終戦の直前には徴兵制が施行されるに至っている。

　戦後，台湾は蔣介石率いる国民党の支配下に置かれた。日本は1951年に調印されたサンフランシスコ平和条約で正式に台湾を放棄し，1952年，日華平和条約を締結した。ただし，戦時動員された人々への補償問題はその後長らく放置された。1972年，　　Ｅ　　内閣時に，日本が，中華人民共和国政府を「中国の唯一の合法政府」と認める日中共同声明を発表すると，中華民国（台湾）政府は，日本との外交関係の断絶を宣言した。しかし，貿易や観光など民間レベルにおける交流は，今日に至るまで盛んに行われている。

問1　下線aに関して述べた文章のうち，正しいものはどれか。1つ選び，マーク解答用紙の該当する記号をマークしなさい。
ア　通信符を用いて貿易相手であることの証とした。
イ　『倭寇図巻』は，彼らの活動が描かれた，中国の絵画である。
ウ　彼らが貿易の主導権をめぐって争った戦いを壬辰・丁酉倭乱と言う。
エ　明の海禁政策によって大打撃を受け，衰退した。
オ　その中心部分は壱岐・対馬・肥前松浦の土豪・商人・漁民らによって構成されていた。

問2　空欄Aには，バタヴィアを拠点に東アジア経営を行っていた国の名前が入る。当てはまる国名を，記述解答用紙の解答欄にカタカナで記入しなさい。

問3　下線bをモデルに，近松門左衛門が描いた作品として正しいものはどれか。1つ選び，マーク解答用紙の該当する記号をマークしなさい。
ア　『中朝事実』　　　　イ　『好色一代男』　　　ウ　『曽根崎心中』
エ　『武道伝来記』　　　オ　『国性（姓）爺合戦』

問4　空欄Bに該当する人物は誰か。1つ選び，マーク解答用紙の該当する記号をマークしなさい。
ア　島津義久　　　　イ　有馬晴信　　　　ウ　加藤清正
エ　古田織部　　　　オ　宇喜多秀家

問5　空欄Cに入る人物は誰か。漢字で姓名を記述解答用紙の解答欄に記入しなさい。

問6　下線cに関して，第4代台湾総督児玉源太郎の下で民政長官を務めた人物は誰か。1つ選び，マーク解答用紙の該当する記号をマークしなさい。
ア　江藤新平　　　　イ　新渡戸稲造　　　　ウ　後藤象二郎
エ　樺山資紀　　　　オ　後藤新平

問7　下線dがからんだ恐慌に関して述べた文章として正しいものはどれか。1つ選び，マーク解答用紙の該当する記号をマークしなさい。
ア　第一次世界大戦中に鈴木商店に対し多額の融資を行ったことが，台湾銀行の経営危機の一因となった。
イ　若槻礼次郎内閣は台湾銀行を救済する特別融資を目的とする緊急勅令を発布した。
ウ　片岡直温蔵相は台湾銀行が経営破綻したと失言し，恐慌のきっかけを作った。

エ 田中義一内閣は銀行救済のためモラトリアム（支払猶予令）の発令を企図したが，枢密院によって否決された。

オ この恐慌の結果，多くの大銀行が破綻し，中小銀行がひしめく時代が到来した。

問8 空欄Dに当てはまる語句はなにか。漢字5字で記述解答用紙の解答欄に記入しなさい。

問9 下線eに関して述べた文章のうち，正しいものはどれか。2つ選び，マーク解答用紙の該当する記号をマークしなさい。

ア 奉天郊外の柳条湖付近で関東軍が起こした爆破事件が戦争の発端となった。

イ 日本軍は宣戦布告において「暴支膺懲」の語を用いて，中国を強く非難した。

ウ 戦争開始後，国民政府の首都南京が陥落したが，その際，日本軍により多数の住民や捕虜が殺害された。

エ 中国国内では国民党と共産党の対立が続き，日本軍に共同して対抗することができなかった。

オ 国民党幹部の汪兆銘は日本の呼びかけに応じ南京に新政府を樹立した。

問10 下線fに関して述べた文章として誤っているものはどれか。2つ選び，マーク解答用紙の該当する記号をマークしなさい。

ア ソヴィエト連邦は講和会議に参加したものの，平和条約への調印は拒否した。

イ 鳩山一郎が日本の首席全権をつとめた。

ウ 日本国内では，全連合国と平和条約を締結すべきとする「全面講和論」を主張する学者や政党も存在した。

エ 沖縄ならびに小笠原諸島はこの条約によって日本に返還された。

オ 平和条約とともに日米間で日米安全保障条約が締結された。

問11 空欄Eに当てはまる人物は誰か。漢字で姓名を記述解答用紙の解答欄に記入しなさい。

問12 下線gに関連する以下の文章のうち誤っているものはどれか。1つ選び，マーク解答用紙の該当する記号をマークしなさい。

ア 日中国交正常化前から，日本との間でいわゆるLT貿易を行っていた。

イ 日中国交正常化に先立ち，ニクソン米大統領の訪問を受け，アメリカとの関係を改善させていた。

ウ 福田赳夫内閣との間で日中平和友好条約を締結した。

エ 中曽根康弘首相が靖国神社を公式参拝したことに対し，A級戦犯が合祀されて

　いることなどを理由に抗議した。

オ　現在，竹島をはじめとする尖閣諸島の領有をめぐって，日本と争っている。

解説 日本と台湾の関係史

日本と台湾の外交関係を軸にした出題。あまり目にしないテーマであるが，近世から現代までの日台・日中関係をベースに政治・外交・経済・文化といった総合問題となっている。

問1　答：イ ━━━━━━━━━━━━━━━━━━━━━━━━━━━━━━ 標準

ア−×　**通信符**は，室町時代に朝鮮国王が，大内氏と足利義政に贈った**通交証**。武装交易集団である後期倭寇とは一切関係がない。

ウ−×　**壬辰・丁酉の倭乱**は，豊臣秀吉による朝鮮出兵（**文禄・慶長の役**）の朝鮮での呼称。

エ−×　豊臣秀吉による**海賊取締令**（1588 年）により，**後期倭寇は衰退**していった。

オ−×　壱岐・対馬・肥前松浦の土豪らを中心に構成されたのは，**前期倭寇**。後期倭寇は，大部分が中国人であった。

問2　答：オランダ ━━━━━━━━━━━━━━━━━━━━━━━━━ 標準

「バタヴィアを拠点」が大きなヒントになる。1581 年に**スペインから独立した**オランダは，1602 年に**東インド会社**を設立し，積極的にアジアに進出した。オランダは日本では 1609 年に肥前の平戸に商館を開いて日蘭貿易をおこなった。バタヴィアは，現在のインドネシアの首都ジャカルタ。

問3　答：オ ━━━━━━━━━━━━━━━━━━━━━━━━━━━━━ 標準

明朝の復興を目指した**鄭成功**をモデルに，**近松門左衛門**は時代物『**国性（姓）爺合戦**』を著した（ウの『曽根崎心中』も近松の作品で世話物）。アの『中朝事実』は，古学者山鹿素行が赤穂配流中に著した書。イの『好色一代男』，エの『武道伝来記』は井原西鶴の作品。

問4　答：イ ━━━━━━━━━━━━━━━━━━━━━━━━━━━━━ 標準

空欄Bの前の「九州のキリシタン大名」に着目すればよい。選択肢のなかでキリシタン大名は，**イの有馬晴信**のみになる。

問5　答：大久保利通 ━━━━━━━━━━━━━━━━━━━━━━━━━ 難

台湾出兵後の事後処理のために**大久保利通**は全権として清国と交渉し，イギリス公使ウェードの調停もあって，**日清互換条款**（1874 年）を結び，清国から賠償金 50 万両を獲得した。

問6　答：オ ━━━━━━━━━━━━━━━━━━━━━━━━━━━━━ 標準

台湾総督児玉源太郎のもとで，**後藤新平**は民政長官として，鉄道の敷設や産業の振興など，植民地経営に尽力した。後藤新平は，のちに**南満州鉄道株式会社**の初代

総裁，寺内正毅内閣では外相に転じて**シベリア出兵を推進**，第2次山本権兵衛内閣では，内相兼帝都復興院総裁として，**関東大震災後の東京復興計画にあたった**。

問7　答：ア　標準

台湾銀行がからんだ金融恐慌（1927年）に関する正文を選ぶ問題。

イ―×　台湾銀行救済の緊急勅令は，枢密院の反対により発布していない。

ウ―×　片岡直温(なおはる)蔵相は，台湾銀行ではなく，実際はまだ休業していない**東京渡辺銀行**が「破綻した」と発言し，金融恐慌が発生した。

エ―×　銀行救済のためのモラトリアム（支払猶予令）を，枢密院は否決していない。

オ―×　金融恐慌の事態が鎮静化すると，**中小銀行の整理が加速**する一方で，大銀行に預金が集中し，三井・三菱・住友・安田・第一の五大銀行の金融支配が強まっていった。

問8　答：大政翼賛会　標準

空欄Dの前の「第2次近衛内閣」「新体制運動の推進」，設問の漢字5字の指示から，大政翼賛会が正解になる。**大政翼賛会**は，戦時体制強化を目的に組織された**官製の上意下達機関**。近衛文麿首相を総裁とし，**立憲政友会・立憲民政党**のほかに無産政党も同調して，解散・合流した。

問9　答：ウ・オ　標準

ア―×　日中戦争は，北京郊外の**盧溝橋**付近における日中両軍の衝突事件を機に発生した。アは満州事変の契機の内容である。

イ―×　日中戦争は宣戦布告をしていない。

エ―×　1936年の**西安事件**により国民党（蔣介石）と共産党（毛沢東）は内戦を停止し，日中戦争勃発後には，**第2次国共合作**が成立している。日中戦争の経緯には注意しよう。

問10　答：イ・エ　標準

イ―×　サンフランシスコ平和条約の際の日本全権は，**吉田茂**。

エ―×　戦後，**奄美・沖縄諸島を含む南西諸島**と**小笠原諸島**は，アメリカ軍が占領し，直接軍政をしいた。サンフランシスコ平和条約の発効にともない，日本は占領支配から解放され，独立国として**主権を回復**したが，沖縄ならびに小笠原諸島は，アメリカの施政権下におかれた。奄美諸島の返還は1953年，小笠原諸島の返還は1968年，沖縄の返還は1972年。

ア―○　ソ連は講和会議に参加したが，平和条約の内容に不満があったことから，平和条約調印を拒否した（1956年に国交回復）。なお，ポーランド・チェコスロ

バキアもソ連と同様の対応をとった。

ウ−○　東大総長の南原繁，日本共産党や日本社会党などが全面講和を強く主張した。

オ−○　平和条約とともに日米安全保障条約が締結された。この条約により，米軍の駐留継続が規定された。

問11　答：田中角栄 ──────────────── 標準

　1972年に日中共同声明を発表したときの内閣は田中角栄内閣。第二次世界大戦後，中国では国共内戦が再開され，共産党が勝利し1949年に中華人民共和国を成立させると，敗れた蔣介石は台湾へ逃れ，中華民国を存続させた。

　日本は，1952年に蔣介石の中華民国と日華平和条約を調印して，戦争状態を終了させた。1972年に田中角栄内閣が成立すると，米中接近の国際情勢を背景に，日中国交正常化が進められ，1972年9月，周恩来首相との会談をへて，日中共同声明を発表した。これにより毛沢東を中心とする共産党との戦争状態を終結する一方，日華平和条約を破棄した。なお，日華平和条約・日中共同声明の調印・発表により，中華民国・中華人民共和国ともに戦争被害の賠償請求を放棄している。

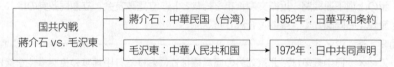

問12　答：オ ──────────────── 標準

オ−×　「竹島」が誤り。尖閣諸島は，南西諸島の西端にある魚釣島などの島々で，その領有権をめぐり，日中で対立している。竹島は島根県隠岐諸島の北西の島で，領有権をめぐって日韓で対立している。

ア−○　LT貿易（1962年）は，日中国交正常化の前，池田勇人内閣のときに「政経分離」の方針で行われた準政府間貿易。LT貿易の名称は，交渉を担当した廖承志・高碕達之助両者の頭文字をとったもの。なお日中間の貿易は，1952年の日中第一次貿易協定により，LT貿易以前に民間レベルでの貿易がすでにおこなわれている。

イ−○　日中国交正常化に先立ち，中国（毛沢東）と対決姿勢をみせていたアメリカが，ベトナム戦争撤退のために対中政策を転換した。これにより1972年2月，ニクソン米大統領の訪中が実現した。日本はアメリカの突然の訪中に衝撃を受けた。

ウ−○　1978年，福田赳夫内閣のときに，日中平和友好条約が締結され，日中の平和友好関係の発展が約束された。毛沢東の死後，文化大革命が収拾して近代化路線が進められると，日本との経済協力体制が強化され，経済界が貿易関係を維持してきたことも一助となった。

エ─○　1985年8月に**中曽根康弘**首相は，**戦後の首相として初めて靖国神社に公式参拝**をしたことで，抗議を受けた。1978年に靖国神社にA級戦犯が合祀され，1985年8月の中曽根首相公式参拝まで，各首相が参拝していたが，抗議を受けることはなかった。

解　答

問1　イ　　問2　オランダ　　問3　オ　　問4　イ　　問5　大久保利通

問6　オ　　問7　ア　　問8　大政翼賛会　　問9　ウ・オ

問10　イ・エ　　問11　田中角栄　　問12　オ

47

◇日本における寄付の歴史について述べた次の文章を読んで，問に答えなさい。

　「勧進」という言葉がある。古くは慶滋保胤の 　A 　 のなかにも登場するのだが，ここでは金銭的，物質的な寄付を含意することなく，　B 　 の布教を意味していた。その一方で，布教に従事した僧たちの多くは，安定した経済的基盤をもたず，民衆の支援を必要とした。ここに「勧進」の言葉と寄付が結びついた。11 世紀後半以降，寄付をともなう勧進や，勧進聖とよばれる僧が散見するようになる。東大寺大勧進職として，その復興に従事した重源の活動は，その延長線上に位置づけられる。鎌倉時代後期から南北朝時代にかけて，法隆寺や東寺なども大勧進職を置き，律宗の僧をその任に当て，土木事業の組織化を進めていった。15 世紀に朝鮮へ派遣された使者たちは，天龍寺や興福寺などへの勧進のために，朝鮮に対して大蔵経を求めることもあった。歌舞伎の人気演目のひとつに，勧進帳があるが，「勧進帳」とは，以上のような場合に社寺造立などの趣旨を記して寄付を募集するための文書を意味する。

　鎌倉時代末期になると，勧進興行といわれる活動がみられるようになる。勧進興行とは，芸能の興行をおこなうことで観客を動員し，彼らから入場料を徴収して，寄付として社寺の経営に充てる営みである。その初見は，1317 年におこなわれた勧進猿楽だとされ，とりわけ 15 世紀から 16 世紀にかけて，京都で多くの勧進猿楽がおこなわれたことが知られている。応仁の乱以後，足利将軍家の弱体化や，町衆の台頭により猿楽における勧進の性格は薄らいでいった。古来から存在した相撲は，17 世紀後半以降，勧進相撲として公的な許可を得て興行されるようになった。

　相撲会場のひとつにもなった両国の回向院では，他方で出開帳といわれる催しが頻繁におこなわれた。出開帳とは，寺院が秘蔵する仏像・霊宝などを繁華街にもちだして公開し，人々から賽銭・寄付を集める行為である。江戸では，信濃善光寺・身延山 　C 　 寺・成田山新勝寺・清涼寺の出開帳が人気だった。

　近代化の動きは，勧進にも影響を与えずにはおかなかった。神仏分離令が出されたことは，寺院はもとより神社のあり方にも変革をもたらした。神社は，崇敬講社や保存会を設立して寄付の獲得にいそしむこととなった。日清戦争から日露戦争にかけての時期には，ビジネスとしての巡礼を強化しようとする神社も現れた。

　このように，日本における寄付の歴史は，時として宗教性が希薄になることが指摘されつつも，基本的には社寺と結びついて展開し，そのあり方も多様に広がっていったことがわかる。

〔問〕

1　空欄Aに該当する書名はどれか。1つ選び，マーク解答用紙の該当する記号をマークしなさい。

　　ア　『往生要集』　　　　イ　『性霊集』　　　　ウ　『過去現在絵因果経』

　　エ　『日本往生極楽記』　　オ　『日本霊異記』

2　空欄Bには，10世紀なかばから11世紀なかばにかけてとくに流行した，阿弥陀仏を信仰することで来世において悟りを得ることを説く教えの名が入る。この時期にこの教えを広めた僧の名前はどれか。1つ選び，マーク解答用紙の該当する記号をマークしなさい。

　　ア　空也　　　イ　鑑真　　　ウ　景戒　　　エ　玄昉　　　オ　円仁

3　下線aに関連して，重源が活動したころの東大寺について述べた文のうち誤っているものはどれか。1つ選び，マーク解答用紙の該当する記号をマークしなさい。

　　ア　再建には陳和卿が協力した。

　　イ　造仏には運慶らが協力した。

　　ウ　豪放な力強さを特色とした大仏様とよばれる建築様式を採用した。

　　エ　現存する大仏殿はこの時の建築である。

　　オ　現存する南大門はこの時の建築である。

4　下線bに関連して，鎌倉時代の律宗について述べた文のうち正しいものはどれか。1つ選び，マーク解答用紙の該当する記号をマークしなさい。

　　ア　明恵は戒律を尊重し，清浄光寺を創建した。

　　イ　道元は坐禅を尊重し，『喫茶養生記』を記した。

　　ウ　忍性は戒律を尊重し，病人の救済施設を建てた。

　　エ　栄西は坐禅を尊重し，永平寺を創建した。

　　オ　良観は戒律を尊重し，独自の生活歌を詠んだ。

5　下線cに関連して，15世紀の日朝関係について述べた文のうち誤っているものはどれか。1つ選び，マーク解答用紙の該当する記号をマークしなさい。

　　ア　朝鮮は，対馬を倭寇の拠点とみなして攻撃した。

　　イ　対馬の宗氏は，通交制度を定めるなど，重要な役割を果たした。

　　ウ　朝鮮半島の3つの港で日本人が暴動をおこした。

　　エ　幕府だけでなく，守護・国人・商人なども関与できた。

　　オ　朝鮮半島には，李成桂が建てた王朝があった。

6　下線dに関連して，猿楽（能）について述べた文のうち正しいものはどれか。1
　　つ選び，マーク解答用紙の該当する記号をマークしなさい。
　ア　宗祇は，その作品を『新撰菟玖波集』にまとめた。
　イ　観阿弥は，能の真髄を『申楽談儀』にまとめた。
　ウ　金春座出身の観阿弥・世阿弥父子が，猿楽能を完成させた。
　エ　観阿弥・世阿弥父子は，足利尊氏の保護のもとに，芸能の水準を高めた。
　オ　『洛中洛外図屏風』には，能舞台の様子がみえる。

7　下線eに関連して，17世紀後半の出来事について述べた文のうち誤っているも
　　のはどれか。1つ選び，マーク解答用紙の該当する記号をマークしなさい。
　ア　井原西鶴が『世間胸算用』を著した。
　イ　慶長小判を改鋳し，金の比率が低い小判を発行した。
　ウ　生類憐みの令により，殺生を禁じた。
　エ　蛮書和解御用が設置された。
　オ　宮崎友禅が友禅染めをはじめた。

8　空欄Cには，鎌倉時代に『立正安国論』を記した僧が開いた宗派の中心寺院の名
　　が入る。該当する言葉を記述解答用紙の解答欄に漢字2字で記入しなさい。

9　下線fについて述べた文のうち正しいものはどれか。2つ選び，マーク解答用紙
　　の該当する記号をマークしなさい。
　ア　1868年に出された。
　イ　キリスト教信仰が解禁された。
　ウ　神祇省の設置を決めた。
　エ　神道国教化政策の一環として出された。
　オ　紀元節を制定した。

10　下線gに関連して，19世紀末の出来事について述べた文のうち正しいものはど
　　れか。1つ選び，マーク解答用紙の該当する記号をマークしなさい。
　ア　ラジオ放送が開始された。
　イ　日産や日窒などの新興財閥が台頭した。
　ウ　私鉄を母体に，ターミナルデパートが登場した。
　エ　日本鉄道会社が，上野・青森間などの鉄道網を整備した。
　オ　工業人口が，農業人口を上まわった。

解説 寄付の歴史

「寄付の歴史」というテーマ史の出題となっているが，出題内容は文化史中心の標準レベル。文化史の学習がしっかりできているかいないかで点差がついてしまう。

問1　答：エ ——————————————————————————————————— 標準

　空欄 ［ A ］ の前に「慶滋保胤（よししげのやすたね）」とあることから，エの『日本往生極楽記』だとわかる。『日本往生極楽記』は日本最初の往生伝。慶滋保胤の他著として，平安京の右京の荒廃の様子を記述した『池亭記（ちていき）』がある。

　アの『往生要集』は源信（恵心僧都（えしんそうず））の著。イの『性霊集（しょうりょうしゅう）』は空海の詞や書簡などを弟子の真済（しんぜい）が編集したもの。ウの『過去現在絵因果経』は『絵因果経』とも呼ばれ，釈迦の本生譚（ほんじょうたん）（前世の物語）を描いた8世紀の絵巻物。オの『日本霊異記』は薬師寺僧景戒による現存最古の説話集。

問2　答：ア ——————————————————————————————————— 標準

　設問文の「阿弥陀仏を信仰」「来世において悟りを得る」などから浄土教だとわかれば，選択肢の中で浄土教と関連するのはアの空也のみである。空也は市聖（いちのひじり）・阿弥陀聖（あみだひじり）とも称され，京の市で念仏の功徳を説いた。

　イの鑑真は754年に入京して戒律を伝えた唐僧。後に唐招提寺を開いた。ウの景戒は『日本霊異記』を著した僧。エの玄昉は入唐経験のある法相宗の僧。吉備真備とともに橘諸兄政権の下で活躍。藤原仲麻呂の台頭により筑紫観世音寺に左遷された。オの円仁は最澄に師事した天台僧で，延暦寺を拠点とする山門派。著書に『入唐求法巡礼行記（にっとうぐほうじゅんれいこうき）』がある。

問3　答：エ ——————————————————————————————————— 標準

エ—×　重源による東大寺復興後，1567年の兵火により大仏殿が焼失し，江戸時代に再建されている。

ア—○　陳和卿（ちんなけい）は重源に請われ，1180年の南都焼打ちで焼け落ちた東大寺大仏仏頭の鋳造，大仏殿再建に参加した。

イ—○　運慶・快慶のもとに慶派一門が集まり，東大寺南大門金剛力士像を造仏した。東大寺南大門金剛力士像は寄木造であることも覚えておこう。

ウ—○　重源により再建された東大寺には，中国南方の大仏様の建築様式が導入された。

オ—○　現存する南大門は，1180年に焼失した創建当時の門を，1199年に創建時の規模を踏襲し大仏様を採用して再建したもの。

問4　答：ウ　━━━━━━━━━━━━━━━━━━━━━━━━━━━━　標準

ウ－○　律宗の忍性は，奈良に北山十八間戸を建てて，病人の救済にあたった。

ア－×　明恵（高弁）は華厳宗の学僧。京都栂尾に高山寺を再興して戒律の復興に努めた。清浄光寺は，一遍を開祖とする時宗の総本山。

イ－×　『喫茶養生記』は，臨済宗開祖の栄西が源実朝に献上した著書。

エ－×　坐禅を尊重し，永平寺を創建したのは道元。

オ－×　良観は忍性のこと（問4の解説ウを参照）。なお良観（忍性）は，病人救済のほかに土木事業などにも尽力した。

問5　答：ウ　━━━━━━━━━━━━━━━━━━━━━━━━━━━━　標準

ウ－×　1510年の三浦の乱に関する文。16世紀になるので，条件の15世紀に合致しない。

ア－○　朝鮮が対馬を倭寇の本拠地として攻撃した事件は，1419年の応永の外寇で，15世紀となる。

イ－○　対馬の宗氏が朝鮮への渡航認可証（文引）を与える制度を確立したのは，1438年。また，1443年には癸亥約条を締結し，貿易を管理した。両者ともに15世紀。

エ－○　日朝貿易は，守護・国人・商人なども貿易に携わる形で，14世紀末から約100年続けられた。この貿易は15世紀にも同様の形式で行われていた。

オ－○　1392年に李成桂が朝鮮を建国し，1910年の日本による韓国併合まで続いた。これにより15世紀にも李成桂を祖とする朝鮮が存在していたとわかる。

問6　答：オ　━━━━━━━━━━━━━━━━━━━━━━━━━━━━　標準

ア－×　宗祇は猿楽（能）ではなく，連歌の作品として『新撰菟玖波集』を編集した。

イ－×　『申楽談儀』は，世阿弥の談話を子の元能が筆録した能楽の具体的芸道論。

ウ－×　観阿弥・世阿弥父子は観世座の出身。なお観世座は，初めは結崎座と呼ばれていた。

エ－×　観阿弥・世阿弥父子は，足利義満の保護を受けた。

問7　答：エ　━━━━━━━━━━━━━━━━━━━━━━━━━━━━　標準

エ－×　蛮書和解御用は，天文方高橋景保の建議により1811年に設置されたので，19世紀前半になる。高橋景保は，寛政暦を完成させた高橋至時の子で，シーボルト事件で投獄されている。

ア－○　『世間胸算用』は，1692年に刊行された井原西鶴の町人物。

イ－○　「慶長小判を改鋳」「金の比率が低い」から元禄小判だと特定できる。元禄小判は，1695年，勘定吟味役荻原重秀の建議で鋳造された。

ウ－○　生類憐みの令は，5代将軍綱吉が1685年以降に出した動物愛護令。

オ－○　宮崎友禅は元禄時代（17世紀末から18世紀初期）に活躍した絵師。

問8　答：久遠（寺）　 標準

　『立正安国論』を著したのは日蓮で，日蓮が開いた日蓮宗（法華宗）の中心寺院は甲斐国（山梨県）の久遠寺。日蓮の他の著書として『開目鈔』も押さえておこう。

問9　答：ア・エ 標準

　神仏分離令（神仏判然令）は，1868年に明治政府が王政復古・祭政一致の観点に基づき，神道国教化を方針として発布した。この法令により神仏混交が禁止された。

イ─×　キリスト教は，1868年に掲げられた五榜の掲示により禁止された。その後，浦上教徒（信徒）弾圧事件に対する欧米からの抗議により，1873年に黙認された。1889年に発布された大日本帝国憲法では「信教ノ自由ヲ有ス」としている。

ウ─×　神祇省は，廃藩置県後の1871年に設置された。神道国教化政策の退潮により，1872年に廃止され，教部省となった。

オ─×　紀元節は，神道による国民教化の中，1872年に太政官布告で制定されたもので，神武天皇即位日（2月11日）を祝日とした。神仏分離令によるものではない。1948年に廃止された後，1966年に建国記念日として再び制定された。

問10　答：エ 標準

エ─○　1881年に華族の出資により設立された日本鉄道会社は，1891年に上野・青森間を全通させた。

ア─×　ラジオ放送の開始は1925年。翌年，日本放送協会（NHK）が設立された。なお，ラジオの民間放送の開始は1951年。

イ─×　日産・日窒などの新興財閥の台頭は，1931年の満州事変以後。

ウ─×　ターミナルデパートの登場は1920年代。大阪梅田の阪急百貨店が始まり。

オ─×　工業人口が農業人口を上まわるようになったのは，第二次世界大戦後の高度経済成長期。

解答

問1	エ	問2	ア	問3	エ	問4	ウ	問5	ウ	問6	オ
問7	エ	問8	久遠	問9	ア・エ	問10	エ				

48

◇次の文章を読み，問1〜10に答えよ。

　古代から日本列島で生活してきた人々は，技術の発明と革新を通じて文明の発展を支えてきた。弥生時代の人々は縄文文化の伝統を受け継ぐ一方，中国や朝鮮半島から伝えられた水稲農耕や金属器生産の技術を生かして，生活環境を向上させた。古墳時代には豪族と民衆の生活が分離し，在地首長は環濠や柵列をめぐらした居館を中心に生活し，マツリゴトを執り行ったが，民衆は環濠のない集落に住んでいた。古墳時代は弥生時代の生産技術を受け継ぎ，多彩な文化を創り上げた。奈良時代には，中央集権的な国家体制が形成され，仏教は国家の保護を受けて大きく発展した。仏教の影響力の拡大と技術の発展にともなって，すぐれた美術作品が数多く作られた。

　鎌倉時代には公家が伝統文化を継承したが，武士と庶民によって新しい文化が生み出された。これらの文化は技術の輸入や革新と密接な関係をもっていた。そのなかで陶器の技術は，目覚ましい発展を遂げた。

　江戸時代は職人の時代と言われ，職人は独立した手工業者として，高度な技術を取り入れた道具を用いて生産活動を行った。近世初期の職人は限られた人びとであったが，17世紀の中頃以降，都市を中心に手工業生産者の活躍が著しくなった。幕末の日本人は外国の知識と技術に強い関心を示し，多くの人々がそれを吸収するために海外へ渡航した。

　明治政府は民間の活力を引き出すために，1884年頃から官営事業の払下げを進めた。その結果，財閥が成長し，産業の発展に中心的な役割を果たした。1886〜89年に日本は最初の企業勃興を迎え，鉄道や紡績などの会社が多く設立された。しかし，1890年ころになると，このブームも下火になった。紡績業は日本の産業革命の中心であったが，紡績業の発展を支えたのは，輸入された大型力織機であった。一方，重工業も政府の奨励政策などに刺激され，日清戦争後に大きな発展を遂げた。

　昭和期に入ってから，日本は深刻な恐慌に見舞われた。政府は一連の政策を打ち出し，産業界も効率のよい機械を導入した結果，経済は比較的に早く回復することができた。戦争は日本経済に壊滅的な打撃を与えたが，終戦から30数年間，日本は経済の民主化と技術革新を強力に進め，経済復興を実現した。

問1　下線部(1)に関連する記述として，不適切なものはどれか。1つ選べ。

　イ　弥生時代の水田は，灌漑・排水用の水路も備えていた。

　ロ　収穫物は高床倉庫で保存された。

　ハ　弥生時代前期には鉄器が普及した。

　ニ　弥生時代にはブタの飼育が行われた。

　ホ　銅鐸などを用いて，収穫を感謝する祭が行われた。

問2　下線部(2)に関連する記述として，適切なものはどれか。2つ選べ。

　イ　礎石の上に柱を立てる建築技法が用いられた。

　ロ　5世紀に朝鮮半島から土師器の製作技術が伝えられた。

　ハ　弥生土器から発達した須恵器が改良され，より硬質なものになった。

　ニ　古墳時代の祭器として鉄製農工具が用いられた。

　ホ　百済の僧観勒が紙や墨の技法を伝えた。

問3　下線部(3)に関連して，奈良時代に乾漆像の技法で作られた彫刻はどれか。2つ
　　選べ。

　イ　東大寺法華堂日光・月光菩薩像

　ロ　東大寺法華堂不空羂索観音像

　ハ　東大寺戒壇堂四天王像

　ニ　新薬師寺十二神将像

　ホ　唐招提寺鑑真像

問4　下線部(4)に関連する記述として，不適切なものはどれか。2つ選べ。

　イ　瀬戸焼は中国大陸の製品の影響を強く受けた。

　ロ　加藤景正が瀬戸の陶器をつくり始めたと確認されている。

　ハ　常滑焼や備前焼が広く流通した。

　ニ　白磁の輸入はほとんどみられなかった。

　ホ　南宋の青磁が多く輸入された。

問5　下線部(5)に関連する記述として，不適切なものはどれか。2つ選べ。

　イ　職人は幕府や大名に把握されていた。

　ロ　職人は武家屋敷の建築や武器の生産も担っていた。

　ハ　職人は幕府や大名に技術労働を提供して収入を得ていた。

　ニ　職人は百姓や町人の役負担を免除された。

　ホ　職人が仲間や組合を組織したが，幕府に解散を命じられた。

問6　下線部(6)に関連する記述として，不適切なものはどれか。1つ選べ。

　イ　幕府はドイツの顧問団を招き，横須賀に造船所を建設した。

　ロ　開国後長崎でオランダ人による海軍伝習が始まった。

ハ　幕府は講武所で洋式砲術などの武芸を教えた。

ニ　森有礼はイギリスに留学した。

ホ　勝海舟は咸臨丸で太平洋を横断した。

問7　下線部(7)の原因として，関係の深いものはどれか。2つ選べ。

イ　株式投資が拡大できなかった。

ロ　日本勧業銀行や日本興業銀行からの資金供給が迅速に行われなかった。

ハ　凶作により，産業界が大きな打撃を受けた。

ニ　生糸の輸出が大幅に減少し，貿易が大きな打撃を受けた。

ホ　政府が地方改良運動を推進し，町村の租税負担を増やした。

問8　下線部(8)に関連する記述として，不適切なものはどれか。2つ選べ。

イ　八幡製鉄所はイギリスの技術を導入して操業を開始した。

ロ　八幡製鉄所は中国の漢陽鉄山の鉄鉱石を安価に入手した。

ハ　巻上機の導入で，石炭や銅の輸出が増加した。

ニ　日清戦争後，排水用蒸気ポンプを導入した筑豊炭田は国内最大の産炭地となった。

ホ　民間の重工業が本格的に発達し始めたのは，日露戦争後である。

問9　下線部(9)に関連する記述として，不適切なものはどれか。2つ選べ。

イ　産業組織の合理化を図るため，カルテルの結成を進めた。

ロ　綿織物はアメリカに次いで世界2位の輸出国になった。

ハ　日本製鉄会社の設立により，鋼材の自給が実現した。

ニ　農業部門は工業部門より早く恐慌の打撃から回復した。

ホ　斎藤実内閣の下では，公共土木事業に農民を雇用し，現金収入を得させた。

問10　下線部(10)の時代の出来事として，適切なものはどれか。2つ選べ。

イ　過度経済力集中排除法で指定された企業の大半が分割されたため，企業の国際競争力が低下した。

ロ　占領下の日本では，独占禁止法は改正されることはなかった。

ハ　佐藤内閣は，新都市計画法を制定した。

ニ　八幡製鉄と富士製鉄が合併して，新日本製鉄が設立された。

ホ　鉄道電化の影響もあって，1970年に石油の需給がはじめて石炭を超えた。

解説 原始〜現代の技術発明と革新

　原始から現代までの産業・文化を中心とした総合問題。細部の事項が問われているだけでなく，正解を2つ選ぶ設問が8問と多いことから，全体的には難度が高い出題となっている。しかし，多くの内容は教科書・用語集のレベルを超えていない。教科書・用語集を用いた深い学習をしたかどうかで点差が開くだろう。

問1　答：ハ 標準

ハ−×　鉄器は，弥生時代中期末から後期にかけて普及した。

ニ−○　従来は，弥生時代にはイヌ以外に家畜はいなかったとされていたが，近年ではブタを飼育していたと考えられている。

ホ−○　集落では，豊かな収穫を祈願したり，収穫に感謝したりする際に，銅鐸などの青銅製祭器が用いられた。銅鐸に描かれた絵には木製の臼と竪杵を用いて脱穀している様子など，**水稲耕作にかかわる画題が多い**。青銅は銅・錫を主成分とする合金で，地域により青銅器の分布が異なる。

近畿地方中心	瀬戸内中部中心	九州北部中心
銅鐸	平形銅剣	銅矛・銅戈

問2　答：イ・ニ 標準

イ−○　古墳時代後期の6世紀末には，礎石建ちで瓦屋根をもつ飛鳥寺が建立されている。

ニ−○　古墳時代前期の古墳からは，鉄製農工具が出土しており，埋葬の祭祀に用いられたと考えられる。

ロ・ハ−×　土師器は，弥生土器の製法が受け継がれたもの。朝鮮半島からの技術で製作されたのが須恵器。須恵器は，ろくろを使用し，のぼり窯で焼成された。なお土師器・須恵器ともに平安時代まで製作・使用された。

ホ−×　紙・墨の技法は，高句麗僧曇徴により伝えられた。観勒と曇徴の区別は早大に限らず頻出。

観勒（百済僧）	602年来日	暦法・天文・地理等を伝えた
曇徴（高句麗僧）	610年来日	絵の具・紙・墨の製法を伝えた

問3　答：ロ・ホ 標準

　乾漆像と塑像の区別は，確実にできるようにしておこう。また図説等でも確認して視覚からも吸収しよう。

塑像（粘土で作成）	乾漆像（漆で固めて作成）
東大寺日光・月光菩薩像	東大寺法華堂不空羂索観音像
東大寺戒壇堂四天王像	興福寺阿修羅像
新薬師寺十二神将像	唐招提寺鑑真和上像

問4　答：ロ・ニ　　　　　　　　　　　　　　　　　　　標準

ロ−×　「確認されている」の箇所が誤り。瀬戸焼は，**加藤景正**がおこしたとの伝承があるが，**現在では否定的**。なお瀬戸焼は，尾張国（愛知）瀬戸付近で生産されている陶磁器の総称。瀬戸内海中心ではないので注意。

ニ−×　白磁は青磁とともに中国から輸入され，唐物として珍重された（**ホは正文**）。

イ−○　瀬戸焼は，釉薬（ゆうやく）を用いた中国製陶技術を導入している。

ハ−○　**備前国福岡市の様子を描いた『一遍上人絵伝』**のなかに，地元（備前：岡山）の備前焼の壺や甕などが売られている場面がある。鎌倉時代には，各地で窯が発達し，備前焼のほかに，尾張（愛知）の常滑焼（とこなめ），近江（滋賀）の信楽焼（しがらき）などがうまれた。

問5　答：ハ・ホ　　　　　　　　　　　　　　　　　　　標準

ハ−×　職人は幕府や大名に技術労働を提供したが，これは国役とよばれる無償の奉仕とされ，それにともなう収入を得ていない。

ホ−×　職人が業種ごとに組織した組合を仲間といい，近世中期には特権をもつ株仲間となるが，1841年の株仲間解散令を想起すれば，下線部(5)の近世初期の解散は誤りとわかる。

問6　答：イ　　　　　　　　　　　　　　　　　　　　　標準

イ−×　幕府は，**フランス**の顧問団を招いて，1865年に**横須賀製鉄所**を設立した。のちに明治政府の接収により，**横須賀造船所**へと改称し，1903年に**横須賀海軍工廠**（こうしょう）へと改められた。

ロ−○　開国後の1855年，海軍教育機関として**海軍伝習所**が設置された。オランダ寄贈の軍艦が使用され，**オランダ海軍士官**が指導した。

ニ−○　森有礼（薩摩藩）は，1865年にイギリスに留学している。薩摩藩では1863年の薩英戦争を機に，海外事情に精通した人材育成を急務と判断した背景がある。

ホ−○　1860年，日米修好通商条約批准書交換のために，新見正興ら一行が米艦ポーハタン号で渡米した際に，幕府の軍艦咸臨丸（かんりんまる）が随行した。

問7　答：ハ・ニ　　　　　　　　　　　　　　　　　　　標準

企業勃興（1886〜89年）のブームが下火になった背景に，天候不順・暴風雨などによる凶作や生糸輸出が半減（**1890年恐慌：日本最初の恐慌**）したことがある。

イ−×　企業勃興ブームにより，株式投資は拡大していったが，金融機関の資金が不足した。

ロ—×　日本勧業銀行は 1897 年，日本興業銀行は 1902 年に設立されており，企業
勃興ブームの下火や 1890 年恐慌には関係がない。

ホ—×　**地方改良運動**は，1909 年から**内務省**が中心となって推進した国富増強運
動。**日露戦争後の政策**なので，企業勃興ブームの下火や 1890 年恐慌には関係が
ない。

問8　答：イ・ロ　━━━━━━━━━━━━━━━━━━━━━━ 標準

八幡製鉄所（1897 年着工，1901 年操業開始）は，**ドイツ**の技術に依存（**イ**が誤
文）し，**大冶鉄山の鉄鉱石**（**ロ**が誤文）と筑豊炭田の石炭を使用した。漢陽鉄山は
中国の大規模な民間製鉄会社漢冶萍公司を構成した製鉄所。

	漢陽の製鉄所
漢冶萍公司	大冶の鉄鉱石
	萍郷の石炭

問9　答：ロ・ニ　━━━━━━━━━━━━━━━━━━━━━━ 標準

下線部(9)の前の「昭和期」「深刻な恐慌」から，**1930 年の昭和恐慌**の時期だとわ
かる。昭和恐慌打開のために**犬養毅内閣**の蔵相**高橋是清**は，**金輸出再禁止**をおこな
い，**管理通貨制度**へと移行した。また円相場の大幅な下落を利用して，飛躍的に**輸
出を伸ばした**ことで，綿織物は**イギリスを抜いて世界1位**（**ロ**が誤文）になったほ
か，軍需に支えられて，**重化学工業部門が著しく発達した**（**ニ**が誤文）。また農業
分野は，斎藤実内閣において，**時局匡救事業**として，**公共土木事業に農民を雇
用して現金収入の機会を増やし**たり，**農山漁村経済更生運動**などにより，工業部門
より少し遅れて回復した（**ニ**が誤文／**ホ**が正文）。

イ—○　**1920 年代**の慢性的な不況のなかで，企業の独占・集中の傾向が加速し，
様々な企業部門に，**カルテル**（企業連合）や**トラスト**（企業合同）のような独占
企業形態があらわれた。

ハ—○　**日本製鉄会社**は，1934 年に**製鉄大合同**により創立された**半官半民**の製鉄
会社で，鉄鋼の国内自給を達成させた。日本製鉄会社と日本製鋼所は紛らわしい
ので，内容も含めてしっかり区別しておこう。

日本製鋼所（1907 年）	三井資本と英の兵器会社の共同出資
日本製鉄会社（1934 年）	製鉄大合同により創立された製鉄会社

問10　答：ハ・ニ　━━━━━━━━━━━━━━━━━━━━━━ 標準

ハ—○　**新都市計画法**は，1968 年に都市の再開発調整のために，第2次佐藤栄作
内閣が制定した。

ニ—○　1934 年の製鉄大合同により創立された**日本製鉄会社**は，**財閥解体**により，
富士製鉄と**八幡製鉄**に分割されたが，1970 年に両社が合併して，**新日本製鉄**と

なった。新日本製鉄は，当時，日本最大の製鉄会社で，生産規模は世界1位であった。

イー✕　巨大企業の分割を目的とした**過度経済力集中排除法**で，**325社が分割の対象**となったが，**実際の分割は11社のみ**であったことから，「企業の大半が分割」の箇所が誤りとなる。

ロー✕　1947年に制定された**独占禁止法**は，持株会社の私的独占やカルテル禁止を内容としており，1949・1953年に改正され，**規制内容が緩和**された。1997年の改正で**持株会社禁止の規定が解除**された。

ホー✕　「**1970年**」が誤り。**1950年代半ばから60年代**にかけて，**石炭から石油へ**エネルギー源が転換した（**エネルギー革命**）。安価な原油の安定供給は，高度経済成長を支える重要な条件となった。一方，石炭産業は衰退し，1960年には三井鉱山三池炭鉱での大量解雇に反対する激しい争議（**三池争議**）が展開された。

解　答

問1　ハ　　問2　イ・ニ　　問3　ロ・ホ　　問4　ロ・ニ

問5　ハ・ホ　　問6　イ　　問7　ハ・ニ　　問8　イ・ロ

問9　ロ・ニ　　問10　ハ・ニ

49

◇次の文章および史料Ａ〜Ｄを読み，問 1 〜 8 に答えよ。解答はマーク解答用紙の該当する記号をマークせよ。なお，引用した史料は一部書き改めたところがある。

　日本列島の歴史において，社会事業・社会福祉という概念の成立は近代以降になるが，疫病の流行や飢饉の発生にともなう困窮者への互助・救済は，前近代にもみられた。昨年からの災禍のなかでこのテーマについて考えてみたい。

　人類史上，生存のための衣食住などの生活資源の生産と供給，また疫病などの治療やその防除を祈る対応は，さまざまな歴史段階における社会共同のもと，常に最重要の関心事であったであろう。また，その困窮者への援助の形態は，原始から前近代においては，まず地縁および血縁を基本とする共同体の相互扶助を基盤として，古代社会の形成とともに，宗教や政治の理念にもとづく救済が加わったと考えられる。

　仏教の伝来以降，その教義は政治，社会，文化に大きな影響をもたらした。なかでも「慈悲」と「福田」は福祉的実践の核心となる概念で，奈良時代においては □1□ などの社会事業の実現にも結びついた。加えて，儒教思想にも基づく「天皇の慈悲」としての救済は，6 世紀から記録にのこるが，これを 7 世紀末以降史料Ａのように「賑給」と呼ぶようになった。旱魃，疫病，風水害などへの対応が主であったが，平安時代中期以降は形骸化したとされる。

史料Ａ　賑給文（しんごうもん）

　　　　右京三四条賑給使

　　　　　合せて人数五百人

　　　　　　隠居百七十人

　　　　　　高年百卅人

　　　　　　病者四十人

　　　　　　窮者百六十人

　　　　　請たる米十五石　　官司より

　　　　　塩一石三斗四升　　大膳職より

　　　　　　（中略）

　　　　右，去月廿九日　宣旨によりて賑給すること件（くだん）の如（ごと）し
　　　　　　寛治元年 (注1) 六月廿八日
　　　　　　（以下略）

　（注1）西暦 1087 年にあたる。すでに平安京内の年中行事として形骸化した段階である。

　中世に入ると，天候不順による飢饉や，餓死者の増加にともなう疫病の発生などが頻発し，社会情勢に深刻な影響をもたらした。源頼朝が行った飢饉の未納年貢免除や，北条泰時が風水害に際して行った領民救済に始まり，室町時代に入ってからも，たびたび施政者や大寺は対応を迫られた。史料Bは，足利義持の治世末期に起こった室町時代最大級の飢饉のようすを伝えている。

史料B　（応永二十八年 (注2) 二月）十八日，（中略）去年炎旱，飢饉之間，諸国の貧
　　　　人上洛し，乞食充満す。餓死する者，数知れず路頭に伏すと云々。よって公方
　　　　より仰せられ，諸大名五条河原に仮屋を立てて施行を引く。食を受けて酔死の
　　　　者又千万と云々。今春又疫病興盛し，万人死去すと云々。天龍寺・相国寺施行
　　　　を引く。貧人群集すと云々。（以下略）
　　　（注2）西暦 1421 年にあたる。

　近世に入っても，飢饉や天災時には，幕府や諸大名が農村復興を目的に緊急対応策を行った。これに限らず，江戸時代の儒学者のなかには，山鹿素行，荻生徂徠らのように，統治者のあり方として相互扶助からこぼれた窮民への援助を君主の義務とする徳治主義的な救済論を唱えた者がいた。なかでも山鹿素行は，村落共同体を通じての民衆支配とその中の相互扶助を前提としつつも，「防貧，救貧，養民」の3段階に体系化された救済方法を説いた。そこには，近代の社会福祉を先取りする視点が含まれていたと評価できよう。

　近代以降の，生活困窮者や社会的弱者の救済を目的とした社会福祉政策は，1874年に発布された「恤救規則」を端緒とする。ただし，そこでは「済貧恤救ハ人民相互ノ情誼」によるものとされており，依然として共同体の相互扶助が前提とされていた。その後，日清戦争前後の産業革命期以降になると，鉱山・工場の労働者や都市部の貧民の惨状が明るみになり，大きな社会問題となった。さらに，労働運動や社会主義思想が広がりを見せていったなかで，1911 年には，工場労働者を保護することを目的として工場法が公布された。史料Cは，この工場法からの抜粋である。

史料C　第一条　本法ハ左ノ各号ノ一ニ該当スル工場ニ之ヲ適用ス。
　　　　一　常時 ☐2☐ 人以上ノ職工ヲ使用スルモノ。
　　　　二　事業ノ性質危険ナルモノ又ハ衛生上有害ノ虞アルモノ。
　　　　本法ノ適用ヲ必要トセサル工場ハ勅令ヲ以テ之ヲ除外スルコトヲ得。
　　　（中略）
　　　　第三条　工業主ハ ☐3☐ 歳未満ノ者及女子ヲシテ，一日ニ付 ☐4☐ 時間
　　　　ヲ超エテ就業セシムルコトヲ得ス。主務大臣ハ業務ノ種類ニ依リ，本法施
　　　　行後十五年間ヲ限リ前項ノ就業時間ニ二時間以内延長スルコトヲ得。

（後略）

　一方，広義の社会福祉政策には，生活困窮者や社会的弱者以外の国民をも対象として，その生活上の困難の解消を目指す方策をも含めることができる。明治時代の日本では，このような広義の社会福祉政策は，史料Dで言及されている運動のように，殖産興業・富国強兵政策の一環としての側面を持ち合わせていた。

史料D　惟ふに聖旨を奉体し，国運の発展を図るの途は，民力の涵養と風紀の振興とに在り。国家の財政と同じく，地方の財政に於ても亦冗費を節し濫出を制して，之が緊縮整理を図り，更に一般国民に向て奢侈の弊を誡め，倹素の風を奨むると共に，一面進で殖産興業を盛にし，勤労の風を興し，醇厚の俗を養ひ，人心を作興するの道を講じ，斯のごとくにして其矯むべきは之を矯め，興すべきは之を興し，積極消極其一に偏せず，物質精神並び進で以て宇内の大勢に応じ，文明の恵沢に均霑せんことを勉めざるべからず。

　1930年代には，母子保健法や保健所法が制定されたが，これらも健民健兵政策の一環として位置づけられるものであった。国家の責務として社会福祉政策が本格的に推進されるようになったのは第2次世界大戦後のことであり，それはまず敗戦処理政策として始まった。その後，1960年代後半から70年代初頭にかけては，大都市圏で革新自治体が次々に成立し，老人医療の無料化など，国に先駆けた社会福祉政策に取り組んだ。

問1　下線部aに関連して，疫病除けから始まった宗教現象・行事として，もっとも適切なものはどれか，1つ選べ。もし該当するものがなければ，カをマークせよ。
　ア　禊ぎ　　　　　　　イ　即身成仏　　　　　ウ　踊り念仏
　エ　祇園祭　　　　　　オ　御蔭参り

問2　空欄1に該当する事業の内容と，それを実施した人物として，正しい組み合わせはどれか，1つ選べ。
　ア　貧者を治療する施薬院の設置：聖徳太子
　イ　貧者を治療する施薬院の設置：行基
　ウ　布施屋・北山十八間戸の設置や架橋：行基
　エ　布施屋・北山十八間戸の設置や架橋：光明皇后
　オ　孤児・貧者を救済する悲田院の設置：光明皇后
　カ　孤児・貧者を救済する悲田院の設置：聖徳太子

問3　下線部bの「公方」に関する記述として，正しいものはどれか，1つ選べ。
　ア　父の後を継ぐと，将軍に反抗的な鎌倉公方を滅ぼした。
　イ　父の始めた日明貿易が朝貢形式をとっていたことへの批判から，貿易を中止した。
　ウ　父から譲位されて将軍に就任後，わずか2年ほどで死去した。
　エ　兄の死後，くじ引きで後継者に決まり，僧から還俗して将軍に就いた。
　オ　専制的な政治を行い，反発した守護に殺害された。

問4　下線部cに関連する記述として，誤っているものはどれか，1つ選べ。
　ア　熊沢蕃山は京都の出身で，岡山藩主池田光政に仕えたが，幕府を批判し罰せられた。
　イ　山鹿素行は，実用の学の視点から朱子学を批判し，自らの儒学を聖学と呼んだ。
　ウ　伊藤仁斎は町人の出身で，大坂に塾を開いて，原典研究を唱える古義学を創始した。
　エ　貝原益軒は，幅広い分野に才能を発揮し，日本の本草学の基礎を築いた。
　オ　荻生徂徠は，柳沢吉保に仕え，古文辞学派の創始者となった。

問5　下線部dに関連して，明治時代の官営事業の払下げに関する記述として正しいものはどれか，1つ選べ。
　ア　高島炭鉱は，佐々木八郎に払い下げられた。
　イ　三池炭鉱は，岩崎弥太郎に払い下げられた。
　ウ　佐渡金山は，後藤象二郎に払い下げられた。
　エ　院内銀山は，古河市兵衛に払い下げられた。
　オ　阿仁銅山は，浅野総一郎に払い下げられた。

問6　空欄2・3・4に該当する数字の組み合わせとして正しいものはどれか，1つ選べ。
　ア　2・十五　3・十二　4・十
　イ　2・十五　3・十五　4・十
　ウ　2・十五　3・十五　4・十二
　エ　2・二十　3・十二　4・十
　オ　2・二十　3・十二　4・十二
　カ　2・二十　3・十五　4・十二

問7　下線部eの詔書の発布やその前後の時期のできごとに関する記述として誤っているものはどれか，1つ選べ。

ア　この詔書は，第2次桂太郎内閣によって発布された。

イ　**史料D**で言及されている運動は，農商務省が中心となって推進した。

ウ　旧村落の青年会は，町村ごとの青年会に再編された。

エ　旧村落の神社は，神社合祀令によって統廃合が進められた。

オ　全国各地に分立していた在郷軍人会は，新たに創設された帝国在郷軍人会に統合された。

問8　下線部fに関連して，この時期に東京都知事に就任して，老人医療の無料化などの社会福祉政策に取り組んだ人物を1人選べ。

ア　青島幸男　　　　　イ　東龍太郎　　　　　ウ　黒田了一

エ　鈴木俊一　　　　　オ　美濃部亮吉

解説　救済制度の歴史

　救済制度・社会事業・社会福祉というテーマからの出題。難解・複雑な印象を持ってしまいがちなテーマだが，出題されている内容は標準的なもので，丁寧な学習をしていれば全問正解が可能である。

問1　答：エ　　　　　　　　　　　　　　　　　　　　　　　　　　　　　　標準

　設問文の「疫病除け」から，「祇園祭」が正解とわかる。祇園祭は祇園社（八坂神社）の疫病除けの祭礼で，869年に疫病の退散を願い，66本の矛をたてて御霊会を行ったことが起源とされている。

　アの禊ぎは，神事の前に川などの水の中に入り，身についた穢れを落とし清めること。イの即身成仏は，生きながら大日如来と一体化すること。ウの踊り念仏は，念仏を唱えながら鉦や太鼓に合わせて踊るもので，鎌倉時代に時宗の開祖一遍が始めた。オの御蔭参りは，伊勢神宮への民衆の集団参拝のこと。

問2　答：オ　　　　　　　　　　　　　　　　　　　　　　　　　　　　　　標準

　奈良時代に光明皇后が悲田院（貧窮者・孤児の救済施設）を設けて，社会事業を行った。光明皇后は，悲田院の他に施薬院（貧窮の病人に施薬・治療をする施設）も設置した。

　布施屋は，交通の要衝に設けられた宿泊施設で，行基の設置したものが有名。北山十八間戸は，鎌倉時代中期に律宗僧の忍性が創建したハンセン病（癩病）患者の救済施設。

問3　答：イ　　　　　　　　　　　　　　　　　　　　　　　　　　　　　　標準

　史料Bの前に「足利義持の治世末期」とあることから，史料中の「公方」は足利義持を指すことがわかる。

イ─○　足利義持は，朝貢形式の日明貿易を屈辱的として中止した。

ア─×　「将軍に反抗的な鎌倉公方を滅ぼした」という出来事は永享の乱をさす。永享の乱は，足利義教の時期にあたり，義持の時期ではない。

ウ─×　5代将軍足利義量のこと。義持の子足利義量は，酒宴を好んで健康を害し，在職わずか2年で病死した。

エ─×　足利義教のこと。元は青蓮院門跡に入り義円と称した天台座主。

オ─×　足利義教のこと。当初は，義持が行った合議制を継承していたが，徐々に強圧的な政治を行うようになり，有力守護大名の反発を買った。「反発した守護に殺害された」の箇所は嘉吉の変（乱）をさす。

問4　答：ウ ——————————————————————————————————— 標準

　ウー×　「大坂」ではなく京都が正しい。**伊藤仁斎**は，**古義学**をとなえ，京都堀川
　　に**古義堂**（堀川塾）を開いて，聖人の道を正しく理解することを伝えた。なお子
　　の伊藤東涯も古義堂を継承し，日本・中国の制度を研究した『**制度通**』を著した。

　アー○　池田光政に仕えた**熊沢蕃山**は，『**大学或問**』により幕府を批判したことで，
　　下総古河に幽閉された。

　イー○　自らの学を**聖学**と称した**山鹿素行**は，朱子学を批判したことで**赤穂に配流**
　　された。著作に配流の原因ともなった『**聖教要録**』，中国崇拝を排除した『**中朝
　　事実**』がある。

　エー○　**貝原益軒**は，日本の**本草学**の基礎を築いた人物で，本草書に『**大和本草**』
　　がある。益軒の他著としては，早期教育の重要性を説いた『**和俗童子訓**』がある。

　オー○　古文辞学派の創始者**荻生徂徠**は，柳沢吉保に仕え，徳川綱吉にも進講した。
　　代表的な著書『**政談**』は徳川吉宗の諮問に答えた幕政改革案で，必須事項。

問5　答：エ ——————————————————————————————————— 標準

　アー×　高島炭鉱は，後藤象二郎に払い下げられ，のちに三菱に移った。

　イー×　三池炭鉱は，佐々木八郎に払い下げられ，ついで三井に移った。

　ウー×　佐渡金山は，三菱に払い下げられた。

　オー×　阿仁銅山は，古河市兵衛に払い下げられた。

●主要な払下げ先

払下げ年	物件	払下げ先
1874 年	高島炭鉱	後藤象二郎→三菱
1884 年	院内銀山	古河市兵衛
1885 年	阿仁銅山	
1887 年	新町紡績所	三井
	長崎造船所	三菱
	兵庫造船所	川崎正蔵
1888 年	三池炭鉱	佐々木八郎→三井
1893 年	富岡製糸場	三井
1896 年	佐渡金山	三菱
	生野銀山	

問6　答：ウ ——————————————————————————————————— 標準

　工場法では，労働者の最低年齢を 12 歳とすることや，15 歳未満の少年，女性の
労働時間を 12 時間とすること，女性や年少者の深夜業を禁止することなどが規定
されていた。一方で，15 人未満の工場には適用されなかったり，14 時間労働が期
限付きで認可されたりと，不備もあった。

工場法は 1911 年に公布された（第 2 次桂太郎内閣）が，実施されたのは 1916 年だった（第 2 次大隈重信内閣）という点も重要である。なお工場法は，1947 年，労働基準法公布により廃止された。

問7　答：イ　——————————————————————————　標準

「農商務省」が誤り。史料Dで言及されている運動は，1909 年に第 2 次桂太郎内閣のもとで内務省が中心となって推進した地方改良運動である。

地方改良運動は，疲弊した地方自治体の財政再建，農業振興，民心向上の実現を目指すもので，史料中の「民力の涵養と風紀の振興」「緊縮整理」「奢侈の弊を誠め，倹素の風を奨むる」などを判断・特定の材料にしたい。

エの「神社合祀令」により，一村一社化を原則とする神社の大幅な統廃合が行われた。これに対して，南方熊楠（日本民俗学の創始者の 1 人）が反対している。

問8　答：オ　——————————————————————————　標準

下線部 f の「1960 年代後半から 70 年代初頭」「革新自治体」，設問文の「東京都知事」などから，オの美濃部亮吉とわかる。美濃部亮吉は天皇機関説を唱えた美濃部達吉の長男で，東京教育大学（現在の筑波大学）教授。第 2 次人民戦線事件で検挙されている。

アの青島幸男は，1995〜99 年までの東京都知事。イの東龍太郎は，1959〜67 年までの東京都知事。ウの黒田了一は，1971〜79 年までの大阪府知事。エの鈴木俊一は 1979〜95 年までの東京都知事。

解　答

| 問1 エ | 問2 オ | 問3 イ | 問4 ウ | 問5 エ | 問6 ウ |
| 問7 イ | 問8 オ | | | | |

50

◇日本の文化や政治に関する明子さんと晴夫さんの会話を読んで，問に答えなさい。

晴夫：何の本を読んでいるの？

明子：陰陽師の本だよ。

晴夫：何となく聞いたことがある言葉だけど，どういう人たちなの？

明子：今で言えば，占い師とか魔術師みたいな存在かな。地震とか疫病とか，昔はメ
　　　カニズムが解明されていなかったでしょ。だから，占いや祈りによって原因を
　　　調べたり，対策を講じたりしていたの。

晴夫：ということは，見方によっては，昔の人たちにとっての科学や技術と言えるか
　　　　　　　　　　　　　　　　　　a
　　　もしれないね。

明子：まさしくその通り！

晴夫：いつ頃からいた人たちなの？

明子：古代律令国家の官制では，陰陽寮という役所が置かれ，天体の観測や暦の作成
　　　b
　　　などが行われていた。この陰陽寮で働いている役人の知識や技能が，平安時代
　　　になって宗教色を強めながら独特の発展をとげ，陰陽師と呼ばれる専門職が確
　　　立したんだ。　A　 が書いた日記である『御堂関白記』にも登場するよ。

晴夫：有名な陰陽師っているの？

明子：たくさんいるけど，うーん，個人的に好きなのは安倍泰親かな。平安時代後期
　　　　　　　　　　　　　　　　　　　　　　　　　　　　　　　　　c
　　　から鎌倉時代前期にかけて活躍した人で，九条兼実の日記である『　B　』
　　　などに登場するんだけど，『平家物語』では占いがよく当たるというので「指
　　　すの神子」と称されているよ。

晴夫：へー，おもしろい。でも中世になると，武士の時代だから，陰陽師の活躍の場
　　　はなくなりそうだね。

明子：そんなことはないよ。泰親の子孫にあたる安倍有世は，足利義満にも仕えて出
　　　世し，陰陽師では初めて位階が三位を超えたの。武士も占いや祈りを必要とし
　　　ていたんだね。

晴夫：言われてみれば，室町幕府は禅宗を保護したし，武士の政治も思想や宗教とは
　　　　　　　　　　　　　　　　　　　　　　　　　　d
　　　切り離せないものだよな。でも，戦国時代には戦乱で京都も荒廃したと思うん
　　　だけど，陰陽師は大丈夫だったの？

明子：受難の時代だね。京都での生活が成り立たず，地方に下った陰陽師もいたみた
　　　い。だけど，江戸時代に入って1683 年には，安倍有世の子孫である土御門家
　　　　　　　　　　　　　　　e
　　　が，地方で活動する民間の陰陽師を監督する権限を朝廷や幕府から認められた

の。

晴夫：陰陽師の家元みたいな存在になったんだね。これで土御門家も安泰というわけかな。

明子：土御門家の権限が明確になったのは確かなのだけれど，江戸時代になると西洋の学問や技術も伝来したでしょ。特に幕府は洋学を導入し，民間の学者も登用したから，陰陽師の存在感は薄れざるをえなくなった。
　　　　　　　　　　　　　　　　　　　　　　　　f

晴夫：でも，幕府が滅びると朝廷の政治が復活したから，新政府のもとで陰陽師はまた活躍したりしたとか？

明子：必ずしもそうではないよ。新政府は文明開化を掲げ，欧米の文化や科学技術を重視したでしょ。陰陽師の技能は「文明」ではなく，昔ながらの迷信や俗信と見なされたこともあって，公的には廃止されてしまったんだ。
　　　　　　　　　　g

晴夫：なるほどね。とはいえ，新政府は祭政一致を掲げ，神道の国教化を目指したりしたから，一口に文明開化とはいっても，近代国家の道のりはなかなか複雑だよなぁ。それにしても，神社や寺院にお参りする人は今も多いけど，陰陽師なんてよく知らなかったよ。
　　　　　　　　　　　　　　　　h

明子：確かに，知っている人はそこまで多くはないかもね。でも，1980年代に陰陽師を題材にした小説の連載が始まり，実は少しずつ人気が出てきたんだ。1993年には漫画化され，2001年には映画やテレビドラマにもなって，ブームを巻き起こしたんだよ。

晴夫：これだけ科学技術が進歩した時代に，陰陽師の人気が高まったというのは面白いね。1990年代には里山ブームも起きたし，みんな「文明」に疲れちゃったのかなぁ。
　　　i

問1　下線aに関連して，古墳時代におこなわれた，熱湯に手を入れ火傷の具合で真偽を判定する神判は何か。漢字で記述解答用紙の解答欄に記入しなさい。

問2　下線bに関する文として正しいものはどれか。1つ選び，マーク解答用紙の該当する記号をマークしなさい。
ア　式部省は宮中の警護を担当した。
イ　衛門府は地方の治安維持を担当した。
ウ　神祇官は神職や僧侶の活動を監視した。
エ　左右弁官局は太政官の事務を担当した。
オ　大納言のもとに左大臣と右大臣が置かれた。

問3　空欄A・Bに該当する語句の組合せとして正しいものはどれか。1つ選び，マーク解答用紙の該当する記号をマークしなさい。

ア　A—藤原頼通　B—玉葉　　　　　イ　A—藤原頼長　B—台記

ウ　A—藤原頼長　B—小右記　　　　エ　A—藤原道長　B—台記

オ　A—藤原道長　B—玉葉

問4　下線cの時期の文化について述べた次の文，X・Y・Zの正誤の組み合わせのうち，正しいものはどれか。1つ選び，マーク解答用紙の該当する記号をマークしなさい。

　　　X　後白河法皇は貴族社会で流行していた漢詩文を集めて『梁塵秘抄』を編んだ。

　　　Y　重源は宋出身の技術者とともに，平氏の焼き打ちにより焼失した東大寺の再建に尽力した。

　　　Z　文章を用いず絵だけで物語を表現する絵巻物が発達し，『伴大納言絵巻』などが制作された。

ア　X—正　Y—誤　Z—誤　　　　イ　X—誤　Y—正　Z—誤

ウ　X—誤　Y—誤　Z—正　　　　エ　X—正　Y—正　Z—誤

オ　X—誤　Y—正　Z—正

問5　下線dに関連して述べた文のうち誤っているものはどれか。2つ選び，マーク解答用紙の該当する記号をマークしなさい。

ア　平清盛は安芸の厳島神社を信仰し，美麗な装飾経を奉納した。

イ　鎌倉幕府に重用された栄西は，密教の僧侶としても活動した。

ウ　室町幕府が禅宗寺院に出版させた御伽草子は，五山版と呼ばれた。

エ　徳川家康は死没後，東照宮にまつられ，神格化された。

オ　明から渡来し黄檗宗の開祖となった隠元は，江戸幕府から布教を禁じられた。

問6　下線eに関連して，この年の7月，幕府は綱吉の将軍就任を受けて武家諸法度の改正を行った。この時の改正内容について述べた文として正しいものはどれか。1つ選び，マーク解答用紙の該当する記号をマークしなさい。

ア　武家伝奏の制度が新たに加えられた。

イ　参勤交代の制度が新たに加えられた。

ウ　殉死の禁止が新たに定められた。

エ　大名の第一に励むべき内容が「忠孝礼法」から「学問芸能」へと変わった。

オ　大名の第一に励むべき内容が「文武弓馬」から「文武忠孝」へと変わった。

問7　下線fに関して，1811年に幕府が設置した洋書などを翻訳する組織は何か。漢字6字で記述解答用紙の解答欄に記入しなさい。

問8　下線gに関する文として正しいものはどれか。2つ選び，マーク解答用紙の該当する記号をマークしなさい。

ア　暦を太陽暦に改め，1週間を7日と定めた。

イ　五榜の掲示を定め，キリスト教の布教を容認した。

ウ　東京や横浜で，鉄筋コンクリート造りの洋館が建てられた。

エ　天賦人権思想が紹介され，自由民権運動に影響を与えた。

オ　教部省を設置し，アメリカにならった学校制度を導入した。

問9　下線hに関連して，『憲法講話』を著し有力な憲法学説を唱えたものの，国体明徴声明によって学説を否定された学者は誰か。漢字で記述解答用紙の解答欄に記入しなさい。

問10　下線iに関して，1990年代に起きた出来事を述べた文として誤っているものはどれか。1つ選び，マーク解答用紙の該当する記号をマークしなさい。

ア　自衛隊が初めて海外へ派遣された。

イ　阪神・淡路大震災が発生した。

ウ　オウム真理教による地下鉄サリン事件が発生した。

エ　消費税が導入された。

オ　バブル経済が崩壊し，金融機関の破綻が続いた。

解説 古代〜現代の日本の文化や政治

　会話形式のリード文を素材とした，古代から現代までの文化・政治に関する出題。早大では他にも会話形式の問題が出題されている。出題内容は標準的で，全て教科書レベルである。とはいえ，教科書を中心とした通史・文化史の学習が十分でないと対応に苦慮するだろう。

問1　答：盟神探湯 ────────────────────────── 易

　設問文の「熱湯に手を入れ…真偽を判定」の箇所から，**盟神探湯**（くかたち）とわかる。古墳時代には鹿の肩甲骨を焼き，ひび割れの具合で吉凶を占う**太占**（ふとまに）も行われていた。なお邪馬台国でも，骨を焼いて吉凶を占っていた。

問2　答：エ ────────────────────────── 標準

エ−○　左弁官局は，中務省・式部省・治部省・民部省，右弁官局は，兵部省・刑部省・大蔵省・宮内省をそれぞれ統括し，公卿への**文書受付・伝達**などを行った。

ア−×　式部省は，**文官人事や学校関係を担当した**中央機関。なお，中央の**大学**は式部省の管轄だが，地方の**国学**は国司の管轄になることに注意しよう。

イ−×　**衛門府**は，宮門・宮城門などを守護し，出入を検した。衛門府は五衛府の1つで，**五衛府**は衛門府，左・右衛士府，左・右兵衛府で構成されている。

ウ−×　「僧侶の活動」が誤り。仏教寺院・僧尼の管理統制は**治部省**が担当した。治部省は他に**外交事務**も担当している。

オ−×　左右大臣に次ぐ地位が大納言。「大納言のもとに」の箇所が誤り。

問3　答：オ ────────────────────────── 標準

　空欄 ⬛A⬛ の後の『御堂関白記』，空欄 ⬛B⬛ の前の「九条兼実の日記」から，空欄 ⬛A⬛ は「藤原道長」，空欄 ⬛B⬛ は「玉葉」が正解とわかる。なお**九条兼実**の求めにより**法然（源空）**が**『選択本願念仏集』**を著したこともおさえておきたい。

問4　答：イ ────────────────────────── 標準

X−×　「漢詩文」が誤り。『梁塵秘抄』は，**後白河法皇**が民間の流行歌謡の**今様**を集めたもの。『梁塵秘抄』は記述できるようにしよう。

Y−○　**重源**は宋で学んだ**大仏様**の建築様式を導入して，東大寺の再建に尽力した。

Z−×　絵巻物は，文章（詞書）と絵を交互に描いて物語を展開させていくものが一般的で，「文章を用いず絵だけで」の箇所が誤りとなる。

問5　答：ウ・オ ────────────────────────── 標準

ウ−×　御伽草子は，民衆に好まれた**絵入り物語**で，五山版とは呼ばれていない。**五山版**は，京都五山・鎌倉五山を中心に出版された**漢詩文**などの書籍。なお『物

くさ太郎』や『一寸法師』などの御伽草子には，庶民の立身出世が描写されており，下剋上の風潮が背景にある。

オ—✕　「禁じられた」が誤り。17世紀半ばに，明から隠元隆琦が黄檗宗を伝え，幕府に許容された。総本山である**万福寺**（宇治）や**崇福寺**（長崎）などの寺院もあわせて覚えておこう。

ア—◯　平清盛は安芸の厳島神社を平家一門の氏神とし，一門の繁栄を願い**法華経**を写経した『**平家納経**』を奉納した。なお厳島神社は，1996年に世界文化遺産となっている。

イ—◯　臨済宗の開祖栄西は，天台宗の台密を学んでいることから，「密教の僧侶としても活動」が正文となり，幕府の保護のもと**建仁寺**を創建していることから「鎌倉幕府に重用された」も正文となる。やや判断が難しいが，**ウ・オ**が明らかな誤文のため正文と判断したい。

エ—◯　**徳川家康**は，東照大権現（権現：神となって権に姿を現したもの）として**神格化**された。日光東照宮は**権現造**を用いた代表的な建築物で，豊臣秀吉や源頼朝も合祀されている。なお日光東照宮は，1999年に世界文化遺産となっている。

問6　答：オ ━━━━━━━━━━━━━━━━━━━━━━━━━━━━ 標準

オ—◯　文治主義的傾向をすすめるため，武家諸法度を改定し，第一条を従来の「文武弓馬ノ道，専ラ相嗜ムベキ事」から，「文武**忠孝**を励し，**礼儀**を正すべきの事」に変更された。

ア—✕　**武家伝奏**は，1603年に設置されている。

イ—✕　参勤交代の制度は，1635年の武家諸法度寛永令（3代将軍徳川家光）で規定された。

ウ—✕　「殉死の禁止」が「新たに定められた」のは，4代将軍徳川家綱のとき。武家諸法度寛文令発布の日（1663年）に，老中が初めて口頭で発表している。その後，殉死の禁止は，5代将軍徳川綱吉が1683年に発布した武家諸法度**天和令**で明文化された。**ア・イ**のように「新たに加えられた」であれば正文。

エ—✕　「学問芸能」を第一に励むべき内容としたのは，禁中並公家諸法度である（第一条：天子諸芸能の事，第一御学問也）。**オ**の解説からも，誤文であることは明らかである。

問7　答：蛮書和解御用 ━━━━━━━━━━━━━━━━━━━━━ 標準

蛮書和解御用は，天文方高橋景保の進言により設置された洋書・外交文書の翻訳機関。蛮書和解御用の改称の推移は頻出で，年代配列問題が出題される可能性も考えられるのでしっかりおさえておこう。また「蛮書和解御用」「蕃書調所」の記述にも注意を払いたい。

蛮書和解御用	→	洋学所	→	蕃書調所	→	洋書調所
1811年 高橋景保の進言		1855年 安政の改革		1856年		1862年 文久の改革

問8　答：ア・エ　　　　　　　　　　　　　　　　　　　　　　　　標準

ア—○　西洋諸国にならい太陰太陽暦（旧暦）を廃止して，**太陽暦**を導入し，1日を 24 時間，1 週間を 7 日とした。太陽暦採用により，旧暦の 1872 年 12 月 3 日が太陽暦の 1873 年 1 月 1 日となった。

エ—○　**天賦人権思想**は，人間は生まれながら自由平等であり，幸福を求める権利があるとするもので，**フランス**啓蒙思想の中心。加藤弘之らにより紹介され，**自由民権運動**に大きな影響を与えた。

イ—×　五榜の掲示では**キリスト教を禁止**していた。長崎での**浦上教徒（信徒）弾圧事件**（1868〜1873 年）に対して，欧米諸国から抗議を受けると，1873 年にキリシタン禁制の**高札を撤廃**し，キリスト教を黙認した。

ウ—×　「鉄筋コンクリート」ではなく，**煉瓦造り**が正解。鉄筋コンクリートの建築物は，関東大震災後に都市を中心に普及した。

オ—×　教部省ではなく**文部省**。1871 年に**文部省**を新設し，1872 年に**国民皆学**の実現を目指して，**フランス**の学校制度をモデルに**学制**を公布した。「アメリカにならった学校制度」は，1879 年の**教育令**のこと。

問9　答：美濃部達吉　　　　　　　　　　　　　　　　　　　　　　標準

設問文中の『**憲法講話**』，「国体明徴声明によって学説を否定」の箇所から，**美濃部達吉**と判断したい。美濃部達吉は，**天皇機関説**を主張した憲法学者。1935 年，岡田啓介内閣による**国体明徴声明**で，美濃部の説は否定された。美濃部の著書として『**憲法講話**』『**憲法撮要**』は重要である。

問10　答：エ　　　　　　　　　　　　　　　　　　　　　　　　　標準

エ—×　消費税は，1989 年 4 月に**竹下登内閣**のもとで導入された。消費税は当初 3 ％でスタートした。1989 年の消費税導入は，1949 年の**シャウプ勧告**以来 40 年ぶりの本格的な税制改革でもある。

ア—○　湾岸戦争後の 1991 年，**海部俊樹内閣**がペルシア湾に海上自衛隊掃海部隊を派遣したのが自衛隊初の海外派遣。これを受けて 1992 年に，**宮沢喜一内閣**で**PKO 協力法**が成立し，自衛隊の海外派遣が可能になった。

イ—○　**阪神・淡路大震災**は，1995 年 1 月（村山富市内閣）。

ウ—○　**地下鉄サリン事件**は，1995 年 3 月（村山富市内閣）。

オ—○　**バブル経済崩壊**は 1991 年から始まり，日本経済は長期不況に陥った。

解　答

問1　盟神探湯　　問2　エ　　問3　オ　　問4　イ　　問5　ウ・オ
問6　オ　　問7　蛮書和解御用　　問8　ア・エ　　問9　美濃部達吉
問10　エ

早稲田ゆかりの人々

　早稲田大学は政界・言論界や文壇・教育・実業・スポーツ界など，各方面に多彩な人材を輩出して現在にいたります。ここでは，早稲田ゆかりの人々を中心にまとめました。マルナカ数字は山川出版社の『日本史用語集』のうち日本史探究の教科書における頻度数を示しています。

●大隈重信（1838〜1922年）⑦

　明治・大正期の政治家。佐賀藩出身。1881年の明治十四年の政変で筆頭参議の地位を追われた大隈は，ともに下野した小野梓・矢野竜溪（文雄）らと翌82年に立憲改進党を結成，それから半年後の10月に東京専門学校を設立（建学の理念は「学の独立」）。藩閥政治を打破し，憲法に根ざした政党政治を実現するには，政党とその担い手たる青年の育成が急務と考えたのである。1889年に条約改正案を不満とする玄洋社社員来島恒喜に襲撃されて片足を失う。1898年と1914年の二度組閣。国民に語りかける政治家として大きな人気をもち，葬儀は国民葬として行われた。なお，東京専門学校は1902年に早稲田大学と改称，1920年に大学令による大学となった。

●久米邦武（1839〜1931年）⑤

　明治期の歴史学者。佐賀藩出身。岩倉使節団に加わり，『特命全権大使 米欧回覧実記』を編纂。史学の立場から国家神道を批判した学術論文「神道は祭天の古俗」が神道家や国学者の非難を浴び，1892年に帝大教授の職を追われた。友人であった大隈重信によって東京専門学校に迎え入れられ，1922年まで早大で教えた。なお，白馬会創立にも参加した洋画家久米桂一郎は長男。

●小野梓（1852〜86年）①

　明治前期の法学者・政治家。土佐藩出身。明治十四年の政変で大隈重信とともに下野。立憲改進党の結成を推進するとともに，大隈重信・高田早苗と東京専門学校を創立。

●坪内逍遙（1859〜1935年）⑥

　明治〜昭和前期の小説家・評論家・劇作家。美濃国生まれ。東京大学卒業。評論『小説神髄』，小説『当世書生気質』，『シェイクスピア全集』の全訳など。1890年に東京専門学校文学科を創設。翌91年に『早稲田文学』を創刊。1906年島村抱月の文芸協会に参加。

学内にある坪内博士記念演劇博物館は日本で唯一の演劇専門博物館。シェイクスピア時代の劇場，フォーチュン座を模した美しい外観で知られる。

●**安部磯雄**（1865〜1949年）⑤

　明治〜昭和期の社会主義者。筑前国生まれ。同志社卒業。海外留学から帰国後，東京専門学校講師（のち教授）。1901年に東京専門学校野球部を創設，長く早大野球部長として学生野球の発展に尽くした。また，キリスト教人道主義の立場から1901年に社会民主党を結成。無産政党右派の指導者として活躍し，戦後日本社会党の結成にも尽力した。なお，西早稲田キャンパスにあった安部球場は，現在は早稲田大学総合学術情報センターとなっている。

●**北村透谷**（1868〜94年）⑥

　明治前期の評論家・詩人。神奈川県出身。東京専門学校中退。若くして自由民権運動に参加したが，のち離脱し，キリスト教に入信。「精神の自由」を求めて，詩や『内部生命論』などの評論を発表し，文学独自の価値を主張した。1893年に島崎藤村らと，ロマン主義文学の拠点となった文芸雑誌『文学界』を創刊。代表作『楚囚之詩（そしゅうのし）』など。

●**木下尚江**（1869〜1937年）④

　キリスト教社会主義者。長野県出身。東京専門学校卒。『毎日新聞』の記者として，普通選挙や足尾銅山鉱毒事件に健筆をふるう。1901年，幸徳秋水らとともに社会民主党を結成。日露開戦に際して，わが国最初の反戦小説『火の柱』を執筆したが，晩年は社会主義運動から退いた。

●**斎藤隆夫**（1870〜1949年）②

　大正・昭和期の政治家。兵庫県出身。東京専門学校卒。憲政会・立憲民政党議員。1936年の二・二六事件後に軍部批判の粛軍演説を行い，1940年に日中戦争の長期化を批判する反軍演説を行ったが，この反軍演説で衆議院議員を除名された。

●**国木田独歩**（1871〜1908年）③

　明治期の小説家。千葉県出身。東京専門学校中退。日清戦争に従軍し，「愛弟通信」を『国民新聞』に連載，好評を博した。代表作は，自然と人間を散文風に描いた短編小説集『武蔵野』のほか，『牛肉と馬鈴薯』など。

●**島村抱月**（1871〜1918年）②

　明治・大正期の評論家・新劇指導者。島根県出身。東京専門学校卒。『早稲田文学』で

自然主義運動を展開。イギリス・ドイツ留学後早大教授。日露戦争後の 1906 年，演劇の改良と普及のために文芸協会を設立，会頭に大隈重信，発起人に坪内逍遙らが名を連ねて，逍遙訳のシェイクスピア作品などを上演。1913 年に松井須磨子と芸術座を結成，トルストイの『復活』などを上演。

●朝河貫一（あさかわかんいち）（1873〜1948 年）

　歴史学者。福島県生まれ。東京専門学校卒。アメリカのエール大学で日本・ヨーロッパ中世史を講義。1909 年に『日本之禍機』を著して日本のアジア政策を批判するとともに，アメリカで日本の立場を説明した。日米開戦前夜にはローズヴェルト大統領から昭和天皇への親書の原案を起草。平和のために行動する国際的知識人として活躍。

●津田左右吉（つだそうきち）（1873〜1961 年）⑤

　大正・昭和期の歴史学者。岐阜県生まれ。東京専門学校卒。早大教授。『古事記』『日本書紀』の科学的・実証的研究で知られる。日中戦争の最中に国粋主義者から非難され，1940 年，著書『神代史の研究』などが発売禁止となった。主な著書『文学に現われたる我国民思想の研究』など。49 年文化勲章受章。

●大山郁夫（おおやまいくお）（1880〜1955 年）

　大正・昭和期の政治学者・社会運動家。兵庫県出身。早大卒。早大で教鞭をとる一方，論壇で民本主義のオピニオン・リーダーとして活躍。吉野作造らと 1918 年に黎明会創立。翌 19 年には長谷川如是閑らと雑誌『我等』を創刊して大正デモクラシー思想の普及に尽力した。1926 年労働農民党委員長となるが，満州事変以後アメリカに亡命。第二次世界大戦後，アメリカから帰国し平和運動に貢献した。

●会津八一（あいづやいち）（1881〜1956 年）

　昭和期の歌人・美術史家・書家。新潟県生まれ。早大卒。早大で東洋美術史を講義。キャンパスにある会津八一記念博物館には，彼が収集した東洋美術や考古学の資料，民俗学関係のコレクション等，貴重な文化財が保存されている。歌集『鹿鳴集（ろくめいしゅう）』。

●松村謙三（1883〜1971 年）

　昭和期の政治家。富山県生まれ。早大卒。1928 年の第 1 回普通選挙で衆議院議員に当選。戦後文相・農相を歴任。幣原喜重郎内閣の農林大臣として第 1 次農地改革の立案をリードした。また日中国交回復に尽力。保守党政治家のなかで際だった廉潔の士として知られた。

●石橋湛山 (1884〜1973 年) ⑤
<small>いしばしたんざん</small>

大正・昭和期のジャーナリスト・政治家。東京生まれ。早大卒。1911 年に東洋経済新報社に入社。『東洋経済新報』誌上で 1915 年，明確な国民主権論を主張。また非侵略・非武装による平和的な経済発展を求めて，1921 年には小日本主義といわれる植民地放棄論を論じた。戦後の 1956 年に自由民主党総裁となって組閣したが，病気のため 2 カ月で退陣。早大出身の最初の首相である。

●北原白秋 (1885〜1942 年) ①

明治〜昭和期に活躍した詩人・歌人。福岡県出身。早大中退。与謝野鉄幹によって創刊された文芸雑誌『明星』に参加して短歌・詩を発表。大正時代には，鈴木三重吉によって創刊された児童雑誌『赤い鳥』に多くの童話を発表した。代表作は『邪宗門』など。

●緒方竹虎 (1888〜1956 年)
<small>お がたたけとら</small>

大正・昭和期の新聞人・政治家。山形で生まれ，福岡で育つ。早大卒。大阪朝日新聞社に入社，言論界で活躍。戦時中の言論統制の責任者として公職追放を受けたが，解除後自由党に入党，1955 年の保守合同で自由民主党の総裁代行委員となり，次期総裁と目されたが，急死した。

●猪俣津南雄 (1889〜1942 年) ②
<small>いのまたつ な お</small>

大正・昭和期の社会主義者。新潟県出身。早大卒。雑誌『労農』を創刊し，社会主義革命を論じた。労農派の中心的理論家として講座派の野呂栄太郎らと日本資本主義の性格について論争。1937 年，反ファッショ人民戦線の結成を企図したとして政治家・学者ら多数が検挙された人民戦線事件で検挙された。

●直木三十五 (1891〜1934 年) ②
<small>なお き さんじゅうご</small>

大正・昭和前期の小説家。大阪府出身。早大中退。大衆文学の登竜門とされる直木賞は，彼の死の翌 35 年に，友人の菊池寛によって設けられたもの。代表作は，幕末薩摩藩のお家騒動（お由羅騒動）を素材とした『南国太平記』。

●鈴木茂三郎 (1893〜1970 年) ②
<small>すずき も さぶろう</small>

大正・昭和期の社会運動家・政治家。愛知県生まれ。早大卒。1937 年の人民戦線事件で検挙。第二次世界大戦後，日本社会党の結成に参加し，1951 年に講和・安保問題で社会党が分裂した際，左派社会党の委員長となる。1955 年の総選挙で同党を躍進させ，同年から統一社会党の委員長となる。58 年警職法反対闘争を指導し，廃案に追い込んだ。

●**葉山嘉樹**（1894〜1945 年）①

　プロレタリア作家。福岡県出身。早大高等予科中退後，船員となり労働運動に参加。
『文芸戦線』同人。代表作『海に生くる人々』。

●**横光利一**（1898〜1947 年）②

　昭和期の作家。福島県出身。早大に入学したが中退。菊池寛の知遇を得る。『日輪』で
文壇の注目を集める。川端康成らと『文芸時代』を創刊し，新感覚派運動の中心になる。
代表作は『機械』『紋章』『旅愁』。

●**浅沼稲次郎**（1898〜1960 年）

　大正・昭和期の社会主義運動家・政治家。東京都三宅島出身。早大卒。早大在学中に建
設者同盟の創設に参加。戦後，日本社会党の創設に参加，同党委員長となり，安保闘争を
指導。1960 年 10 月，演説中に右翼の少年に刺殺された。

●**河野一郎**（1898〜1965 年）

　神奈川県出身の政治家。早大卒。鳩山一郎内閣の農相として，北方領土の帰属やサケ・
マスの漁業制限問題の打開に努めた。1956 年の日ソ共同宣言調印の際の全権委員。長男
が河野洋平である。

●**杉原千畝**（1900〜86 年）

　昭和戦前期の外交官。岐阜県出身。早大在学中，外務省留学生試験に合格。1939 年に
リトアニアの日本領事代理。1940 年，ナチス・ドイツの迫害を逃れたユダヤ系難民 6000
人以上に，日本通過のビザを発給して彼らを救った。1985 年，イスラエル政府から「諸
国民のなかの正義の人賞」を贈られた。

●**古川緑波**（1903〜61 年）

　喜劇俳優。東京都出身。早大在学中から，雑誌記者をつとめ，1933 年に浅草で「笑い
の王国」を結成，映画にも数多く出演。戦後，ミュージカルでも人気を集めた。声帯模写
の元祖で名付け親。昭和初期から戦後にかけて，エノケン（榎本健一）とならび二大喜劇
王といわれた。

●**石川達三**（1905〜85 年）②

　昭和期の小説家。秋田県生まれ。早大中退。『蒼氓』で第 1 回芥川賞を受賞。1938 年に
発表した従軍記『生きてゐる兵隊』は，南京占領にいたる日本軍の実態を描いて発禁とな
った。戦後，日本ペンクラブ会長などを歴任。

●**火野葦平**（1907～60年）⑤

　昭和期の小説家。福岡県生まれ。早大中退。1937年の『糞尿譚』で芥川賞受賞。日中戦争の徐州作戦を描いた作品『麦と兵隊』は戦争記録文学のベストセラー。

●**廖　承志**（1908～83年）②

　中国の政治家。父の亡命先であった東京に生まれ，第一早稲田高等学院に学ぶ。1928年に中国共産党に入党，長征に参加して延安にいたる。1949年，中華人民共和国成立とともに北京に入る。1962年に高碕達之助と民間協定を結んで，LT貿易（日中準政府間貿易）を実現。中日友好協会の会長として日中国交正常化に尽力。

●**竹下登**（1924～2000年）⑥

　島根県出身。早大卒。自由民主党総裁として1987年に組閣。1989年4月に消費税の導入を実現したが，これは1949年のシャウプ税制から40年を経ての改革である。リクルート事件をめぐる疑惑で，89年6月に退陣。なお，89年1月に昭和天皇が亡くなり，竹下登内閣は昭和最後の内閣，平成最初の内閣となった。

●**野坂昭如**（1930～2015年）

　現代の小説家。神奈川県生まれ。早大中退。1968年に，妹を戦時中に栄養失調でなくした体験を描いた『火垂るの墓』と，占領下の世相に取材した『アメリカひじき』の2作で直木賞受賞。「焼け跡闇市派」を自称。『火垂るの墓』は1988年，アニメ映画にもなった。CMソングの作詞やテレビ台本も手がけるなど，多方面に才能を発揮。

●**河野洋平**（1937～　）

　神奈川県出身。早大卒。ロッキード事件解明に積極的な三木武夫首相に対する自由民主党内の批判が高まるなか，河野洋平らは1976年に新自由クラブを結成。その後同クラブは伸び悩み，86年に解散して，大半が自民党に復党。2009年まで衆議院議長をつとめる。

●**吉永小百合**（1945～　）

　東京都出身の俳優。早大卒。映画「キューポラのある街」（浦山桐郎監督）でブルーリボン賞を獲得。代表作「夢千代日記」など。